AF590752

PHILOSOPHIE

DE

LA RELIGION

PAR

F. RÉTHORÉ

PARIS
A. DURAND ET PEDONE-LAURIEL
LIBRAIRES DE LA COUR D'APPEL ET DE L'ORDRE DES AVOCATS
A. PEDONE, ÉDITEUR
13, RUE SOUFFLOT, 13

1896

Tous droits réservés

PHILOSOPHIE

DE LA RELIGION

8° R
13240

OUVRAGES DU MÊME AUTEUR

Critique de la philosophie de Thomas Brown. 1863, in-8° (Pedone, édit.).

Condillac ou l'empirisme et le rationalisme. 1863, in-8° (Pedone, édit.).

Cours de philosophie. 1866, in-8° (Delagrave, édit.).

Science des religions. Du passé et de l'avenir du judaïsme et du christianisme. 1894 (Pedone, édit.).

PHILOSOPHIE

DE

LA RELIGION

PAR

F. RÉTHORE

PARIS

A. DURAND ET PEDONE-LAURIEL

LIBRAIRES DE LA COUR D'APPEL ET DE L'ORDRE DES AVOCATS

A. PEDONE, ÉDITEUR

13, RUE SOUFFLOT, 13

1896

Tous droits réservés

AVANT-PROPOS

Cet avant-propos n'est pas de la main qui, après la *Science des Religions*, écrivit la *Philosophie de la Religion*. M. Réthoré, depuis le 20 octobre 1895, n'est plus de ce monde. Agé de soixante-treize ans, ayant dit son dernier mot, sûr de le pouvoir confier au loyal dévouement de celle qui serait sa veuve et ne lui survivrait que pour honorer sa mémoire, aucun devoir parmi nous ne le retenait plus. Par le devoir, en effet, il entendait, comme les philosophes anciens, le rôle qu'il nous est dévolu de jouer ici-bas. Etre allé jusqu'au bout de sa pensée, c'était, pour lui, être allé jusqu'au bout de son devoir : c'était s'être *acquitté de la vie*.

Le livre que voici achève donc une existence en même temps qu'il achève une œuvre. Il nous est légué tel, exactement, que l'auteur voulait qu'il fût. Aussi le présent avant-propos ne s'offre-t-il pas à compléter un dessein pleinement réalisé. Encore moins sera-t-il une étude critique ou simplement un commentaire. M. Réthoré n'a laissé à personne le soin de dégager l'idée maîtresse qui l'inspira. Elle n'est pas seulement un feu intérieur dont serait pénétrée et puissamment soulevée une masse colossale et vivante : sans cesse elle fait flamme, et librement jaillit, et se détache en toute vigueur de cette masse, qu'elle domine alors et qu'elle éclaire d'en haut, pour revenir l'envelopper, puis de nouveau faire corps avec elle et cependant toujours rayonner au travers.

D'autre part, entre ce livre et ses lecteurs, il ne siérait point que vînt ici s'interposer celui qui eut M. Réthoré comme professeur de philosophie. Le maître, depuis bien des années, était devenu un ami ; mais, plus son affection se faisait paternelle, plus elle le rendait vénérable à son ancien élève ; moins elle permettrait en ce moment d'oublier que l'on écrit au seuil d'un volume où s'affirme une croyance ; or, cette croyance, non seulement M. Réthoré vécut pour elle et par elle, mais on aime à penser qu'il continue à vivre en elle par l'expression durable qu'elle a reçue de lui ; en parler comme de quelque chose d'impersonnel, ce serait la traiter comme chose morte, et ce serait donc commettre l'impiété de consentir à ce qu'il fût mort lui-même.

Etant écartée toute prétention critique, une biographie resterait possible. Mais M. Réthoré fut le Sage qui « cache sa vie ». — « Ne vous répandez point », disait-il à ses élèves. « Vivez en vous-mêmes. » Les archives universitaires connaissent pourtant ses « états de services, » qui furent ceux d'un bon serviteur, et non pas d'un fonctionnaire à tout faire, ou même à ne rien faire. Elles disent qu'il était agrégé des langues vivantes et des lettres. Elles ne disent pas que dans l'étude de l'anglais et de l'allemand, comme dans l'étude des littératures anciennes et modernes, il avait poursuivi un double but : d'abord, « cultiver sa raison », et de plus se préparer à la discussion des problèmes philosophiques. En cela, déjà, se révélait sa loyauté en même temps que son indépendance. Débutant à une époque où le commun des professeurs de philosophie acceptaient d'ignorer la philosophie et, selon le mot de Racine, d'*instruire* leurs élèves dans la même *ignorance*, M. Réthoré ne consentit point à n'être qu'un tranquille « professeur de Logique ». Pareillement, alors que ses collègues, à peu près tous, ne lisaient les philosophes, anciens ou modernes, grands ou petits, qu'à la lumière des commentaires oratoires de V. Cousin, et souvent même ne faisaient que la refléter, encore pâlie et faussée, sans remonter aux sources, M. Réthoré eut ce scrupule et cette originalité d'aimer mieux « y aller voir » que de « croire » aveuglément. Et voilà comment notre philosophe prit, pour arriver jusqu'à la philosophie, le chemin des bons écoliers, chemin qui lui fit traverser l'Allemagne, l'Angleterre et l'enseignement, si déconsidéré alors, des langues vivantes.

Ainsi préparé sans hâte et de loin, M. Réthoré, avant d'atteindre son but, avait encore à passer par l'agrégation des lettres, puisque la philosophie ne figurait pas dans la topographie universitaire. L'épreuve n'avait pour lui rien de pénible, car il possédait sur les langues classiques des connaissances aussi rares de nos jours qu'elles pouvaient l'être en ce temps-là. Et quant aux questions qu'il dédaignait, son dédain même lui permettait de les traiter de haut.

Le nouvel agrégé des lettres fut envoyé, comme professeur de logique, au lycée de Tours, puis au lycée de Marseille. C'était un assez beau début. Malheureusement, il emportait deux études, déjà terminées, l'une sur Thomas Brown, le philosophe écossais, et l'autre sur Condillac, lui-même. Ces deux noms, aujourd'hui, semblent bien inoffensifs : ils ne le semblaient pas en 1863 ; et si le premier depuis longtemps repose dans l'oubli, le second, en plus d'un honnête traité sur lequel s'exerce le courage de nos élèves, est encore prétexte à indignation et matière à réfutation. Or, voulant obtenir le grade de docteur, M. Réthoré trouva piquant de mettre le rationalisme éclectique de la Sorbonne face à face avec l'empirisme du XVIIIe siècle continué par un des philosophes de cette école écossaise qui, par Cousin, Royer-Collard et Jouffroy, s'était naturalisée en France. La thèse fut *livrée* (c'est le mot) à l'auteur du *Traité sur les Facultés de l'âme,* Adolphe Garnier. Voici comment cet « homme éminent » fit prévoir à l'auteur de l'*Etude critique sur la philosophie de Thomas Brown* le sort qui l'attendait :

« Mon cher philosophe, — j'ai été en effet l'un des professeurs que M. le doyen a consultés sur vos thèses. Je lui ai fait connaître mon avis, et je pense qu'il ne tardera pas à connaître celui des autres juges... Je crois pouvoir vous dire d'avance que l'on n'a pas été favorable à vos thèses : on a trouvé la thèse française trop contraire à ce qui nous paraît la vérité. Nous sommes tous rationalistes à la Faculté de Paris. *Avant de se présenter à une Faculté, il faudrait s'enquérir un peu de ses opinions*; et même, quand on propose une thèse dogmatique sur la philosophie, et qu'il n'y a dans cette faculté qu'un seul professeur de philosophie dogmatique, il ne serait pas mal de connaitre ses ouvrages. *J'ai publié un* Traité des Facultés de l'âme *en trois gros volumes in-8°: vous ne paraissez pas en soupçonner l'existence.* Vous auriez trouvé là une nouvelle forme du rationalisme... *Je me flatte que cette lecture aurait beaucoup modifié vos idées*, ou qu'au moins vous auriez su à qui vous aviez affaire... Vous vous présentez à visage découvert contre un adversaire masqué pour vous ; c'est trop de désavantage : prenez la peine de lever son masque. — En résumé, mon cher philosophe, ou présentez-vous devant une Faculté dont les professeurs n'aient rien écrit, ou prenez connaissance des ouvrages de celui qui sera votre principal adversaire.

» Adolphe Garnier.

» *14 mars 1863.* »

M. Réthoré connaissait les « trois gros volumes in-8° » du haut desquels, si délicatement, on l'admonestait. Il « prit la peine » de faire le voyage de Paris et de la montagne Sainte-Geneviève, tout exprès pour en administrer la preuve à son

« adversaire ». Celui-ci, bien que, suivant son désir, on eût « levé son masque », ne fut pas désarmé. Il goûta peu les arguments que le candidat puisait ingénument, à pleines mains, avec un sourire à la Voltaire, dans Molière. Adolphe Garnier prit sa revanche dans un rapport, « monument d'iniquité et de sottise », comme le qualifiait sa victime ; rapport étayé sur de prétendues citations encadrées de guillemets trompeurs et flanquées de fallacieux renvois à des pages qui ne contenaient rien de semblable, ni d'analogue. Par bonheur pour sa mémoire, ce trait est resté inconnu de M. Paul Janet, lequel, dans son Avant-Propos au *Traité* en question, assure que « M. Garnier n'était pas de ces esprits tranchants et décisifs qui substituent l'autorité à l'examen ». (1)

Bien entendu, l'auteur d'une thèse considérée comme « un hymne en l'honneur de Condillac » ne fut pas admis à la soutenir en Sorbonne. Mais la lutte ne finit pas sur cette exécution sommaire et clandestine. M. Réthoré riposta l'année suivante (1864), en publiant son ouvrage, autrement agressif, sur *Condillac, ou l'Empirisme et le Rationalisme*. Là, il levait tous les masques, et ceux de ses adversaires, et le sien à lui-même. A l'éclectisme, dédaigneusement qualifié d' « école historique », il reprochait de n'avoir « laissé dans les esprits que la confusion et l'enflure ; dans les volontés, que la faiblesse et l'indécision », tout en le louant, sur le mode ironique, d'avoir pour lui « son obscurité » et d'être devenu « la philosophie officielle, philosophie douce, prudente et bienfaisante, la mère nourricière de ses heureux adeptes ».

(1) Est-il besoin d'ajouter que la loyauté de M. Janet n'est nullement mise en cause? Alors étranger à la Faculté, il a certainement ignoré l'incident. Au surplus, lui-même, en 1891, faisait partie du jury accordant le titre de docteur à M. Dewaule, pour une thèse sur « Condillac et la Psychologie anglaise contemporaine », laquelle est un bien autre « hymne en l'honneur de Condillac » que celle de M. Réthoré.

Il regrettait, au contraire, que le condillacisme eût contre lui « sa clarté » : « Est-il probable qu'on adopte de si tôt une doctrine qui rend presque impossibles les aberrations de la pensée ; qui ne permet plus d'agiter des questions qui n'en sont pas ; enfin une doctrine où il faut montrer qu'on est philosophe autant par ce qu'on ne dit pas que par ce que l'on dit ? » Et il écrivait encore ceci, qu'il aurait aussi bien pu écrire en 1890, après la publication des études de M. Faguet sur le XVIIIe siècle : « Le condillacisme a contre lui un autre grief : il est l'enfant d'un siècle qu'on admire et qu'on approuve quelquefois en particulier, mais que l'on critique et que l'on attaque en public : cela fait partie des convenances sociales. »

Là-dessus, fut dépêché à Marseille un inspecteur général, M. Francisque Bouillier, qui jouait alors, dit-on, dans l'Université, le même rôle que les préfets « à poigne » dans l'administration impériale. Et le résultat de cette nouvelle rencontre entre la « philosophie officielle » et la philosophie frondeuse, ce fut une nouvelle exécution que cette dernière subit en la personne de son défenseur. M. Réthoré, dès lors, laissa sommeiller son instinct de combativité. En 1866, il publia son *Cours de Philosophie*, où, quittant la polémique, il sut quand même rester original. A cette originalité, il fut rendu hommage par quelques-uns de ses collègues qui savaient tout à la fois s'en passer prudemment pour leur propre compte et cependant la reconnaître chez de plus courageux. Voici, par exemple, ce qu'écrivait à l'auteur, le 13 janvier 1867, un professeur d'une Faculté du midi :

« Laissez-moi vous dire que, toute solution des questions écartée, ce livre me paraît avoir un mérite de plus en plus rare dans les cours de philosophie, et cependant de tous le plus précieux : celui de faire penser son lecteur, ce lecteur fût-il lui-même un maître. La raison en est simple : c'est que l'auteur a d'abord pensé par lui-même... Si le principal objet d'un cours est de porter les élèves à réfléchir par eux-mêmes, je n'en connais pas qui atteigne aussi sûrement ce but que le vôtre. »

Voilà, jugé par un universitaire de 1867, le professeur que l'Université oublia dans des postes inférieurs à son mérite.

M. Réthoré, du reste, ne fit, pour obtenir justice, rien de ce qui, dans ce temps là du moins, pouvait forcer l'attention. Il n'y parvint ni par ce Cours de Philosophie, reconnu si remarquable, et pourtant étouffé au milieu des médiocres traités alors en vogue, ni par son excellente traduction de la *Classification des Sciences* de Spencer, le seul des ouvrages du philosophe anglais qui ne soit pas hideusement défiguré dans la publication française. Il laissa monter devant lui tous ceux qui ne répugnent pas à se faire valoir. Il s'arrêta de penser jusqu'à ce que, rendu à lui-même en descendant de sa chaire du lycée du Havre, sa pensée se réveillât plus alerte que jamais. Détournée pendant longtemps sur le noble jeu des échecs, qui est un champ de bataille aussi, elle le ramena sur le terrain de la discussion philosophique. Avec une ardeur de jeunesse renouvelée, ce contempteur de l'érudition devint l'hôte assidu et laborieux des bibliothèques, en remua tous les « fonds » et, comme il l'aurait dit en souriant, tous les « bas-fonds », pour élever ou relever le temple du Déisme et finir ainsi par un « hymne » à la gloire du Dieu de Voltaire.

Et n'est-ce pas, ô mon Maître ! cet acte non d'abdication, mais de pensée pure et d'affirmation en quelque sorte hautaine, non de foi éperdue, mais de certitude et de volontaire acquiescement, qui, dans une suprême clarté, sur votre lit de mort, fit la souveraine majesté de tout votre visage et de toute votre attitude? Le sourire avait quitté vos lèvres et vos yeux, et votre vaste front, — ce sourire qui fut la grâce si particulière de votre physionomie alors voltairienne ; mais, avec lui, avait disparu de vous toute notion de l'éphémère et du transitoire ; et, dans votre beauté stoïcienne, de tous ignorée, apparut, comme sculpté pour quelques heures, un aspect redoutable d'éternité !...

En ces notes liminaires, on n'a voulu que cueillir dans la vie de M. Réthoré ce qui le mieux pouvait le faire connaître. Or, ce qu'il aurait fallu dire, c'est sa noblesse de caractère, son courageux souci de vérité, son ignorance volontaire des « moyens de parvenir » ; c'est, surtout, sa bonhomie délicieuse, faite de malice autant que d'ingénuité, sa candeur facilement narquoise, son détachement de tout pédantisme, la cordialité, largement épanouie et toute rose, de son accueil pour ceux qu'il aimait, sa modestie, presque d'un enfant, avec ceux qu'il croyait capables de penser, son regard, si enveloppant pour eux, mais si vite et si loin en allé d'avec... les autres. Tout cela reste inexprimable. Et ne rien exprimer de tout cela, n'est n'avoir pas dit ce qu'il fut. Tout cela, pourtant, on espère que ses lecteurs sauront bien le deviner dans ce livre qu'ils vont ouvrir.

Et c'est pourquoi je ne vous dis pas adieu, ô mon Maître ! Parmi les lecteurs à qui je vous laisse, il en est dont vous serez compris : en ceux-là vivront les idées qui vous furent chères. Moi-même, aussi longtemps que je vivrai, il y aura quelque chose de vous qui ne mourra pas en moi, ne serait-ce que l'intime sentiment, demeuré d'autant plus profond qu'il demeure inexprimé, de votre haute valeur insoupçonnée.

Novembre 1895.

ÉMILE LE BRUN.

PHILOSOPHIE DE LA RELIGION

INTRODUCTION

CE QU'IL FAUT ENTENDRE PAR LES MOTS *PHILOSOPHIE DE LA RELIGION* ET *RELIGION NATURELLE OU RATIONNELLE*. DESSIN ET PLAN DE CET OUVRAGE

L'étude complète des religions passe, comme nous l'avons dit ailleurs (1), par trois phases successives : *histoire*, *science* et *philosophie*.

L'histoire des religions, ou l'*hiérographie*, a pour objet les phénomènes religieux tels qu'ils se présentent dans l'ordre chronologique et ethnographique : théogonies et cosmogonies, mythes et légendes, dogmes et cérémonies du culte, etc., elle expose et décrit tout cela, mais sans égard à la vérité ou à l'erreur, car elle évite toute espèce de polémique et de dogmatisme. Renfermée dans ces étroites limites, l'*hiérographie* n'offre qu'un intérêt de curiosité, et n'a de valeur que pour les érudits de profession ; elle convient surtout aux théologiens, chefs ou membres de sectes, qui, tous en possession de la *vraie religion*, ne sont pas disposés à rire les uns des autres, comme les anciens augures, mais au contraire se regardent sérieusement, font semblant de se respecter mutuellement, et n'attaquent personne pour n'être pas attaqués à leur tour.

Mais, pour ceux qui croient qu'il faut étudier les choses

(1) Voir notre ouvrage intitulé *Science des religions*, ch. II.

avant tout au point de vue du vrai, l'*hiérographie* se transforme bientôt en *hiérologie* ou science des religions.

L'*hiérologie* rassemble les matériaux amassés par l'*hiérographie ;* elle compare entre eux les systèmes religieux, les juge et les apprécie au point de vue de leur conformité ou de leur opposition aux principes de la raison, de la science et de la morale, ainsi qu'au point de vue de leur aptitude à favoriser ou à contrarier le progrès social, c'est-à-dire le perfectionnement et la prospérité de l'individu et de l'espèce. Elle remonte à l'origine des institutions religieuses ; elle étudie les lois de leur développement, de leur décadence, et de leur chute finale ou plutôt de leur absorption les unes dans les autres; du sein des superstitions, elle dégage les éléments irréductibles qui leur sont communs à toutes, et elle arrive enfin à la vérification historique de cette pensée de Diderot : « Les religions révélées ne sont que les hérésies de la religion naturelle. » Alors elle cède la place à une science supérieure : la *philosophie de la religion*, qui a enfin trouvé son objet propre.

Avec Diderot, nous considérons la religion naturelle comme l'ensemble de ces idées ou de ces principes, sans lesquels les religions révélées n'auraient aucune base dans l'esprit humain, et, avec Wilkins, comme « la religion que les hommes pourraient connaître et devraient pratiquer, en vertu des seuls principes de la raison, perfectionnée par la science et par l'expérience sans le secours d'aucune révélation ».

Au point de vue dogmatique, elle renferme un certain nombre de croyances rationnelles sur l'homme, sur la nature et sur Dieu. Au point de vue pratique, elle renferme la morale qui nous fait accomplir notre destinée, et le culte qui est la manifestation naturelle et partant nécessaire des dogmes et des sentiments religieux. Essentiellement perfectible, elle règle sa marche sur les progrès de la raison et de la science, et elle tend à devenir rationnelle, en s'épurant et en se complétant graduellement.

La philosophie de la religion se distingue non seulement de l'histoire, mais même de la science des religions par son objet, sa méthode, ses principes, ses règles et son but.

Son objet propre est l'étude et la solution des trois grands problèmes que la curiosité humaine se pose sur la nature, l'origine et la destinée des êtres.

Sa dialectique consiste dans l'union intime et le contrôle réciproque de la méthode expérimentale et de la méthode rationnelle, auxquelles elle ajoute la méthode inductive qui crée la *foi* philosophique, distincte de la *foi* mystique des religions sacerdotales.

Ses principes sont les données de la conscience et surtout les intuitions rationnelles, ces vérités premières, nécessaires et universelles, qui soumettent l'esprit humain au *déterminisme logique*, et lui imposent un procédé de vérification, le principe de contradiction, qui est, pour la science religieuse, ce que l'expérimentation est pour les sciences physiques et naturelles.

Ses règles correspondent aux trois espèces de lois qui gouvernent le monde : les lois physiques, les lois psychologiques et les lois morales. Voici ce que ces règles prescrivent : en ce qui concerne les faits matériels, rejeter tout qui est contraire aux lois physiques ; en ce qui concerne les dogmes et la conduite de la vie, rejeter tout ce qui est contraire à la raison et à la morale.

Enfin, le résultat auquel elle tend, c'est de remonter légitimement aux principes du *savoir*, du *croire* et du *douter*, c'est-à-dire aux principes du certain, du probable et du douteux, au point de vue théorique ; et, au point de vue pratique, c'est d'aboutir à une doctrine qui apprend à l'homme non seulement qu'il y a un but à la vie présente, mais aussi qu'il y a une fin ultérieure et dernière pour les nations, pour l'humanité terrestre et pour les autres humanités qui peuvent habiter les mondes qui nous entourent.

La philosophie de la religion est donc non seulement une science, mais encore une *science positive* ; nous pouvons ajouter qu'elle est la plus élevée, la plus importante et la plus utile de toutes les sciences.

Voilà ce qu'il faut entendre par les mots *philosophie de la religion* et *religion naturelle* ou *rationnelle*.

Cet ouvrage est divisé en trois sections :

Dans la première, à l'aide de la *méthode psychologique*, on analyse la conscience ou la pensée religieuse ; on énumère et l'on caractérise les éléments qu'elle renferme, et l'on remonte à son origine.

Dans la seconde, on examine d'abord les systèmes théologiques inventés pour défendre ou rétablir la révélation et l'infaillibilité ; puis, on montre que les systèmes métaphysiques modernes n'ont réussi qu'à compromettre la vraie philosophie et à rajeunir le scepticisme, mais qu'il suffit de bien comprendre la pensée de Descartes pour rétablir le critérium de la vérité.

Enfin, dans la troisième, à l'aide du critérium de la vérité, mieux compris, on essaie de réfuter les différents systèmes d'athéisme, et l'on montre quels dogmes religieux l'intelligence humaine, en vertu du déterminisme logique auquel elle est soumise, ne peut pas ne pas admettre.

Tel est le dessin et le plan de cet ouvrage.

SECTION PREMIÈRE

Insuffisance des procédés de la critique vulgaire. Premières applications de la méthode psychologique (1).

CHAPITRE PREMIER

COMMENT ON SE REPRÉSENTE QUELQUEFOIS LA RELIGION QUELLE IDÉE IL FAUT S'EN FAIRE

Le mythologisme du langage nous porte souvent à faire de la religion un être réel, existant par lui-même et en dehors de nous ; de là, par exemple, sa personnification en un bel ange souriant à l'enfant dans son berceau, accompagnant l'homme dans son pèlerinage ici-bas et introduisant le vieillard au séjour des bienheureux (2).

Cette personnification ne manque ni de noblesse, ni de vérité ; mais il faudrait ne pas oublier cependant que la religion est destinée à nous délivrer du fétichisme, et qu'elle ne doit pas devenir elle-même un objet d'idolâtrie.

Lucrèce, dans son poème *De Rerum Natura,* peint la religion comme un monstre épouvantable, dont la tête apparaît dans les régions célestes et dont l'affreux regard terrifie d'en

(1) Qu'il nous soit permis de faire ici comme Descartes, qui créa cette méthode, l'appliqua avec toute la rigueur scientifique, mais sans la définir et même sans la nommer, contrairement à ce que fit plus tard un de ses prétendus disciples, V. Cousin, qui la nomma sans la définir et même sans l'appliquer.

(2) Bunian's, pilgrim's travels.

haut les mortels, auxquels elle conseille le crime et cause tous les maux.

Quæ caput a cœli regionibus ostendebat
Horribili super aspectu mortalibus instans ;
. . . .
Tantum relligio potuit suadere malorum.

Ne nous scandalisons pas : il s'agit, ici, non de la religion en général, mais des religions sacerdotales. Lucrèce, sans doute, songeait au mot célèbre d'Epicure, son maitre : *écrasons l'infâme ;* mais, au fond, il n'est pas prouvé qu'il ait été vraiment athée. « On ne peut lire le *poème de la Nature,* dit M. Martha, sans être étonné d'un certain accent religieux dans l'expression même de l'impiété. » « Sa *Natura creatrix, natura gubernans,* remplit vraiment le rôle d'une divinité créatrice. » D'ailleurs, Epicure lui-même n'a jamais nié l'existence de Dieu ; ce qu'il nie, c'est l'existence des dieux du vulgaire et surtout des religions de l'Orient, et encore ne nie-t-il formellement que leur *providence* ou leur intervention dans les affaires humaines ; il en fait des *dieux fainéants,* ce qui chez eux, comme pour les rois, n'est pas toujours un défaut ; car, en ne faisant rien, ils ne sont pas exposés à mal faire.

Buttler aussi, dans son *Hudibras,* a personnifié la religion : il l'appelle *Dame Religion,* et il se la représente sous les traits d'une vivandière courant au bruit des tambours et des trompettes, ou plutôt sous les traits d'une Vénus *Volgivaga,* Thamar des carrefours, ou péripatéticienne des trottoirs, semant partout les jalousies et les haines, la discorde et la guerre :

When civil dudgeon first grew high,
And men fell out they knew not why ;
When hard words, jealousies and fears
Set folks together by the ears

And made them fight, like mad or drunk,
For *Dame Religion* as for punk (1).

Les historiens s'expriment quelquefois comme les poètes : quand, chez nous, par exemple, ils remontent aux temps des guerres religieuses et de la Ligue, ils nous montrent la Religion tenant dans une main le *catholicon* d'Espagne ou *l'onguent* de Genève, dans l'autre une bourse ou un poignard, parcourant les villes et les campagnes, et excitant les catholiques et les protestants à se corrompre ou à se tuer réciproquement ; ils personnifient le christianisme ; il est d'ailleurs si difficile d'éviter le danger des abstractions réalisées.

Ce que les historiens font quelquefois, les poètes souvent, les théologiens toujours, pourquoi les philosophes ne pourraient-ils pas le faire? Pourquoi leur serait-il défendu de personnifier aussi la religion et de se la représenter comme la fille de *Psyché*, c'est-à-dire de l'âme humaine?

Cette personnification aurait d'ailleurs le mérite d'être quelque chose de plus qu'une simple métaphore; car, comme nous le verrons bientôt, la religion est le produit naturel de l'esprit humain lui-même. Mais, avant de prouver qu'elle n'est rien autre chose qu'un phénomène psychique, et que, par conséquent, la science qui s'en occupe ne relève que de la psychologie, il sera, selon nous, très utile de recueillir dans les livres ce qui s'est dit de mieux sur la nature et l'origine de la religion.

(1) Townley a traduit ainsi ces vers :

Quand les hommes, en désarroi,
Se brouillaient sans savoir pourquoi,
Quand gros mots, craintes, jalousies,
Causaient partout des batteries
Et que les gens, en dissension
Pour la Dame Religion,
Se chamaillaient dans la dispute
Comme gens ivres font pour...

J. Townley.

CHAPITRE II

COMMENT ON A DÉFINI LA RELIGION

C'est par des définitions, d'abord, que les auteurs ont essayé de faire connaître la nature de la religion. Nous allons prendre les meilleures sans les approfondir, mais nous permettant toutefois d'exprimer les réflexions qu'elles suggèrent au premier abord.

On a suivi la recommandation des logiciens, qui prescrivent de définir le *mot* d'abord, et puis la *chose*. — Les uns, avec Cicéron, ont fait venir le mot *religion* du latin *relegere,* qui signifie recueillir, peser, choisir, etc.; les autres, avec Lactance et Saint Augustin, le font venir de *religare,* qui signifie lier, unir, etc.

La première définition nous paraît un peu obscure et même insignifiante ; la seconde, plus claire, n'est pas absolument juste : car, si la religion, considérée dans l'avenir, doit un jour former la grande cité dont parle Marc-Aurèle, considérée dans le passé elle n'a été, selon les paroles du Christ (1) et selon l'histoire, qu'un ferment de désunion et de discorde.

Passons maintenant aux définitions de *chose.*

Pour Héraclite, la religion était une *maladie sacrée.* Epicure, après lui, se mit à peu près au même point de vue ; toutefois, il espérait guérir le mal ; mais, malheureusement, pour sauver l'organe malade, il essaya de le supprimer. On sait que c'est lui, et non Voltaire, qui le premier prononça

(1) « Ne pensez pas que je sois venu apporter la paix sur la terre ; je suis venu apporter non la paix, mais l'épée ; je suis venu mettre le fils contre son père, la fille contre sa mère, et la belle-fille contre sa belle-mère. On aura pour ennemis les gens de sa *propre* maison. » (S. Mathieu, ch. x.)

les mots fameux : ÉCRASONS *l'infâme* (1). Un philosophe moderne se souvint trop des idées d'Epicure et d'Héraclite : ce fut Feuerbach. Pour ce dernier, « la religion est un mal radical, inhérent à l'espèce humaine ; c'est le cœur malade de l'homme qui est la source de toute religion et de toute misère ». Voilà donc, d'après cet auteur, les temples convertis en hôpitaux, et les dévots transformés en incurables.

Feuerbach, qui s'était déjà occupé du *bonheur de l'humanité* en inventant le *phosphore* pour guérir les maladies du cerveau, aurait bien pu nous rendre un petit service : il savait très bien que, si la religion est une maladie *chronique*, elle passe très souvent à l'état aigu, avec accompagnement de fièvre et de délire, et, par conséquent, il aurait dû nous laisser un ensemble de recettes spéciales, un *codex* particulier, un traité de *clinique* et de *thérapeutique* religieuse. L'erreur de ces philosophes vient sans doute de ce qu'ils n'ont considéré dans la religion que ce qu'elle avait été avant eux et ce qu'elle était de leur temps, se mettant ainsi dans l'impossibilité de voir ce qu'elle pourra être dans l'avenir, c'est-à-dire ce qu'il y a de plus pur et de plus élevé dans la nature humaine. Il faut donc jeter à l'écart les définitions d'Héraclite, d'Epicure et de Feuerbach.

Passons à un autre groupe de définitions, à celles des métaphysiciens les plus célèbres de l'Allemagne. Selon Kant, « la religion, c'est la moralité » ; c'est « la connaissance de nos devoirs comme ordres de Dieu ». Pour Fichte, « la religion est la science », et, pour Hegel, « c'est la liberté parfaite », ou, en d'autres termes, c'est « la conscience que l'esprit divin prend de lui-même par l'intermédiaire de l'esprit fini ». D'après l'assertion un peu suspecte de M. Vacherot,

(1) Il ne s'agit ici, bien entendu, que de l'Epicure de l'histoire ou plutôt de la légende, car on sait aujourd'hui que le véritable Epicure n'a jamais attaqué que les religions sacerdotales ; au fond, il était panthéiste.

intéressé lui-même dans la question, il faut voir dans ces propositions le résultat de recherches savantes et de méditations profondes. Nous n'y voyons, au contraire, que l'occasion de nous demander si la logique est véritablement la même en Allemagne que partout ailleurs. En effet, les logiciens nous disent qu'on ne peut définir que par l'énoncé du *genre prochain* et de la *différence propre*, et, de plus, que les termes de la définition doivent être *convertibles*, de sorte que l'on puisse, à volonté, mettre l'attribut à la place du sujet, ou réciproquement celui-ci à la place de celui-là.

Si, par exemple, je prends la phrase suivante : « La ligne droite est le plus court chemin d'un point à un autre », je pourrai dire : « Le plus court chemin d'un point à un autre est la ligne droite » ; et j'aurai une véritable définition, parce que la *compréhension* du sujet y est égale à celle de l'attribut ; mais, si, soumettant à la même épreuve les définitions de Kant, de Fichte et de Hegel, je dis : « La moralité est la religion » ; « la science est la religion » ; « la liberté parfaite est la religion », je n'aurai que des propositions ordinaires, et, ce qui est plus grave, des propositions dont la vérité est plus que contestable.

Nous n'en avons pas fini avec l'Allemagne ; « la religion y est, tour à tour, le culte de l'*Infini*, de l'*Absolu*, de l'*Inconditionnel*, de l'*Idéal*, etc., etc. » ; nous oserons exprimer ici un regret : c'est que le séduisant auteur de la *Vie de Jésus* se soit, lui aussi, trop souvent laissé dominer par la métaphysique allemande, comme lorsqu'il dit, par exemple, que la religion n'est rien autre chose que « la recherche de l'obscur et du mystérieux ».

Pour Schleiermacher, « la religion consiste dans la conscience de notre absolue dépendance de quelque chose qui nous détermine, et que nous ne pouvons déterminer en retour ». Cette définition paraît heureusement modifiée par

M. A. Réville, qui s'exprime ainsi : « La religion est la détermination de la vie humaine par le sentiment d'un lien unissant l'esprit humain à l'esprit mystérieux dont il reconnait la domination sur le monde et sur lui-même, et auquel il aime à se sentir uni. » Cette conception est supérieure à la précédente, parce qu'un sentiment d'amour, au moins vaguement indiqué, s'y ajoute à la conscience de l'*absolue dépendance* dont parle Schleiermacher.

Enfin, le judicieux M. Goblet d'Alviella, dans son excellente *Introduction à l'Histoire générale des religions*, analysant la conscience religieuse et y trouvant trois éléments : la croyance en un ou plusieurs êtres surhumains, un sentiment de dépendance de leur pouvoir et une tendance à gagner leur bienveillance, définit la religion : « la façon dont l'homme réalise ses rapports avec les puissances surhumaines et mystérieuses dont il croit dépendre ». Cette définition nous parait avoir le même défaut que celle de Schleiermacher : le défaut de ne convenir qu'à une religion d'un ordre tout à fait inférieur ; car l'idéal le plus élevé que cette définition nous laisse entrevoir, c'est une religion de *salut*, ou le *salutisme*, qui, personne ne l'ignore, n'est que la glorification de l'égoïsme.

Après tant de définitions choisies parmi les meilleures et chez les auteurs les plus en renom, l'idée que nous avons de la religion est-elle plus nette et plus précise ? Elle nous parait, au contraire, plus obscure et plus confuse. Cela donne à réfléchir : la définition ne serait-elle pas ici une invention des métaphysiciens et des théologiens pour entretenir les discussions frivoles et les disputes interminables ? On serait tenté de le croire ; car, certainement, on n'ignorait pas que ce qui est possible en géométrie, par exemple, ne l'est presque jamais en métaphysique et en théologie.

On savait aussi que la définition, inutile presque toujours, est quelquefois très nuisible ; en effet, si on l'applique à ce qui est simple, comme l'idée du temps ou de l'être, par exemple, on sait ce qui arrive : Pascal l'a montré ; si on l'applique à ce qui est composé, on s'expose à le mutiler, c'est-à-dire à n'y voir que deux éléments, lorsqu'il en contient plusieurs. D'ailleurs, la définition, si difficile à trouver, est peut-être plus difficile encore à placer. Où la mettre, en effet? Au commencement, au milieu ou à la fin d'un discours ou d'un écrit? — Si on la met au commencement, elle ne sera comprise de personne, dit Laromiguière; si on la met au milieu, on trouve qu'elle y est déplacée; et, si on veut la mettre à la fin, on s'aperçoit aussitôt que, depuis longtemps déjà, elle est devenue inutile.

Du reste, il ne faut pas s'étonner qu'on n'ait trouvé aucune bonne définition de la religion; car on l'a cherchée là où il était impossible de la trouver. C'est à son point de départ que l'on peut surprendre et saisir la pensée religieuse ; si l'on avait vu qu'elle nait immédiatement du besoin pour l'homme de s'enquérir de sa nature, de son origine et de sa destinée, on aurait peut-être mieux réussi, sinon à la définir, du moins à l'analyser.

CHAPITRE III

DE L'ORIGINE DE LA RELIGION, TELLE QU'ELLE A ÉTÉ CONÇUE, TANT QUE L'ON N'A PAS EU RECOURS À LA VRAIE MÉTHODE PSYCHOLOGIQUE

Dans l'étude de l'âme, dans l'analyse de ses opérations et de ses facultés, on est souvent forcé, en vertu des lois du langage, de présenter comme séparable et successif ce qui est, dans la réalité, coexistant et simultané. De là sans doute le préjugé vulgaire qui a porté la plupart des auteurs à chercher l'origine de la religion tantôt dans l'entendement, tantôt dans la sensibilité et tantôt dans la volonté, et qui, par là, a donné naissance à trois écoles distinctes : l'école *idéaliste*, l'école *sentimentale* et l'école *émotionniste*. Nous exposerons et nous réfuterons la doctrine de ces trois écoles, après avoir préalablement exposé et réfuté certaines opinions d'un caractère plutôt littéraire que philosophique. Nous nous préparerons ainsi à la solution définitive qu'une psychologie mieux entendue peut seule nous donner.

Deux mots d'abord à ceux qui ont cherché l'origine de la religion en dehors de l'homme, c'est-à-dire aux théologiens qui l'ont placée dans la *révélation* et à certains *libres-penseurs* qui l'ont placée dans l'autorité ou dans l'éducation. Aux uns et aux autres, nous soumettons les réflexions suivantes : la religion a existé chez les sauvages et chez les barbares longtemps avant la rédaction des *livres inspirés*. Ces livres, en général, ont été rédigés par des prêtres. Mais le sacerdoce est postérieur aux religions. Les prêtres n'ont fait qu'adopter et modifier à leur profit les cultes qu'ils avaient trouvés établis déjà. On peut en dire autant des rois et des législateurs : si ceux-ci se sont servis de la religion pour fonder leur autorité, c'est que non seulement ils la croyaient pour ainsi dire gravée dans le cœur humain, mais qu'ils la voyaient manifestée par des dogmes, par des rites et des cérémonies. « L'imposture et l'autorité, dit très bien B. Constant, peuvent abuser de la religion, mais n'auraient pu la créer ; si elle n'était pas d'avance au fond de notre âme, le pouvoir ne s'en serait pas fait un instrument, des castes ambitieuses un métier. » Ceux qui ne voient dans la conscience religieuse qu'un produit de l'éducation se sont fait de celle-ci une idée bien fausse : l'éducation ne crée absolument rien ; tout ce qu'elle peut faire, c'est de développer, en bien ou en mal, des germes préexistants.

D'ailleurs, quand on nous parle de religion transmise de père en fils, on ne fait que reculer la difficulté ; car on peut demander de qui le premier l'a reçue avant de la transmettre au second.

La conscience religieuse est donc un phénomène purement humain. Si l'on s'obstinait à le considérer comme divin, ce ne pourrait être qu'en ce sens, que l'Auteur même de notre être a fait de la religion une partie essentielle de notre constitution morale. C'est ce que l'on comprit enfin. Pour se rendre compte des origines de la religion et des lois de son développement, on étudia l'homme. Malheureusement, dans leurs recherches, les philosophes n'ont marché, le plus souvent, qu'à la lumière d'une psychologie sinon fausse, du moins superficielle : brisant l'unité de la pensée, ils ont séparé ce qui y coexiste nécessairement ; ils ont donné pour principe à la religion tantôt un *sentiment,* tantôt une *affection* ou une *émotion,* tantôt une idée, considérant comme successifs des phénomènes qui ne peuvent être que simultanés.

Il faut s'entendre ici sur le sens des mots que nous venons d'employer. Le mot *idée* est assez clair par lui-même. Mais les mots *sentiment, émotion* paraîtront peut-être obscurs.

De même que le plaisir et la douleur, qui ont leur siège dans l'organisme, sont le fonds de la *sensation,* de même les plaisirs et les peines de l'esprit sont le fonds du *sentiment.* Ces plaisirs et ces peines se ramènent à la joie et à la tristesse ; celles-ci varient avec les causes qui les font naître : plaisir du savoir et peine de l'ignorance ; plaisirs et peines morales, esthétiques ; enfin joies et tristesses de la mysticité.

Nous entendons par *émotions* ces affections diverses que l'on nomme amour et haine, espérance et crainte, sœurs jumelles du désir et principe de toutes nos passions ou de tous les mobiles de notre activité volontaire.

Il nous sera donc permis de donner aux auteurs dont nous allons parler le nom d'*idéalistes*, de *sentimentalistes* ou d'*émotionnistes*, selon qu'ils placeront l'origine de la religion dans une *idée*, dans un *sentiment* ou dans une *émotion*. De là trois systèmes, que nous examinerons *rapidement*, faisant successivement la part de l'erreur et de la vérité, et nous réservant de les apprécier d'une manière générale, en signalant leur défaut commun.

Commençons par le système des *émotionnistes*, c'est-à-dire l'opinion qui fait naître la religion de la crainte :

Primus in orbe deos fecit timor,

c'est la crainte qui a créé les dieux!

Voilà ce qu'a dit Petronius Arbiter, et beaucoup d'autres l'ont répété après lui. Cette opinion repose sur des faits que nous ne contesterons pas. C'est aux génies méchants, mais non aux bons génies, que les sauvages adressent leurs prières et leurs hommages. Les Lapons, dans leurs sacrifices, mettent de côté la graisse et les entrailles, la peau et les abatis : c'est la part des dieux malfaisants ; ou bien ils dévorent la victime tout entière et, rongeant les os, ils les jettent derrière l'autel : c'est là part des dieux bienfaisants. Jacob, dans ses démêlés édifiants avec Laban, jure « par celui que craignait Isaac ». Moïse dit à son peuple : « Dieu est venu, afin que la terreur de son nom marche devant vous. » Les linguistes nous disent que le mot vénérer, en sanscrit, vient de la racine *ser*, laquelle signifie avoir peur. Ils nous disent que le mot aramaïque *Dachla* et le mot hébreu *Eloah* signifient *Dieu* et *crainte*; et enfin, toujours d'après eux, Allah aurait la même racine qu'Eloah, ce qui est assez probable, car le Dieu de l'Islam, comme ses congénères sémitiques, le Moloch des Phéniciens et des Cananéens, le Melkart des Carthaginois et le Iahveh des Juifs, est un dieu terrible et fantasque; et, si les Mahométans l'appellent presque toujours le *miséricordieux*, c'est qu'au fond ils ont peur de lui : l'Arabe vagabond parcourt le désert sans crainte et sans inquiétude, mais il s'arrêterait épouvanté s'il rencontrait Allah au coin d'un bois ou au pied d'un rocher. Nous-mêmes, les Aryas, qui nous croyons en possession de la *vraie religion*, sommes-nous réellement, sous ce rapport, supérieurs aux Sémites? Ne répétons-nous pas souvent les mots : « *Initium sapientiæ, timor Domini* : La crainte du Seigneur est le commencement de la sagesse? » N'est-ce pas ignorer par là que, de tous les êtres, Dieu est le seul qu'on ne doive pas craindre, parce qu'il est juste et bon? C'est pour ces raisons peut-être que Hobbes a dit : « The natural seed of religion lies in these four things : the fear of spirits, the ignorance of secondary causes, the conciliation of those we fear and the assumption of accidents for omens. » (*Leviathan*, ch. XII.)

Hobbes ne s'est pas aperçu qu'il prend ici l'effet pour la cause.

L'homme n'est pas religieux parce qu'il est timide, mais il est timide parce qu'il est religieux. Si les éruptions des volcans, les tremblements de terre, les ouragans, etc., provoquent en lui les manifestations de la religiosité, c'est que, derrière les éléments qui le frappent ou le menacent, il voit une puissance mystérieuse et divine qui produit ces phénomènes terribles et qui commande à la nature entière. La crainte peut engendrer la superstition, mais elle n'est pas la mère de la religion.

Ceux qui regardent l'*ignorance* comme le principe des croyances religieuses appartiennent aussi à l'école des *émotionnistes* : c'est l'ignorance, en effet, qui produit, dans l'homme, l'amour du *surnaturel* ou du *merveilleux*, et, par conséquent, toutes les émotions dont il est nécessairement accompagné. Il ne s'agit pas ici, bien entendu, d'une ignorance absolue, principe négatif qui laisserait l'âme dans l'indifférence et l'inaction, mais de cette ignorance relative qui, en présence d'un phénomène dont nous ne connaissons pas la cause, fait naître en nous l'idée de l'invisible et de l'inconnu. Quelques écrivains ont cru pouvoir tirer de l'ignorance des arguments contre la religion : ils ne se sont pas aperçus que leurs objections se retournaient contre eux-mêmes. En effet, c'est précisément à cet invisible, à cet inconnu, que nous donnons le nom de *divin*, de sorte que notre ignorance même prouve que l'homme est, comme l'a dit Aristote, « un animal religieux ». On est, d'ailleurs, généralement trop porté à croire que l'ignorance est particulière à quelques individus seulement : en matière de religion, elle est, au contraire, commune à tous les hommes. Entre l'ignorant et le savant, il n'y a que des différences de degré. Pour le premier, tout est merveilleux ; pour lui, le cercle du surnaturel est en quelque sorte immense. Pour le savant, au contraire, il diminue à mesure que la science progresse ; il devient enfin aussi petit qu'il peut l'être quand on est parvenu à la connaissance des lois générales qui gouvernent le monde. Mais ce cercle n'a pas cessé pour cela d'être un cercle, et, au delà de la circonférence qui le circonscrit, il y a toujours l'invisible, l'infini, le divin ! L'avantage que le savant a sur l'ignorant, c'est de pouvoir parler, avec plus de force et de netteté, de la faiblesse de l'intelligence humaine.

Schopenhauer a eu tort de dire dans ses *Parerga* : « Un certain degré d'ignorance générale est la condition de toutes les religions (1). »

A ces paroles nous opposons celles de Bacon : « Peu de

(1) Ein gewisser grad allgemeiner unwissenheit ist die Bedingung aller religionen.

philosophie éloigne de la religion, mais beaucoup y ramène. »

L'ignorance, comme la crainte, peut engendrer la superstition, mais elle n'engendre pas la religion.

Il est un auteur qui paraît être, tout à la fois, *idéaliste, sentimentaliste* et *émotionniste :* c'est E. Renan.

Il est idéaliste, car, oubliant, comme Hegel, que l'effet ne précède pas la cause, que le moins n'engendre pas le plus ou que de *rien ne vient rien*, il considère Dieu comme un *idéal* en train de se réaliser, ou, selon l'expression allemande, comme un éternel *devenir*.

Il est sentimentaliste si l'on s'en tient à ses effusions mystiques et au ton général qui domine dans ses écrits.

Enfin, il est peut-être *émotionniste*, puisque, d'après lui, la religion se réduit à un instinct particulier : l'instinct religieux (1). S'il n'y a que cela, non seulement dans l'esprit du sauvage mais même dans celui du civilisé, nous demanderons à ce célèbre écrivain si on a le droit de parler de religion.

En effet, si nous nous élançons dans les champs de «l'idéal» comme le jeune canard se jette dans l'eau d'une mare ou d'un étang ; si l'espoir de l'immortalité est en nous ce qu'est dans la vigogne le pressentiment de sa mort prochaine; si nous nous inclinons devant la Divinité comme les éléphants blancs s'inclinent devant le soleil à son lever : oserons-nous présenter une pareille religion, je ne dirai pas à ceux qui, habitués aux procédés de la méthode scientifique, n'admettent que ce qui est dûment constaté ou légitimement démontré, mais même au simple vulgaire, pour peu qu'il consente à faire usage de sa raison ? Tout le monde sait que, dans l'homme, l'instinct est en raison inverse de l'intelligence, qu'il s'affaiblit et disparaît, même, à mesure que celle-

(1) *Liberté de penser*, t. VI, p. 348.

ci se développe et se fortifie. La religion ne sera donc que pour ceux chez lesquels la raison ne s'est pas développée, c'est-à-dire pour les imbéciles ou les idiots. Quand on n'a pas d'autre *idéal* à présenter à l'humanité, est-ce bien la peine d'attaquer les autres systèmes ?

Passons maintenant au *sentimentalisme*, ainsi nommé parce que, en théologie aussi bien qu'en esthétique et en morale, il fait tout reposer sur le sentiment. Le germe de cette doctrine se trouve dans Pascal, qui dit : « Le cœur a ses raisons, que la raison ne connait pas. » J.-J. Rousseau s'exprime plus franchement encore : dans son *Emile* et dans plusieurs de ses lettres, il donne au sentiment la prééminence sur le jugement et la raison. « Les sens nous égarent, dit-il, la raison même nous trompe ; la conscience ne nous trompe jamais. » Chateaubriand et B. Constant lui-même en appellent toujours au sentiment. Le premier en avait le droit peut-être, car c'est en poète qu'il décrivait la partie rêveuse et mélancolique du christianisme ; le second est moins excusable, car, écrivant en philosophe, il devait s'adresser non seulement à la sensibilité mais encore à la raison du lecteur.

Au fond, le sentiment n'a d'autre valeur que celle d'une idée obscure et confuse.

Dans son grand ouvrage sur *la Religion considérée dans sa source, ses formes et ses développements*, le plus important et le meilleur que nous possédions sur ce sujet, B. Constant s'est efforcé de donner le sentiment pour base à la religion. Il a mille fois raison, sans doute, de considérer « le sentiment religieux comme le propre de l'homme », « comme la loi fondamentale de sa nature » ; de dire qu'on « le retrouve chez les sauvages, chez les barbares et chez les civilisés », « qu'il est toujours le même sous des formes diverses », « qu'il triomphe de l'intérêt et de toutes les passions, de la crainte et de la mort même » ; mais il heurte les principes d'une saine psychologie lorsqu'il regarde le *sentiment religieux* comme l'équivalent de la conscience religieuse.

Le sentiment n'est qu'une partie de la conscience, et même la moins importante ici : moins importante que l'*idée*, qui, claire ou obscure, est le centre où tout converge ; moins importante que l'*émotion*, qui du moins est un principe actif, tandis que lui, au contraire, est aveugle sans la première et passif sans la seconde.

B. Constant, comme beaucoup d'autres partisans de la *doctrine sentimentale*, bien inférieurs à lui pour l'étendue des connaissances ainsi que pour la grandeur et la fécondité des aperçus, aggrave quelquefois son erreur : il regarde le sentiment comme supérieur à la raison : « Les sentiments, dit-il, sont quelquefois plus propres que les raisonnements rigoureux à jeter un jour nouveau sur les objets des méditations humaines et contiennent peut-être le mot de la plupart des énigmes que nous demandons à la logique seule de nous expliquer (1). » De Lamennais lui-même critique la théorie de notre auteur, surtout au point de vue des conséquences pratiques : « Si le sentiment doit être notre guide, dit-il, il n'y a point de désordre qui ne soit justifié. » « Le sentiment religieux n'est que le fanatisme. Il ne tarde pas à révéler à chacun des dogmes différents. S'il se rencontre un enthousiaste d'un caractère ardent et sombre, il n'y a point de crime qu'il ne puisse commettre, sous prétexte d'inspiration (2). »

Disons pourtant, à l'honneur de B. Constant, que, grâce à la justesse et à la pénétration de son esprit, il est, dans les développements de sa pensée, assez souvent ramené à la vérité : il définit « le sentiment religieux, le besoin que l'homme éprouve de se mettre en communication avec la nature qui

(1) Livre II, p. 86.
(2) *Essai sur l'indifférence*, t. II, p. 202-207.

l'entoure et les forces inconnues qui lui semblent animer cette nature (1) ». Cette définition n'impliquerait-elle pas la réunion ou la coexistence des trois éléments qui constituent un phénomène psychologique, c'est-à-dire l'*idée*, le *sentiment* et l'*émotion*? Dans ce cas, ce serait donc sur l'autorité même de B. Constant que nous pourrions rejeter, sinon toute sa doctrine, du moins son langage, car nous persistons à croire que les mots *sentiment religieux* sont une expression impropre, et qu'il faut les remplacer par les mots *conscience religieuse* ou du moins *pensée religieuse*.

Enfin, pour remonter à la source de la religion, on eut recours à l'*idée* : les métaphysiciens, en général, aux idées de l'infini, de l'absolu, de l'inconditionnel, etc.; les philosophes à la simple notion de cause.

Nous n'avons pas à examiner ici les théories colossales des Kant, des Fichte, des Schelling et des Hegel ; nous nous contenterons de poser, en passant, une simple question : Que mettent-ils sous leurs grands mots ? Ce ne peut être qu'un *rapport*, un *mode* ou une *substance*, car, en dehors de ces trois choses, notre esprit ne peut plus rien percevoir, ni rien concevoir. Ce n'est pas un rapport, car il suppose la comparaison de deux objets ; ce n'est pas un mode non plus, car un mode n'existe pas par lui-même ; donc ce ne peut-être qu'une substance. Mais cette substance nous apparaît-elle d'abord avec les caractères de l'infini, de l'absolu ou de l'inconditionnel ? Non certainement, et surtout dans la période de l'*inconscience*, dans laquelle nous devons nous renfermer ici. Ces idées sont bien réelles sans doute, car il y a en nous une aspiration naturelle vers l'absolu, un élan irrésistible vers l'infini ; mais, bien que gravées, pour ainsi dire, dans nos âmes, elles ne commencent à devenir un peu claires que lors-

(1) Livre II, p. 1.

que l'esprit est rompu déjà aux pénibles analyses et aux méditations prolongées.

Dans toutes les périodes de l'évolution religieuse, et surtout dans la première, l'idée qui se présente d'abord à l'esprit en présence de l'inconnu, c'est l'idée de force agissante, c'est l'idée de cause : le Grigri du Nègre, le Manitou du Peau-Rouge, est un être vivant, capable de faire du bien ou du mal. Cette notion, vague de cause, en général, deviendra plus tard, et surtout pour le philosophe, l'idée claire et distincte de cause première. Voilà l'idée sur laquelle doit reposer la religion, comme sur une base inébranlable, mais à deux conditions toutefois : d'abord, à condition qu'on ne la séparera pas du *sentiment* et de l'*émotion*, car alors la pensée religieuse serait arrêtée dans son développement ; en second lieu, à condition que de la simple notion de cause on s'élèvera au *principe* de *causalité*, et surtout qu'on ne dénaturera pas ce principe, comme l'ont dénaturé E. Kant en Allemagne et V. Cousin en France.

CHAPITRE IV

COMMENT A L'AIDE DE LA MÉTHODE PSYCHOLOGIQUE ON CONSTATE LES TROIS ÉLÉMENTS DE LA PENSÉE RELIGIEUSE ET COMMENT ON DÉTERMINE LEURS RAPPORTS

Une idée, un sentiment et une émotion, tels sont les trois éléments de la pensée religieuse.

Il s'agit, maintenant, de déterminer leurs caractères et leurs rapports. Mais, auparavant, il nous semble nécessaire de rappeler que la religion est un fait réel et primitif.

C'est aux naturalistes et aux psychologues qu'il appartient d'étudier l'homme. Les premiers, à la suite du grand Bichat, admettent deux genres de vie : la vie végétative et la vie animale.

Mais, en dehors et au-dessus des fonctions de l'*assimilation* et de la désassimilation, en dehors et au-dessus de la réaction interne en vertu de laquelle nous nous mettons en rapport avec le monde extérieur, les psychologues admettent un troisième genre de vie : la vie hominale. Celle-ci, dominée par les quatre idées du *vrai*, du beau, du bien et du divin, est, suivant les cas, la vie rationnelle ou scientifique, la vie artistique ou esthétique, la vie morale et la vie religieuse. De ces quatre éléments de la vie *hominale*, le dernier est, sans contredit, celui dont on sera le moins disposé à contester la réalité et l'*innéité*, soit à cause de l'autorité du sens intime, soit à cause du témoignage de l'histoire, qui nous le montre exerçant, soit en bien, soit en mal, dans tous les temps et dans tous les lieux, la plus grande influence sur les destinées de l'humanité.

La religion, n'étant qu'un phénomène psychique, ne relève que de la psychologie.

Mais, avant de procéder à l'analyse du phénomène religieux, il faut établir un fait souvent méconnu, sinon par tous les psychologues, du moins par la plupart : ce fait, comme nous l'avons déjà dit plus haut, c'est la coexistence ou la simultanéité de toutes les opérations intellectuelles et l'union indissoluble de tous les produits de ces opérations.

Pour caractériser le premier phénomène de la vie consciente, Descartes dit : « je pense » ; Condillac, « je sens » ; Maine de Biran, « je veux ». Ces philosophes ont-ils regardé ces opérations comme séparables et successives ? ou bien ont-ils voulu seulement, dans un phénomène complexe, signaler l'élément qui leur a paru prédominer ? Quoi qu'il en soit, la plupart des psychologues ont vu là des distinctions, non verbales, mais réelles : ils ont essayé d'appliquer à la psychologie un système qui la détruit par la base : l'*épigénèse*, qui ne paraît pas applicable à l'évolution de la pensée.

L'âme, en vertu de son unité ou de son indivisibilité, est tout entière dans le moindre de ses actes. Prenez l'une ou l'autre de ces trois expressions : « je pense », « je sens », « je veux », vous verrez que n'importe laquelle renferme déjà ce qui se développera plus tard dans l'homme doué de l'intelligence la plus pénétrante et la plus élevée, de la sensibilité la plus vive et la plus délicate, de la volonté la plus ferme et la plus forte ; en d'autres termes, vous verrez que cette expression enveloppe les germes de toutes les facultés de l'âme, de toutes les opérations de ces facultés et de tous les produits de ces opérations, et cela parce qu'il est impossible de sentir sans connaître et vouloir, de connaître sans vouloir et sentir, et de vouloir sans sentir et connaître. Séparer ces opérations, c'est les anéantir : dire que l'on peut penser et sentir sans savoir que l'on pense et que l'on sent, c'est supprimer la vie consciente ; dire que l'on peut vouloir sans savoir ce que l'on veut, c'est contredire le proverbe *ignoti nulla cupido,* point de désir de ce qui est inconnu.

Dans le phénomène le plus obscur de la pensée, il y a donc, tout à la fois, une idée, un sentiment et une affection ou une émotion. Le fonds de l'idée, c'est la connaissance ; celui du sentiment, c'est le plaisir ou la douleur, et celui de l'affection ou de l'émotion, c'est l'amour ou la haine, manifestations du désir, ce *nisus* ou effort vital, qui sont pour la molécule pensante ce que l'attraction et la répulsion sont pour la molécule purement matérielle. Cela se vérifie dans toutes les fonctions vitales.

Dans la vie *organique* et *végétative,* la vue ou même l'idée d'un mets délicat ou d'une liqueur agréable a pour conséquence immédiate une sensation imaginaire et un appétit réel.

Ce qui est vrai des sensations l'est aussi des sentiments : la vue de la beauté, le plaisir de la contempler, l'amour qu'elle inspire, tout cela coexiste :

Ut vidi, ut perii, ut me malus abstulit error.

Je la vis, je pâlis, etc.

La *Juliette* de Shakespeare, sa *Desdémone* et son *Ophélie* se sentent frappées soudainement dans toutes leurs facultés; les amants superstitieux cherchent là l'excuse de leur passion; certains romanciers mêmes y trouvent quelque chose de surprenant; ce n'est pourtant qu'un fait ordinaire, une loi de la nature.

Dans les fonctions diverses de la vie hominale, la simultanéité des phénomènes *cognitifs*, *sensitifs* et *affectifs* est peut-être plus évidente encore : le vrai est senti et aimé en même temps que perçu ou conçu.

L'idée, le sentiment et l'affection coexistent dans le phénomène esthétique, car le beau s'adresse en même temps à l'intelligence, à la sensibilité et à la volonté.

Dans la conscience morale, nous retrouverons également les mêmes éléments, et toujours inséparables, car nous goûtons et aimons le bien en même temps que nous le concevons.

Est-il besoin de faire la remarque que chacune de ces trois vies est double ? Car le vrai, le beau et le bien ayant, respectivement, pour contraire le faux, le laid et le mal, il en résulte que l'idée est nécessairement vraie ou fausse; le sentiment, agréable ou désagréable; l'affection, aimante ou haineuse; et, finalement, que le désir est double aussi, son but étant ou la continuation du plaisir ou la cessation de la douleur. Dans ce dernier cas, se retrouve la loi de coexistence.

La religion est la quatrième forme de la vie hominale : c'est la dernière et la plus élevée, parce que d'abord, elle cherche une réponse à ces trois questions : Qui suis-je ? D'où viens-je ? Où vais-je ? et, ensuite, parce qu'elle donne naissance aux sentiments les plus profonds et les plus sublimes, ainsi qu'aux émotions les plus désintéressées et les plus pures. La conscience religieuse renferme donc aussi trois éléments : une idée, un sentiment et une émotion. De là, comme nous l'avons vu, trois systèmes sur la nature et sur l'origine de la religion : celui des rationalistes, celui des sentimentalistes et celui des émotionnistes : systèmes erronés ou du moins incomplets, parce que leurs auteurs n'ont tenu compte que d'un seul élément. Pour rétablir contre eux la vérité, il nous a suffi de considérer comme simultanés et coexistants les éléments qu'ils ont considérés comme successifs et séparables ; il suffit de comprendre, d'une part, que l'idée, sans le sentiment et l'émotion, serait arrêtée dans son développement, et, d'autre part, que le sentiment et l'émotion, sans l'idée, ne seraient que des impulsions aveugles qui pourraient conduire aux excès les plus déplorables de la superstition.

Si l'on n'admet pas ces faits et ces principes, le problème de l'origine de la religion restera toujours insoluble ; jamais on ne pourra le suivre dans les deux phases successives de son évolution : la phase de la *spontanéité* et la phase de la *réflexion*.

CHAPITRE V

LA MÉTHODE PSYCHOLOGIQUE ABOUTIT LÉGITIMEMENT A L'IDÉALISME, ET PAR LA PRÉPARE UNE RÉPONSE AUX MATÉRIALISTES, AUX POSITIVISTES ET AUX RATIONALISTES

Si la religion est un phénomène intérieur, subjectif et personnel, il en résulte que la théorie scientifique de la conscience religieuse dépend d'une psychologie bien faite; or, la psychologie remonte et aboutit à un fait unique et primitif : l'*idéalisme.*

Il y a, pour les temps modernes, trois espèces d'idéalisme : celui de Kant, de Schelling, de Fichte et de Hegel ; celui de Malebranche et de Berkeley, et enfin celui de Descartes et de Condillac.

L'idéalisme *transcendental,* ainsi nommé peut-être parce qu'il ne passe et n'aboutit à rien, était déjà en germe dans le cerveau de Kant; il s'est développé dans celui de Schelling et de Fichte, et il est enfin parvenu à son paroxysme dans celui de Hegel, l'inventeur de la théorie du *werden*, c'est-à-dire du *devenir*.

Les partisans de ce système prennent, en général, le nom de *rationalistes :* ils séparent la *raison* de *l'expérience;* ils supposent que les facultés intellectuelles peuvent s'ajouter successivement les unes aux autres et s'exercer séparément, de sorte que l'esprit humain est tantôt supérieur, tantôt inférieur à lui-même; enfin, ils réduisent tout aux idées, et ils affirment qu'il ne correspond à celles-ci aucune réalité en dehors de l'esprit.

Nous démontrerons, plus tard, contre ces métaphysiciens, que l'esprit humain est tout entier dans la moindre de ses opérations, et qu'il y a un moyen de s'assurer si une réalité extérieure correspond ou non aux idées qui sont en nous.

L'*idéalisme* de Malebranche et de Berkeley consiste à nier l'existence des corps, ou du moins à croire qu'il est nécessaire et en même temps impossible de la démontrer. On raconte à ce propos l'anecdote suivante (1) : Berkeley, étant venu à Paris, n'eut rien de plus pressé que de faire une visite à son illustre contemporain Malebranche ; il le trouva très

(1) Voir *The life of Berkeley*, introduction à ses œuvres complètes.

malade, mais tout disposé à s'entretenir avec lui sur l'objet commun de leurs études favorites, c'est-à-dire sur la question de savoir si la matière existe ou n'existe pas. La controverse ne dégénéra point en dispute ; mais Malebranche s'échauffa tellement que son état empira et qu'il mourut fort peu de temps après. Si cette entrevue, dit l'historien de Berkeley, n'avait pas, sinon occasionné, du moins hâté la mort de l'estimable auteur de la *Recherche de la Vérité,* certainement on se serait égayé de l'animation de ces deux *non-entités* à se démontrer l'une à l'autre la non-existence des corps.

Le système de Malebranche et de Berkeley ne mérite pas les honneurs de la discussion ; l'existence des corps est de ces choses qui se montrent, mais qui ne se démontrent pas. Nous dirons donc avec Reid : « On n'est jamais plus exposé à transgresser les règles de la logique que lorsqu'on essaie de prouver ce qui n'a pas besoin d'être prouvé. »

Autant le système de Kant et de Hegel est contraire aux données de l'expérience et de la raison et autant celui de Malebranche et de Berkeley est contraire aux règles de la logique, autant l'idéalisme de Descartes et de Condillac est conforme à la réalité des faits et aux principes d'une saine psychologie.

« Je pense, donc je suis », c'est-à-dire je suis une chose, une substance pensante, un esprit, une âme (1). Je doute, donc je suis imparfait ; donc le parfait existe; donc Dieu existe. « Je crois invinciblement à quelque chose qui est hors de moi, et dont l'essence est l'étendue (ou l'impénétrabilité). » Cette croyance invincible ne peut avoir été mise en moi que par l'Etre dont je dépends, par Dieu ; donc je ne me trompe pas en affirmant qu'il existe des corps. Voilà donc déjà

(1) Il faut bien se garder de ne voir ici qu'un syllogisme tronqué, par lequel Descartes voudrait prouver son existence : ce qu'il faut voir ici, c'est non un procédé logique, mais un procédé psychologique.

dégagés les trois grands objets de la science et de la religion : l'âme humaine, Dieu et le monde matériel. Voilà donc déjà posés les principes métaphysiques des *substances*, de *causalité*, etc., ainsi que les principes logiques, tels que celui d'*évidence*, de *contenance* et de *contradiction*. Ainsi, dans ces simples mots : « je pense », tout est renfermé, tant au point de vue de l'*objectif* qu'au point de vue du *subjectif*. C'est ici surtout qu'il faut admirer la netteté, la force et la puissante originalité de Descartes. Un philosophe allemand, mais qui a écrit en français, nous parait avoir parfaitement compris le cartésianisme : « Selon moi, dit-il, toutes les recherches que nous faisons sur la certitude et la réalité vont se rattacher et aboutir finalement au fait primitif de la conscience de nous-mêmes. Il ne nous est pas donné d'aller au delà, ni de nous élever au-dessus de nous-mêmes dans un sens strict et rigoureux. Ce fait primitif nous offre l'union mystérieuse mais incontestable du visible et de l'invisible, du conditionnel et de l'absolu, de ce qui est éphémère et de ce qui est éternel, du fini et de l'infini. La conscience du moi est le point central dans lequel les deux mondes se lient, se distinguent en se confondant l'un avec l'autre, sans que nous puissions les séparer entièrement, ni déterminer avec précision ce qui appartient à chacun d'eux (1). »

Cependant, on peut reprocher à Descartes d'avoir cru que la science exige une démonstration de l'existence des corps.

Ce reproche, on ne peut le faire à Condillac, le véritable créateur de la psychologie, qui professa l'idéalisme le plus pur, sans jamais tomber ni dans l'illogisme de Kant, qui crut que la raison peut se légitimer ou se récuser elle-même, ni dans l'illogisme de Berkeley, qui s'imagina qu'il est nécessaire et en même temps impossible de prouver que la matière existe.

(1) Ancillon, t. I, p. 11.

« Soit que nous nous élevions, pour parler métaphoriquement, jusque dans les cieux, soit que nous descendions dans les abîmes, nous ne sortons point de nous-mêmes, et ce n'est jamais que notre pensée que nous percevons (1). » Cette doctrine de Condillac repose sur un fait et sur le témoignage de la conscience, et, par conséquent, elle est irréfutable ; si le lecteur veut s'en assurer, nous le renvoyons aux prétendues réfutations de deux professeurs, célèbres à différents titres, A. Garnier, le *dernier des philosophes écossais*, et E. Caro, le pieux commentateur du catéchisme. Ils ont essayé de prouver que les saveurs sont dans le pain et dans le vin, les odeurs, dans la rose et dans l'œillet ; le froid et le chaud, dans l'eau glacée ou bouillante, et enfin que les sons, les couleurs et les trois dimensions de l'étendue sont des *réalités objectives*.

La saveur est dans le pain et dans le vin ! Mais, si, étant en bonne santé, vous mangez la moitié d'un cantaloup, il vous paraît sucré ; si, atteint subitement de la jaunisse, vous mangez l'autre moitié, il vous paraît amer. La même saveur est donc amère et sucrée tout à la fois !

L'odeur est dans la rose et dans l'œillet ! L'arum dracunculus, ainsi que la strapelia du Cap, exhale, au moment de la floraison, une odeur de viande en putréfaction qui repousse le botaniste, mais qui attire des essaims de mouches. La même odeur est donc, en même temps, agréable et désagréable !

Le froid et le chaud sont réellement dans les corps ! Vos mains sont, je le suppose, à des degrés différents de température ; vous les plongez dans l'eau : celle-ci paraît chaude pour une main, froide pour l'autre. Le même liquide est donc froid et chaud en même temps !

Les sons sont quelque chose de plus que des vibrations de l'air ! Alors nous ne pourrons plus rire de l'hypothèse de cet

(1) Condillac, *Essai sur l'origine des connaissances humaines*, chap. I.

ancien qui croyait que les paroles se gèlent en hiver et se fondent au printemps !

Les couleurs sont dans les objets ! La neige nous paraît habituellement blanche ; mais, dans certains cas d'ophtalmie, elle nous paraît jaune ou rouge. La même couleur est donc à la fois rouge, jaune et blanche.

Enfin la *longueur*, la *largeur* et la *profondeur* sont choses réelles ! Voilà donc réhabilitées au XIXe siècle les formes substantielles du moyen âge, et désormais on pourra se demander, comme le Pancrace et le Trissotin de Molière, s'il faut dire la *forme* ou la *figure* d'un chapeau.

Il est un point cependant sur lequel les adversaires de l'idéalisme ont paru triompher un moment : c'est lorsque, faisant appel au sens du toucher, ils ont cru pouvoir tirer de là la connaissance légitime des *qualités* essentielles de la matière, l'*étendue* et l'*impénétrabilité* ; conclusion prématurée : une analyse plus pénétrante et plus rigoureuse a prouvé, depuis, que le tact lui-même est impuissant par lui seul à nous donner l'idée des corps, et que cette idée ne nous vient qu'à la suite d'un mouvement ou d'un effort comprimé en nous, de sorte que, pour le vrai savant, la notion de l'*impénétrabilité* se réduit au sentiment et à l'idée de la résistance.

Les assertions gratuites de A. Garnier et de E. Caro se transforment donc en autant de conclusions absolument inadmissibles.

La doctrine de Condillac subsiste donc inébranlable sur sa base.

Ce qui offusque les critiques dans Condillac, ce sont les mots *sentir, sentiment* et *sensation* ; mais, si l'on considère que ces mots avaient au XVIIIe siècle un sens tout différent de celui qu'on leur a donné de nos jours, que Destutt de Tracy, par exemple, emploie presque toujours le mot *sentir* comme synonyme de penser ; si, pour juger de la philosophie condillacienne, on s'attache au fond plutôt qu'à la forme, on verra que, pour le grand philosophe français, *sentir* est la même chose que ce que nous appelons aujourd'hui *sens intime;* or, pour exprimer cette opération, le mot *sentir* convient certainement mieux que le mot penser, car l'âme se sent sentir, penser et vouloir. D'ailleurs, il répugnait à Condillac de faire du *sens intime* une faculté spéciale. Ce n'est pas lui qu'on accusera d'avoir multiplié les facultés : à peine se sert-il même de ce mot ; c'est pourquoi ses derniers disciples, Destutt de Tracy, Laromiguière et Th. Brown, ont remplacé les facultés par les *opérations* ou les *suggestions.*

Nous sommes entrés dans ces détails, un peu longs sans doute, à cause de la grande importance de l'idéalisme par rapport à la science, à la métaphysique et à la religion.

Nous avons donc, dès maintenant, le droit de dire aux matérialistes qu'il n'est pas aussi facile qu'ils le croient de prouver qu'il n'y a dans le monde qu'une seule substance : la *matière;* qu'une seule puissance : la *force.* Il nous semble déjà que, sur ce point, il serait plus philosophique de ne rien affirmer, car nous n'atteignons la matière que par nos perceptions et nous ne connaissons la *force* que par l'idée que nous avons de notre propre activité.

Nous pourrions dire aux positivistes : « Vous rayez la psychologie de la liste des sciences ; cependant, nous ne connaissons *positivement* que ce qui se passe en nous, et, à parler rigoureusement, toutes vos *sciences positives* ne sont que les différentes parties de la psychologie. »

Nous dirons aux rationalistes : « Vous avez tort de morceler l'âme, une et indivisible ; elle prend des *formes* diverses *(sensation transformée),* si l'on peut s'exprimer ainsi, mais elle reste toujours identique à elle-même ; elle exerce à la fois toutes ses facultés, et tout est renfermé dans le « je pense » de Descartes, ou dans le « je sens » de Condillac. »

Dans les deux chapitres suivants, toujours au nom de Descartes et de Condillac, nous soumettrons d'autres réflexions aux partisans du rationalisme et des religions *révélées*.

CHAPITRE VI

L'IDÉALISME PSYCHOLOGIQUE SEUL RÉSOUT LE PROBLÈME DE L'ORIGINE DES IDÉES

L'idéalisme, compris comme il doit l'être, n'est pas seulement la réfutation du positivisme et du matérialisme ; il est, de plus, le fil de certains labyrinthes dans lesquels les métaphysiciens et les théologiens ont essayé de nous engager, ou, pour parler ici sans métaphore, il tranche ou plutôt élimine deux questions qui ont paru très importantes soit au point de vue psychologique, soit au point de vue religieux : je veux dire la question de l'origine des idées et la recherche de nos différents moyens de connaître.

Si, se mettant au point de vue idéaliste, on admet que nos idées constituent notre existence propre, qu'elles n'existent pas à part, soit dans l'esprit, soit en dehors de l'esprit, mais qu'elles ne sont rien autre chose que l'esprit lui-même, percevant ou concevant une substance, un mode ou un rapport, la question de leur origine est aussitôt résolue que posée ; car il devient alors évident qu'elles ne peuvent avoir leur principe ailleurs que dans l'activité du sujet pensant.

Mais une solution si simple ne plaira pas à tout le monde, surtout aux gens d'école et aux gens d'Eglise, qui ont assez l'habitude de poser des questions, non pour les résoudre, mais pour avoir le plaisir de les discuter. Il est donc nécessaire d'entrer ici dans quelques détails, pour indiquer les causes du désaccord des philosophes, et pour dire ce qu'il faut entendre par cette question : « D'où viennent les idées ? »

La question mal posée : voilà la première cause des débats interminables des *rationalistes* et des *sensualistes* : pour eux, il s'agissait de savoir si les données de la raison sont antérieures ou postérieures à celles de l'expérience. Or, elles ne sont ni antérieures ni postérieures les unes aux autres : elles sont simultanées ; car, lorsque l'esprit humain perçoit les phénomènes, la cause seconde, l'étendue, la durée, etc., il conçoit en même temps la substance, la cause première, l'espace et le temps. Le *débat* entre les deux adversaires devait donc se prolonger indéfiniment ; car le dilemme dont ils se servaient les uns contre les autres laissait précisément de côté la seule hypothèse qui pouvait tout expliquer et tout concilier.

La question mal comprise : voilà la seconde cause de ces déplorables disputes. On ne s'est pas même préoccupé de savoir ce que c'est que de rechercher l'origine d'une chose en général. Chercher l'origine d'une chose en général, c'est chercher de quoi cette chose est faite, et ce qui l'a faite, ce qu'elle est ; en deux mots, c'est chercher sa cause matérielle et sa cause efficiente ou formatrice. Chercher l'origine des idées, c'est donc aussi chercher leur cause matérielle et leur cause efficiente. Mais chercher leur cause matérielle, c'est chercher le néant, puisque les idées, n'ayant point d'existence à part, ni dans l'esprit, ni en dehors de l'esprit, ne sont rien par elles-mêmes. Chercher leur cause efficiente, c'est chercher ce que l'on tient à la main : en effet, puisque l'idée n'est que l'esprit lui-même percevant ou concevant quelque chose, ou plus simplement l'esprit exerçant sa faculté de penser, chercher la cause efficiente de l'idée, c'est chercher la cause efficiente de la faculté de penser ou de l'activité intellectuelle ou plus simplement encore de l'esprit lui-même : ce qui est sortir de la question.

L'activité intellectuelle ou la faculté de penser, voilà, en effet, la véritable cause de nos idées. Mais ce n'est pas là certainement la cause que l'on cherche à découvrir, lorsqu'on parle de l'origine des idées, puisque cette cause se présente d'elle-même et tout d'abord à quiconque veut se donner la peine de réfléchir tant soit peu.

Que s'agit-il donc de trouver lorsqu'on se demande d'où viennent les idées ? Quel est le côté vraiment philosophique de cette question ? Selon nous, il ne peut s'agir que des diverses circonstances soit internes, soit externes, qui provoquent l'activité intellectuelle, ou, si l'on veut, des différentes causes occasionnelles en présence desquelles l'esprit exerce sa faculté de penser.

Ainsi comprise, la question devient digne de l'attention du philosophe et susceptible d'une solution ; car il est important pour nous, et possible en même temps, de découvrir les circonstances qui précèdent, accompagnent ou suivent la formation des idées dans notre entendement. Or, si nous nous observons nous-mêmes, nous trouverons que ces circonstances relatives soit au sujet pensant, soit aux objets perçus ou conçus, se divisent naturellement en quatre classes, qu'on peut désigner ainsi qu'il suit : 1° l'expérience, comprenant la perception interne et la perception externe ; 2° la conception, comprenant la raison intuitive et la raison discursive ; 3° l'induction, comprenant l'induction proprement dite et l'induction par analogie ; 4° le témoignage humain, comprenant la tradition orale et la tradition écrite.

Telles sont les quatre sources d'où découlent les idées que nous pouvons avoir et les connaissances que nous pouvons acquérir.

L'expérience, au moyen de l'observation interne ou externe, nous fait connaître le *moi* et le *non-moi* matériel.

L'intuition ou la raison nous révèle les vérités nécessaires, et le raisonnement les développe en tirant les conséquences qu'elles renferment.

L'induction nous donne toutes nos croyances.

Le témoignage humain nous transmet les faits qui se sont passés loin de nous dans le temps et dans l'espace.

Cette classification suffit également pour expliquer la formation des sciences soit rationnelles, soit expérimentales ; par conséquent, elle suffira aussi pour expliquer l'origine et l'évolution de la pensée religieuse et pour en déterminer la valeur au point de vue de la certitude.

CHAPITRE VII

L'IDÉALISME PSYCHOLOGIQUE DÉMONTRE L'INUTILITÉ ET L'IMPOSSIBILITÉ DE LA « RÉVÉLATION »

Aux quatre sources naturelles de nos idées et de nos connaissances, indiquées plus haut, les théologiens en ont ajouté une cinquième, surnaturelle et divine, la *révélation*, à laquelle ils ont attribué un caractère tout particulier : l'*infaillibilité*.

Il est donc nécessaire de parler ici de ces deux nouveaux moyens de connaître, et de les examiner au point de vue de leur valeur et même de leur réalité.

Si le lecteur consentait à se faire pour un moment disciple de Condillac, s'il voulait bien se mettre avec nous au point de vue de la doctrine *idéaliste*, d'après laquelle nous ne pouvons jamais être en rapport qu'avec nos propres idées, s'il voulait admettre enfin que les idées, n'étant pas des réalités objectives, sont intransmissibles de leur nature, il verrait aussitôt que la *révélation* ou l'*inspiration* est absolument impossible. En effet, représentons-nous Dieu parlant à Manou, à Zoroastre ou à Moïse : à chaque parole prononcée par lui, ces trois personnages se formeront certaines idées, sans doute, mais ces idées ne seront que des phénomènes purement subjectifs, des manières d'être personnelles, non divines, mais essentiellement humaines, car, s'il nous était permis d'employer ici une comparaison, nous pourrions dire que les idées prennent la forme de l'esprit qui les conçoit, comme les liquides prennent celle du vase qui les contient.

S'il répugne au lecteur d'admettre l'impossibilité de la révélation, il consentira peut-être à en reconnaître au moins l'inutilité (ce qui, au fond, revient à peu près au même).

N'est-il pas vrai que l'*inspiration* ne peut être utile qu'à la condition d'être réciproque ou commune ? En effet, supposez une personne véritablement inspirée et communiquant ses pensées à une autre : à quoi cela servira-t-il, si cette autre personne n'est pas elle-même véritablement inspirée ?

La doctrine du Christ était inspirée sans doute : cela empêcha-t-il saint Pierre et saint Paul de la comprendre différemment et de donner le premier exemple des disputes théologiques ? Les évangélistes étaient inspirés également : cela les empêcha-t-il de se contredire et de donner naissance, selon M. Goblet d'Alviella, à soixante-douze hérésies, toutes plus bizarres les unes que les autres, et cela quelques années seulement après la mort du Christ ? Ce qu'on appelle la tradition : les écrits des Pères de l'Eglise, les décisions des conciles et les bulles des papes, étaient inspirés aussi selon vous : cela a-t-il empêché des sectes innombrables de se faire une guerre acharnée, d'accumuler les ruines et de faire couler le sang ? Cela les empêche-t-il, aujourd'hui même, de brouiller encore les idées, d'aigrir les passions, de diviser les familles et de troubler les Etats? De ces faits, il découle une conclusion que nous n'avions pas prévue : c'est que la révélation est très nuisible, peut-être parce qu'elle est inutile et impossible.

Montrons maintenant qu'elle est, en outre, fort peu digne de la sagesse et de la bonté divines et compromettante pour la religion.

L'*inspiration*, comme phénomène surnaturel, n'a jamais été prouvée, pas plus que n'importe quel miracle. Les partisans de la *révélation* les plus sages sont ceux qui n'ont cherché à rien démontrer, comme Philon d'Alexandrie, par exemple, qui a inventé la fameuse théorie de la *théopneustie* ou de l'*inspiration plénière*, acceptée encore aujourd'hui par tous les catholiques et par la plupart des protestants, — théorie d'après laquelle la personne inspirée, n'ayant conscience ni de ce qu'elle dit ni de ce qu'elle écrit, est pour le Saint-Esprit ce qu'une flûte ou un piano, par exemple, sont pour un musicien ! A l'affirmation gratuite, se joint ici une petite difficulté : celle de savoir pourquoi le Saint-Esprit n'a pas fait accorder son instrument avant de s'en servir, car sa flûte ou son piano ont rendu bien des sons discordants. Ces sons avaient frappé l'oreille de M. Guizot. Ce grand esprit ne put s'empêcher de reconnaître qu'il y a dans les Ecritures bien des choses qu'on ne peut attribuer à Dieu : une cosmologie contraire à celle de Copernic et de Newton, un récit de la création et du déluge en désaccord avec la géologie, la paléontologie et l'ethnographie, des contradictions, des impossibilités historiques, des faits qui nous choquent et des exemples qui nous scandalisent. M. Guizot se vit donc forcé de faire des concessions, lui qui n'en faisait jamais ; il avoua que, dans la Bible, il y a des choses qui sont de Dieu et d'autres qui sont de l'homme. Alors on lui proposa de faire une édition particulière des saintes Ecritures, dans laquelle, comme dans un cahier de musique, il aurait indiqué, par des clefs de sol ou de fa, des noires et des blanches, des croches et des doubles croches, les passages qui sont vraiment inspirés, ceux qui le sont plus ou moins et ceux qui ne le sont pas du tout. C'eût été un grand embarras de moins pour le lecteur, qui aurait vu tout de suite le moment où il faut baisser ou élever la voix, ralentir ou précipiter les sons, se couvrir ou se découvrir, etc. L'idée était donc très bonne ; mais M. Guizot n'en fit rien : il avait sans doute trop d'esprit et de prudence pour ne point voir qu'en déposant ce bilan il se serait exposé à montrer le peu qui resterait à l'avoir du Saint-Esprit.

Outre la *révélation*, les catholiques ont la *tradition*, qui est l'équivalent de la divine *Srouti* des brahmanes. La révélation ne pouvait tout prévoir ; par la tradition, on se réservait le moyen et le droit de la modifier, d'y ajouter et d'en retrancher, de créer des rites et des dogmes nouveaux, suivant que le besoin s'en faisait sentir. Fille ou servante de la révélation d'abord, la tradition finit par supplanter sa mère ou sa maitresse, et, en prenant sa place, elle lui prit aussi ses titres, qui se résument dans un seul : l'*infaillibilité;* cette impossibilité de se tromper, les gallicans l'accordent aux évêques réunis en concile ; les ultramontains ou les jésuites la donnent au pape, parce qu'il est plus facile de mener un seul homme que d'en mener plusieurs.

Il y a deux espèces d'infaillibilité, celle des philosophes et celle des théologiens. Au point de vue du *subjectif*, elles se ressemblent peut-être ; mais, au point de vue de l'*objectif*, elles diffèrent essentiellement l'une de l'autre. Tout le monde sait, en effet, que les choses sur lesquelles nous désirons ne pouvoir ni nous tromper ni être trompés sont au nombre de trois : celles qui peuvent se concevoir et se comprendre ; celles qui peuvent se concevoir sans pouvoir être comprises ; enfin celles qui ne peuvent ni se comprendre ni même se concevoir ; or l'infaillibilité des philosophes (je ne parle pas des métaphysiciens) ne porte, en général, que sur les choses qui peuvent se concevoir et se comprendre, tandis que l'infaillibilité des théologiens porte exclusivement sur les choses qui ne peuvent ni se comprendre ni même se concevoir, c'est-à-dire sur les choses contraires à la raison.

Pour le psychologue idéaliste, qui, dans la religion, considère tout comme subjectif ou personnel, la question de l'infaillibilité n'est pas même une question, et l'on s'étonne qu'il se soit rencontré des philosophes qui l'aient prise au sérieux. Pourquoi ne pas accorder l'infaillibilité à qui en veut, puisqu'elle ne peut absolument servir à rien, à moins qu'elle ne soit, comme l'*inspiration* ou la révélation, réciproque ou commune? Le mathématicien qui démontre les propriétés du triangle est infaillible ; les évêques délibérant en concile ou le pape parlant *ex cathedra* sont infaillibles aussi : nous l'accordons ; mais à quoi cela pourrait-il servir si ceux auxquels ils s'adressent ou s'adresseront ne sont pas infaillibles eux-mêmes? A rien, évidemment. C'est une vérité que E. Schérer a très bien comprise et parfaitement développée : « Je ne vois pas, dit-il, pourquoi l'infaillibilité est nécessaire au pape, si elle ne l'est point aux évêques, aux prêtres, aux simples fidèles ; et, si le fidèle peut s'en passer pour recevoir l'enseignement des docteurs, je ne comprends pas pourquoi les docteurs n'ont pu s'en passer lorsqu'il s'agissait de comprendre l'enseignement du Christ. » « L'infaillibilité est nécessaire partout, ou elle ne l'est nulle part. L'apôtre a été infaillible en interprétant la doctrine de Jésus-Christ, les Pères de l'Église l'ont été en interprétant les enseignements des apôtres, les conciles l'ont été en déterminant le sentiment des Pères ; mais vous n'avez rien gagné, si l'évêque n'est pas infaillible en expliquant les conciles à mon curé, si mon curé ne l'est pas en me transmettant les explications de son évêque, si moi-même enfin je ne le suis pas pour comprendre les paroles de mon curé. Je vous défie de montrer que la vérité risque moins de s'altérer à un degré de cette transmission qu'à un autre. » (*Critiques religieuses.*)

Loin d'être le critérium de la vérité religieuse, la *révélation* ne mérite même pas les honneurs de la discussion : la discuter, ce serait faire croire qu'il y a une question là où il n'y en a pas. La révélation est étrangère à la philosophie : comme névrose ou maladie du cerveau, elle relève de la pathologie cérébrale ; elle relève du pouvoir séculier, lorsque, au nom du ciel, elle prétend imposer l'erreur ou commander le crime.

Parmi tant de religions *révélées*, il n'en est pas une seule qui aurait pu s'établir si elle n'avait tacitement pris pour base les principes de la religion *naturelle*.

Nous verrons, dans la section suivante, d'abord comment une philosophie bâtarde a essayé de venir au secours de la *révélation* et de l'*infaillibilité*, ensuite comment la métaphysique allemande a sapé les fondements de la religion *rationnelle*, et nous essaierons de rétablir le critérium de la vérité.

SECTION DEUXIÈME

CHAPITRE PREMIER

APERÇU GÉNÉRAL.

« Je sens », « je pense », « je veux ». Ces trois actes, qui d'ailleurs ne peuvent se produire l'un sans l'autre, exigent le concours de toutes les puissances psychiques : l'attention, la comparaison et le jugement (1). Ces trois idées renferment déjà tous les objets sur lesquels l'intelligence pourra s'exercer plus tard, car, en vertu de la *loi logique* des relatifs et des contraires, je ne puis avoir l'idée du *moi* sans avoir celle du *non-moi* matériel ou immatériel ; je ne puis avoir l'idée de mode sans celle de substance ; l'idée de cause seconde sans celle de cause première ; l'idée de l'imparfait sans celle du parfait ; l'idée du contenu sans celle du contenant ; l'idée de ce qui est éphémère sans celle de ce qui est éternel, etc., etc. A toutes ces idées correspond-il, oui ou non, un objet en dehors de mon esprit? Y a-t-il un moyen de distinguer l'idée concrète de l'idée abstraite, ou mieux le réel de l'idéal? En un mot, y a-t-il un critérium de la vérité au point de vue de l'objectif aussi bien qu'au point de vue du subjectif?

Pour répondre à ces questions, nous aurons à examiner certains systèmes philosophico-théologiques, tels que ceux du vicomte de Bonald, de Joseph de Maistre et de Lamen-

(1) Une idée quelle qu'elle soit, l'idée la plus simple, est un jugement : ceci doit donner à réfléchir à ceux qui ont eu de si belles choses à dire sur les *jugements synthétiques* et les *jugements analytiques*.

nais, ainsi que les systèmes métaphysico-philosophiques du rationalisme, tels que ceux de Kant et de ses successeurs, de V. Cousin et de ses disciples.

Par là, nous apprendrons peut-être à quelles conditions on peut dire : *je sais, je crois, je doute* ou *j'ignore;* en d'autres termes, nous réussirons peut-être à tracer les limites et à poser les fondements de la certitude, de la croyance philosophique, du doute et de l'ignorance raisonnée. Nous essaierons du moins de fonder le scepticisme et le dogmatisme sur des principes philosophiques, en donnant le critérium de la vérité en général.

Tel est l'objet de cette section.

CHAPITRE II

L'ÉCOLE THÉOLOGIQUE : DE BONALD, JOSEPH DE MAISTRE, LAMENNAIS. — L'ÉCOLE DES NEUTRES

Après les désastres du premier Empire, il y eut naturellement chez nous une recrudescence de piétisme. Trois hommes se rencontrèrent : le vicomte de Bonald, l'abbé de Lamennais et le comte J. de Maistre, qui entreprirent de fonder sur des principes philosophiques le catholicisme renaissant. Ils furent les paladins de la révélation et de l'infaillibilité ; à eux trois ou à peu près, ils formèrent une école dite l'*école théologique* ou traditionaliste.

La philosophie de de Bonald repose en grande partie sur ce principe : « l'homme pense sa parole avant de parler sa pensée ». Jeu de mots qui peut se traduire ainsi : le signe existe avant la chose signifiée ; impossible à l'homme muet de penser ; à l'enfant qui tette encore de se distinguer de sa nourrice ; au chien de mettre une différence entre une caresse et un coup de cravache. De là, pour les écrivains, une règle ou un conseil : *parlez d'abord, vous penserez ensuite.*

Ce conseil, de Bonald le garde pour lui-même. Chez lui, le style est au niveau de la pensée : il retourne la phrase échappée à Condillac : « Une bonne logique se réduit à une langue bien faite. » De Bonald tire de son principe cette première conséquence : *que la langue est un don spécial de Dieu, une faveur miraculeuse de sa toute-puissance.* Si l'homme parle et pense maintenant, et si, dans le principe, il a été incapable de penser avant de parler, il est évident qu'il ne s'est pas donné sa langue à lui-même, et par conséquent qu'il l'a reçue de quelqu'un. Mais l'auteur ne nous dit pas comment Dieu a pu se faire comprendre de l'homme, qui, ne parlant pas, ne pensait pas encore. Il ne nous donne ni l'explication ni même la preuve de ce miracle, auquel on oppose une impossibilité absolue, impossibilité qu'on ne peut faire disparaître qu'en supposant que Dieu a donné à l'homme la pensée en même temps que la parole.

La seconde conséquence que notre auteur tire de son principe n'est tout simplement que l'idée de Malebranche sur le rôle et l'intervention du Verbe incarné (rédempteur ou médiateur). Mais, comme pour donner à sa pensée une rigueur mathématique, il emprunte à l'arithmétique son langage, et il s'exprime ainsi : « Le Verbe (λογος) est un terme moyen entre le terme extrême Dieu et le terme extrême homme » ; « Dieu est à l'Homme-Dieu comme l'Homme-Dieu est à l'homme. » Ces équations, comme on le suppose bien, loin de dégager l'inconnue et de résoudre définitivement le problème, nous mènent, au contraire, d'inconnue en inconnue, jusqu'au moment où l'on s'aperçoit qu'on a devant soi l'incompréhensible, quand ce n'est pas l'absurde.

Au fond, de Bonald n'a guère fait que commenter la pensée très fausse de J.-J. Rousseau : « La parole me paraît avoir été fort nécessaire à l'invention de la parole. » On a démontré scientifiquement que l'homme a reçu de son Auteur tout ce qui lui était nécessaire pour se créer un langage.

Comme l'autorité de de Bonald est encore très grande aujourd'hui sur ceux que l'on appelle *traditionalistes*, nous ajouterons ici quelques réflexions pour montrer que cet écrivain n'avait pas assez réfléchi sur les rapports qui existent entre les sons et les idées, ainsi que pour établir, une fois de plus, l'inutilité et l'impossibilité de la révélation et de l'infaillibilité.

La manifestation de la pensée est un fait dont on s'avise rarement de rechercher la nature. Nous sommes même portés à regarder l'union de la parole et de la pensée comme un phénomène tout naturel et très simple. Cependant, cette union n'est pas moins mystérieuse que celle de l'âme et du corps. La parole, au fond, n'est qu'une sensation, et la pensée est de sa nature intransmissible, incommunicable. Chacun pense pour soi et par soi. Il est absolument impossible que l'idée passe de l'âme de celui qui parle dans l'âme de celui qui écoute. Les mots *enseigner* et *apprendre* sont deux métaphores. Dans la réalité, nous ne recevons pas nos idées d'autrui, mais nous prêtons à celui qui nous parle les idées qui se forment en nous à l'occasion des mots qu'il prononce ; et, lorsque nous croyons apprendre quelque chose à quelqu'un, nous ne faisons que provoquer en lui la même opération intellectuelle qui a fait naître en nous l'idée que nous prétendons lui communiquer.

Il ne serait donc pas philosophique de rechercher pourquoi et comment les idées se transmettent au moyen de la parole ; mais il est permis de poser autrement la question et de rechercher pourquoi et comment celui qui écoute est porté à exécuter intérieurement la même opération intellectuelle que celui qui lui parle a exécutée avant lui ; en d'autres termes, pourquoi et comment, à l'occasion des mots qu'il entend, il se produit en lui une idée ou un sentiment plutôt que toute autre idée ou tout autre sentiment. Voilà dans quel sens il faut prendre la question, quand on demande quels rapports il existe entre la parole et l'idée. Ces rapports sont ceux que la nature ou l'homme ont mis entre le signe et la chose signifiée : rapports naturels, comme ceux de la cause à l'effet, du moyen à la fin, comme ceux encore qui ont leur origine dans l'analogie et dans l'instinct d'imitation ; rapports artificiels et factices, comme tous ceux qui proviennent d'une convention entre les hommes. Mais il ne faut pas oublier que c'est nous-mêmes qui interprétons ces signes et ces rapports ; il ne faut pas oublier que, dans la prétendue communication des idées, tout est subjectif et personnel, et que la révélation et l'infaillibilité, fussent-elles d'ailleurs scientifiquement démontrées, ne pourraient changer en rien la nature des choses.

Un autre défenseur du catholicisme, mais qui ne ressemble en rien à de Bonald, c'est Joseph de Maistre : celui-ci, du moins, possède un véritable talent d'écrivain ; éloquent et spirituel, sophiste prétentieux et solennel, c'est le plus brillant et le plus grave des esprits faux. Il n'est peut-être pas de vérité qu'il n'ait combattue, pas d'erreur ou d'absurdité qu'il n'ait soutenue. Erudit, théologien et politique en imagination, il n'a été, dans la réalité, qu'un ergoteur passionné et injuste. « L'opium fait dormir parce qu'il a une vertu dormitive. » Voilà presque toujours sa dialectique. Son érudition et sa connaissance de la Bible et du Nouveau Testament ne vont pas au delà de ce qu'on exige d'une aspirante à la première communion. Sa conception de la société civile et politique n'exigeait ni le génie d'un Montesquieu, ni les méditations profondes d'un J.-J. Rousseau. Elle suppose, au contraire, fort peu d'imagination ; son idéal n'est rien autre chose que ce qui fut réalisé pour un moment au moyen âge par les papes Grégoire VII et Innocent III. Il se représente l'Etat sous la forme d'une pyramide : à la base, pour point d'appui, l'échafaud ; tout autour, le peuple qui végète et qui grouille, gente taillable et corvéable à merci ; au-dessus, la noblesse, barons, comtes, ducs, princes du sang ; plus haut, les rois ; plus haut encore, l'empereur, et enfin, au sommet, le pontife à la triple couronne. Ce qui préoccupe l'auteur, c'est, avant tout, la base et le sommet ; pour les décrire, il prodigue les couleurs de sa palette. Sa peinture du bourreau, de sa *femelle* et de ses *petits* est une image d'Epinal, toute barbouillée de sang. La vue du pape au sommet de la pyramide l'exalte jusqu'au lyrisme : il nous montre le vicaire de celui qui était humble et pauvre tout couvert de soie, d'or et de pierreries, le front ceint de la tiare, la main levée pour lancer une bénédiction ou l'anathème, le fonds de l'éloquence ecclésiastique. En dehors du catholicisme, il n'est pas une gloire qu'il n'ait essayé de flétrir : sur la figure du solitaire de Ferney, sur cette belle et noble figure, où rayonne, même pour le vulgaire, l'esprit, la finesse, la bienveillance et la bonté, il ne voit que des lignes, des contours matériels, de quoi faire, d'une plume trempée dans l'eau bénite et le venin, une caricature dont rougirait un élève de rhétorique. Bacon et Locke, il les considère comme des imbéciles et des misérables. Il hait Condillac, parce que celui-ci, dans un passage de son *Histoire ancienne*, avait blâmé les sacrifices humains. J. de Maistre, pour justifier cette coutume atroce, relève ce passage et s'exprime ainsi : « Il m'est impossible d'exprimer à quel point Condillac révolte ici, dans moi, la conscience et le sentiment ; c'est un des traits les plus odieux de cet odieux écrivain. » C'est avec la même indignation vertueuse qu'il réhabilite la politique de Philippe II et du duc d'Albe, l'Inquisition, la Saint-Barthélemy, les dragonnades et la révocation de l'édit de Nantes.

Est-ce naïveté ou cynisme? Epilepsie ou démence continue? C'est peut-être tout cela à la fois, et l'on a eu raison de croire que, chez lui, le bon sens et la conscience morale étaient gravement atteints.

Pour nous, J. de Maistre est un inconscient. Dans le dualisme des Evangiles, il a choisi la partie qui nous montre le Christ maudissant et condamnant, de préférence à celle qui nous le montre bénissant et pardonnant. Au souvenir de certaines paroles trop nombreuses, malheureusement échappées au piétiste de Nazareth, il s'enivre de fanatisme et de haine. Ne lui en voulons pas trop pour cela. Le *Livre du Pape* et les *Soirées de Saint-Pétersbourg* feront plus de mal au christianisme que la *Bible enfin expliquée* de Voltaire.

L'auteur de l'*Essai sur l'Indifférence en matière de religion*, Lamennais, appartient aussi à l'*école traditionaliste*. Ce qu'il appelle *raison générale* est l'équivalent de ce que de Bonald appelait *tradition* ou *consentement universel*.

Lamennais lui-même se sert indifféremment de l'un ou de l'autre de ces trois mots. Voici les principes sur lesquels il établit sa doctrine : Nous n'avons par nous-mêmes aucun moyen de connaître la vérité : les sens ne nous donnent que des illusions ; la conscience ne nous apprend rien de ce que nous pouvons être ; enfin la raison ne nous permet de croire ni à l'homme, ni au monde extérieur. Mais, si la raison individuelle, réduite à ses seules forces, est convaincue d'imbécillité, elle devient toute-puissante quand elle est *collective*, *générale* ou *universelle*. La *raison générale*, ou la *tradition* manifestée par la parole, est le seul critérium de la vérité. L'Eglise catholique est l'interprète de cette *raison*, la dépositaire de cette *tradition*.

Nous demanderons à Lamennais s'il lui est permis d'accorder à la *raison collective* ce qu'il refuse à chaque unité de la collection; si l'addition de plusieurs zéros peut donner un résultat positif; enfin s'il peut s'établir un rapport entre la *raison individuelle,* qui n'es trien, et la *raison générale*, qui est tout. Quoi! je serais obligé de consulter le genre humain et l'Eglise catholique pour savoir si j'existe, s'il y a des corps, si deux et deux font quatre, s'il y a des causes premières et des causes secondes, etc., etc.? D'un autre côté, de quoi se sert Lamennais pour prouver que la raison nous trompe? De sa raison! A qui s'adresse-t-il pour faire croire que la raison ne mérite aucune confiance? A la raison du lecteur! Lui-même reconnaît donc tout bas ce qu'il nie tout haut, et chaque mot de sa bouche est un sophisme, un cercle vicieux.

D'ailleurs, Lamennais, non plus que de Bonald du reste, ne s'était rendu compte ni du rôle, ni de la portée, ni de la valeur du *consentement universel.* Le consentement universel n'est pas un motif premier de jugement, car il suppose d'abord la légitimité de l'*induction* qui nous fait croire à l'universalité d'une opinion, la légitimité du *témoignage des sens,* sans lesquels nous ne pourrions connaître ni les paroles ni les écrits de nos semblables, enfin la légitimité de la *raison,* à laquelle il faut bien avoir recours pour examiner les titres des témoins et pour apprécier leur capacité et leur sincérité. Il suit de là que le consentement des hommes, universel ou non, n'a de valeur réelle que lorsqu'il est conforme à l'expérience et à la raison, c'est-à-dire qu'il n'a, au fond, de valeur que lorsqu'il est à peu près inutile. Si, par exemple, il nous paraît avoir tant de force pour démontrer l'existence de Dieu et l'immortalité de l'âme, c'est qu'il confirme admirablement ces deux vérités que nous a déjà données la raison : c'est que notre foi devient, sinon plus ferme, du moins plus vive lorsque nous la voyons partagée par nos semblables.

Les traditionalistes ne sont pas, à proprement parler, des

contempteurs de la science ; il est vrai que, chez eux, le *raisonnement bannit* souvent la *raison,* mais, au fond, il y a là du moins un hommage indirect à celle-ci : honneur donc et respect aux traditionalistes, surtout à Lamennais !

A côté de l'école théologique, mais bien au-dessous, se place une école qui ne mérite ici qu'une simple mention, et que l'on pourrait appeler l'école des *neutres.* Elle est composée d'un petit nombre de sceptiques d'un genre tout moderne : savants ou demi-savants ; érudits, métaphysiciens, ergoteurs ou dilettanti de la littérature. Ces sceptiques, pour la plupart disciples de Pascal et de Huet, ne tarissent pas sur la faiblesse et l'impuissance de l'esprit humain : ne prenant en général pour sujet de méditation que les choses placées au delà de notre portée ou contraires à la raison, ils rendent l'intelligence humaine responsable de leurs propres rêves, de leurs jeux de logique ou de leurs billevesées métaphysiques ; ils n'admettent que la simple croyance ou la *foi,* non la foi aveugle et passive du charbonnier, ou la foi active et inquiète du fanatique, mais la foi calme de l'homme prudent, qui craint de heurter l'opinion et de se fermer l'accès aux honneurs et aux belles positions.

Les neutres font de la religion une question de géographie : ils sont catholiques à Rome et à Madrid, protestants à Genève et mahométans à Constantinople.

CHAPITRE III

LA RAISON IMPERSONNELLE. — DEUX DISCIPLES DE V. COUSIN.

Un succédané de la révélation et de l'infaillibilité, ce fut la théorie de la *raison impersonnelle,* ébauchée dans le principe par le détracteur de la philosophie française, V. Cousin.

Celui-ci, depuis longtemps déjà, bayait au *fini*, à l'*infini* et à *leur rapport*, s'inclinant tantôt à droite, tantôt à gauche, et saluant tour à tour le dieu de Schelling et le dieu de Hegel. Il fut accusé de panthéisme ; il se défendit en se moquant lui-même du panthéisme : « spectre évoqué à l'usage des sacristies ». Mais on lui fit comprendre que par les prêtres on est tout, et que sans eux on n'est rien. Il le comprit mieux encore lorsqu'il fut nommé ministre de l'instruction publique. Dès lors, fut arrêté, dans son esprit, le plan de sa fameuse lettre au pape Pie IX. En attendant, il fallait donner le change à l'opinion et au clergé, en imprimant une direction nouvelle à l'enseignement de l'histoire et surtout de la philosophie.

Des disciples dévoués comprirent sa pensée. Un d'entre eux réduisit l'histoire grecque en *faits divers* et l'histoire romaine en anecdotes ; il écrivit une *Histoire sainte*, son meilleur ouvrage, pour inculquer aux institutrices et aux enfants le respect pour la *révélation* et l'amour du surnaturel ; et, par son admiration toute de commande pour la *civilisation chrétienne* et les grands personnages de l'Eglise, il devint le Loriquet de l'Université.

Un autre, versé dans ce que Voltaire appelle la *haute* métaphysique, donna sa forme définitive à la théorie de la *raison impersonnelle*.

On crut d'abord que l'auteur ne voulait que reproduire la *vision* en Dieu de Malebranche ou la *théopneustie* de Philon d'Alexandrie ; mais on s'aperçut bientôt que sa thèse n'était autre chose qu'un commentaire du premier chapitre de saint Jean, où celui-ci parle du *Verbe* incarné comme de la « vraie lumière qui éclaire tout homme venant en ce monde ». Enfin, on trouva que l'auteur n'avait démontré qu'une chose, à savoir : que, si la raison n'est pas impersonnelle en général, elle l'était du moins pour lui en particulier.

En effet, de l'aveu même du rédacteur, la *raison impersonnelle* n'a été inventée que pour servir d'intermédiaire entre le fini et l'infini, c'est-à-dire pour rendre leurs relations possibles ; or, si la raison n'est rien autre chose que le *Verbe,* celui-ci rien autre chose que Dieu, elle est l'infini lui-même ; c'était donc entre le fini et l'infini introduire un autre infini ; c'était reculer la difficulté : voilà ce que n'ont compris ni V. Cousin ni son pieux disciple. D'ailleurs, quand bien même on réussirait à établir la légitimité de la *raison impersonnelle,* elle succomberait toujours sous les objections que l'on fait à la révélation et à l'infaillibilité soit des conciles, soit du pape, lesquelles, comme nous l'avons vu, ne peuvent absolument servir à rien si elles ne sont pas réciproques. Au moyen âge, la philosophie, servante de la théologie (ancilla theologiæ), se contenta de ses haillons ; plusieurs fois même elle les porta fièrement, comme aux temps d'Abélard et de Pierre La Ramée ; mais, au XIXe siècle, elle s'est déshonorée, car, pour consacrer sa honte, elle se déguisa, en dérobant à sa maîtresse ses oripeaux et ses atours. Déshonneur sans profit, du reste, car le clergé, qui n'aime pas qu'on lui prenne son bien, conserva toutes ses préventions contre nos excellents professeurs d'histoire et de philosophie, lesquels pourtant, tout le monde le sait, n'avaient

Mérité
Ni cet excès d'honneur, ni cette indignité.

La théorie de la *raison impersonnelle,* suspecte dans son principe, chimérique dans ses prétentions, ridicule dans ses résultats, n'attirera pas même les regards de l'histoire de la philosophie.

CHAPITRE IV

LE RATIONALISME ALLEMAND. — E. KANT ET SES SUCCESSEURS

L'école qui a nui le plus au théisme dans l'esprit des métaphysiciens, des demi-savants et des lettrés, c'est l'école rationaliste. Nous ne parlerons ici que du rationalisme allemand, et seulement en tant qu'il attaque les dogmes de la religion naturelle.

Ce fut comme un coup de tonnerre par toute l'Allemagne lorsque, en 1781, on apprit tout à coup qu'un professeur de l'Université de Kœnigsberg avait définitivement *tué le dieu des déistes*. On ne prononçait qu'en tremblant le nom de Kant, le *déicide*.

Kant est-il aussi terrible qu'on le croyait alors ? A-t-il réellement *tué Dieu*, ou n'aurait-il pas plutôt tué la métaphysique allemande ? C'est ce que nous allons voir.

Le principal ouvrage de Kant est la *Critique de la raison pure*, c'est-à-dire de la raison débarrassée de tout élément *empirique*.

Le but de l'auteur est de déterminer la portée et la valeur de la faculté de connaître, ou, en termes plus précis, c'est de rechercher si à nos conceptions *pures* il correspond des *réalités objectives* en dehors de l'esprit.

La faculté générale de connaître se divise en trois facultés particulières : la *sensibilité pure*, *l'entendement pur* et la *raison pure ;* de là, la division de l'ouvrage en trois parties correspondantes à ces trois facultés. La troisième partie, intitulée *logique transcendantale*, est la seule dont nous ayons à nous occuper ici, parce que c'est la seule qui traite des questions relatives à la religion naturelle.

L'objet de la *raison pure*, ce sont les *idées*, prises dans le sens platonicien. Kant en distingue trois : l'*idée psychologique* ou l'*idée du moi*, l'*idée cosmologique* ou l'*idée du monde*, l'*idée théologique* ou l'*idée de Dieu* ; ces trois idées sont le fondement de trois sciences *transcendantales* : la *psychologie rationnelle*, la cosmologie rationnelle et la théologie *rationnelle*, qui, réunies, forment la *dialectique transcendantale*.

Dans la *psychologie rationnelle*, qu'il sépare de la psychologie expérimentale, il arrive naturellement à cette formule : *moi* $= x =$ *l'inconnu*.

Dans la *cosmologie rationnelle*, il se pose quatre problèmes, qu'il essaie de résoudre en opposant l'une à l'autre deux propositions contradictoires, une *thèse* et une *antithèse*, qu'il appelle antinomies de la *raison pure*, c'est-à-dire la raison pure de tout empirisme.

La *raison pure* établit également : 1° que le monde a des limites dans le temps et dans l'espace, — et qu'il n'en a pas ; — 2° qu'il n'existe dans le monde que le simple ou le composé du simple, — et qu'il n'existe rien de simple ; — 3° qu'il faut admettre dans le monde une causalité libre, — et qu'il n'y a pas de liberté, mais que tout suit aveuglément les lois de la nature ; — 4° qu'il existe un être nécessaire qui fait partie du monde ou qui en est la cause, — et qu'il n'y a, ni dans le monde, ni hors du monde, comme sa cause, aucun être absolument nécessaire.

Telles sont les quatre *antinomies* de la *raison pure*. La *thèse* et l'*antithèse*, étant contradictoires, se détruisent l'une l'autre, et par conséquent nous n'avons le droit ni d'affirmer ni de nier les réalités qui pourraient exister en dehors de nous.

En *théologie rationnelle*, Kant ramène toutes les preuves de l'existence de Dieu à trois : la preuve *ontologique*, qui conclut de l'idée de l'être parfait à son existence ; la preuve *cosmologique*, qui de l'idée du contingent conclut à l'existence de l'être nécessaire ; enfin, la preuve *physico-théologique*, qui conclut l'existence de Dieu de l'ordre et de la beauté de l'univers.

Ces preuves, Kant essaie de les détruire successivement : il avoue bien que l'idée de la Divinité est un *idéal* nécessaire pour compléter la science spéculative ; mais il nous refuse le droit d'en affirmer la réalité objective, parce que nous ne pouvons rien saisir en dehors des limites de l'expérience.

Telle est la conclusion générale de la *Critique de la raison pure*.

Néanmoins, Kant finit par nous fournir des armes contre lui-même : par une inconséquence heureuse, mais inconcevable, il rétablit en morale les vérités qu'il a ébranlées en métaphysique. Dans la *Critique de la raison pratique*, reconnaissant enfin la légitimité de l'expérience, il constate dans la conscience un phénomène particulier, la notion du devoir, et il en tire la preuve de l'existence de Dieu.

D'après lui, la notion du devoir implique les trois postulats suivants : 1° si l'homme *doit*, il faut qu'il *puisse* ; devoir implique pouvoir ; donc il est libre ; — 2° si l'homme doit tendre au *bien*, il faut qu'il puisse le faire par un progrès continu ; donc l'âme est immortelle et appelée au bonheur, conséquence nécessaire du bien ; — 3° si la nature, loin de favoriser l'harmonie entre la vertu et le bonheur, la combat au contraire et la détruit, il existe, en dehors et au-dessus de la nature, une puissance capable de rétablir un jour cette harmonie ; donc Dieu existe.

En rétablissant les dogmes de la liberté, de l'immortalité de l'âme et de l'existence de Dieu, la théorie de la *raison pratique* détruit les conséquences sceptiques auxquelles avait abouti la théorie de la *raison spéculative*.

Toutefois, il ne faut pas se méprendre sur le théisme de Kant : dans ce même livre de la *Raison pratique*, il laisse échapper ces graves paroles : « Nous ne savons pas si Dieu est ; mais nous voulons qu'il soit, ou que tout se passe comme s'il était. » Dieu semble donc n'être pour Kant qu'un *idéal* (1), mot qui, chez ses successeurs, servira à dissimuler un athéisme véritable.

La grande réputation que l'on a faite à Kant dans les écoles pourrait nuire aux doctrines que nous défendons ; nous ne pouvons donc nous empêcher de faire ici quelques réflexions sur son système et sur sa méthode.

Tout, dans la métaphysique de Kant, paraît étrange et bizarre, le titre même de ses ouvrages prête à la contradiction, *Critique de la raison pure !* Il s'agit ici, évidemment, de la raison séparée de l'expérience et prétendant se légitimer ou s'infirmer elle-même. Mais séparer le *rationalisme* de l'*empirisme*, ou, comme s'exprime l'auteur lui-même, le *noumène* du *phénomène*, ne serait-ce pas une tentative vaine, une entreprise irréalisable ? Pour peu qu'on y réfléchisse, on s'aperçoit facilement que ces deux choses, qu'en théorie on ne peut pas même distinguer l'une de l'autre, ou du moins qu'on ne distingue qu'à l'aide de l'abstraction, sont, en pratique, absolument inséparables. Ensuite, la *raison qui se critique* ne fait-elle pas naître en nous l'idée d'une pierre qui voudrait se polir, d'un poids qui voudrait se peser, ou d'une mesure qui voudrait se mesurer elle-même ? Nous ne pouvons nous empêcher de voir là deux choses : la raison *critiquée* et la raison *critiquante ;* mais, si la première a besoin de la seconde pour être critiquée, la seconde aura besoin d'une troisième pour l'être à son tour ; Kant se met donc de lui-même dans le cas de ces psychologues qui, expliquant à leur manière le phénomène de la conscience, se trouvent obligés d'admettre une série de *moi* indéfiniment prolongée. Tout cela,

(1) *Raison pratique*, trad. Barni, p. 363.

évidemment, ressemble assez à un cercle vicieux. Ce que l'on peut surtout reprocher à Kant, c'est son mépris pour la psychologie et son goût pour les systèmes. Pour arriver successivement à une unité factice et à une symétrie artificielle, il invente trois facultés particulières, la *sensibilité, l'entendement* et la *raison,* qui ne sont évidemment qu'une seule faculté, puisque leur fonction est absolument la même : celle de créer des concepts *a priori,* tous empreints des mêmes caractères. De plus, cette fameuse *raison pure,* dont il fait une faculté supérieure et dominante, il la ravale et la dégrade au point de lui faire produire souvent des concepts non seulement arbitraires et frivoles, mais contraires à la raison, comme, par exemple, lorsque, dans la première *antinomie,* elle affirme que « le monde est infini dans le temps et dans l'espace », proposition absurde en elle-même et *a priori,* car tout ce qui se compte ou se mesure est nécessairement fini. Cette raison s'oppose à elle-même dans la *thèse* et l'*antithèse,* et cette lutte, qui a la prétention d'être un duel, se termine par un suicide. Certes, ce n'était pas la peine de tant exalter cette faculté. Kant fait un déplorable usage du principe de contradiction ; et cela n'est pas étonnant, car il n'établit aucune distinction entre les principes logiques et les principes métaphysiques. Pour lui, il n'y a que des principes logiques, ou, comme il dit lui-même, des *formes* régulatrices de l'intelligence ; cela peut être vrai des concepts du temps et de l'espace, qui, comme le dit très bien Leibnitz, ne sont que des relations ou des rapports : des rapports de succession et de coexistence ; mais cela n'est pas vrai des principes métaphysiques, tels que le principe des substances, de causalité, etc., lesquels sont *objectifs* et *subjectifs* en même temps.

Nous accordons à Kant que tout ce que nous concevons, nous le concevons dans le temps et dans l'espace ; mais, si tout est en eux, tout n'est pas par eux ; on doit même dire que rien n'est par eux; et c'est ce que Kant oublie, lorsque, dans deux ou trois de ses *antinomies*, il tire précisément de la notion de temps et d'espace les arguments dont il se sert pour détruire l'une après l'autre la *thèse* et l'*antithèse*. Méconnaissant donc les principes métaphysiques et ne reconnaissant que des principes logiques, il se trouvait naturellement réduit à des *formes vides*, à des *moules creux*; car, avec les principes logiques seuls, il n'avait rien à vérifier, rien à contrôler. Si la *dialectique transcendantale* parvenait un jour à triompher, ce serait la destruction pure et simple de la logique proprement dite, de cette vieille logique qui, si on en retranche la théorie syllogistique, oubliée du reste depuis Descartes et Bacon, restera comme un monument vénérable et indestructible du bon sens ou de la droite raison. La métaphysique de Kant était purement négative; elle devint positive chez ses disciples. Le père du *criticisme* avait créé une langue, donné la méthode et, pour ainsi, dire élevé l'échafaudage. C'était le moment de construire. On vit apparaître des monuments gigantesques, des systèmes grandioses, où le langage affecte trop souvent les formes les plus profondément cabalistiques. Le successeur immédiat de Kant fut Fichte, le père de l'*idéalisme subjectif absolu*. Ses formules sont restées célèbres : « *a*=*a* », « *moi*=*moi* »; « le *moi se pose lui-même*, et, *en se posant lui-même, il devient, il se fait, de sorte qu'il est son propre produit, action et agent, cause et effet* »; « le *moi, qui se crée, crée aussi le non-moi*, et l'un et l'autre se déterminent réciproquement. »

Faut-il s'étonner que Fichte ait commencé une de ses leçons par ces mots légendaires : « *Hier, nous avons créé le moi; aujourd'hui, nous allons créer Dieu?* » Créer Dieu! Si ce mot est jamais mis au nombre des *dicta memorabilia*, il surprendra certainement la postérité. Cela nous dispense d'en dire davantage sur Fichte; d'ailleurs, tout ce qu'il dit en faveur de l'*idéal* et contre un Dieu personnel nous parait fort peu propre à convertir à l'athéisme.

A Kant et à Fichte succédèrent Schelling et Hegel. Nous retrouvons dans ceux-ci ce qui était en germe ou plus ou moins développé dans ceux-là. Mêmes idées et surtout même phraséologie : les catégories du *werden* et du *sein*, du devenir et de l'être, — l'*être en soi, de soi et par soi*, la *tendance instinctive au progrès*, l'*idéal*, la *thèse*, l'*antithèse* et la *synthèse*, etc. Tout cela cependant se trouve quelquefois singulièrement modifié : par exemple, la *synthèse*, qui pour Kant était un procédé de négation ou de séparation entre les contradictoires, devient pour Hegel un principe de conciliation et conduit à l'*identification des contraires*. Mais ce qui est changé surtout, c'est l'esprit et le caractère des écrivains : on ne retrouve dans Schelling et Hegel ni la sage indépendance de Kant ni le libéralisme fier et noble de Fichte.

Hegel, par un motif tout différent de l'*impératif catégorique* de Kant, s'était cru obligé d'accommoder sa politique et sa morale au caporalisme prussien, c'est-à-dire aux vues ambitieuses d'un roi entreprenant et envahisseur, ainsi qu'aux appétits belliqueux d'un peuple de proie. Il recommande comme nécessaire et comme légitime l'absolutisme de l'Etat, représenté par un roi, imposant sa volonté comme une loi obligatoire et pouvant dire comme Louis XIV : « *L'Etat, c'est moi.* » Il admet le droit de la guerre et la perpétuité de la guerre, c'est-à-dire le *droit de la force* dans toute sa brutalité. Par un motif à peu près semblable, il crut devoir accommoder la religion, ou ce qu'il appelait de ce nom, au piétisme de la cour de Berlin et au mysticisme d'une race foncièrement superstitieuse et encore imbue des mythes de l'Edda et des Niebelungen. Pour donner le change à l'opinion publique, il essaya même d'expliquer les *mystères* de la religion chrétienne, surtout le mystère de la Trinité.

Depuis longtemps déjà, les philosophes français avaient essayé d'expliquer ce mystère. Au moyen âge déjà, le grand et courageux Abélard, bravant les foudres de l'Eglise, la colère et les anathèmes de saint Bernard, avait revendiqué les droits de la raison, en réduisant les trois personnes de la Trinité à des attributs essentiels de l'être divin, la puissance, la sagesse et la bonté.

Voltaire a sans doute voulu traduire la pensée d'Abélard dans les vers suivants sur Dieu :

> La puissance, l'amour avec l'intelligence,
> Unis et divisés, composent son essence.
>
> (*Henriade*, ch. x.)

Cette explication ne déplut ni aux philosophes, ni même aux unitaires. Mais il paraît que les philosophes français sont incapables de rien comprendre à ces questions, et qu'il n'y a rien de tels que les métaphysiciens allemands pour expliquer les choses, et même les mystères. C'est du moins ce que nous affirme M. Vacherot. D'après ce critique (1), Schelling et Hegel ont bien mieux expliqué ce mystère.

D'après Schelling, « le Père, dans la Trinité, c'est l'identité absolue, inactive, indifférente ; le Fils, c'est le Verbe, créateur des idées et des choses ; le Saint-Esprit, c'est la synthèse de l'identité et de la diversité. » A l'explication de Schelling, je préférerais de beaucoup l'opinion de certains théologiens qui remplacent la *procession* des trois personnes par une sorte de *pullulation spontanée*, semblable à celle que l'on a cru remarquer dans les polypes et dans les madrépores, de sorte que leur trinité paraît n'être pour eux qu'un polypier en petit. Mais il reste Hegel, le grand, l'incomparable Hegel, qui prononcera peut-être le *fiat lux*. Suivant Hegel, « le Père, c'est la *thèse* ; le Fils, c'est l'*antithèse*, et le Saint-

(1) *Mélanges de critique religieuse.*

Esprit c'est la *synthèse.* » La Trinité, « c'est l'idée se posant, s'opposant, s'unissant à soi dans sa réalité subjective, c'est l'idée *en soi, de soi* et *par soi.* » Ainsi, avant de s'unir dans le Saint-Esprit, le Père et le Fils restent posés l'un devant l'autre, sans se comprendre et sans se connaître, comme deux figures d'étagère ou de cheminée ; mais, sitôt qu'ils sont réunis dans leur *réalité subjective* (1), ils prennent conscience d'eux-mêmes, et alors, si on se met au point de vue de ces psychologues qui s'imaginent que le moi se double et se triple pour s'espionner et se vérifier successivement lui-même, on aura trois séries ou enfilades de *moi,* parallèles d'abord, mais réunies ensuite en une seule, quatrième et dernière enfilade, au bout de laquelle le *moi* divin, s'essayant à dire : *je pense, donc j'existe,* se verra forcé de dire : *je pensons, donc j'existons.* J'existons ! *that's the question.* C'est la question pour Hegel, qui répète sous toutes les formes que Dieu n'est que l'éternel *devenir,* qu'un *idéal* en train de se réaliser ; c'est la question pour M. Vacherot lui-même, qui s'efforce de prouver que Dieu ne sera souverainement parfait que lorsqu'il aura été successivement dépouillé de tous ses attributs, c'est-à-dire lorsqu'il n'existera plus.

Cependant, M. Vacherot continue de s'extasier sur cette trinité alexandrine retournée et sur la profondeur de Hegel. Dans son enthousiasme, il se demande si c'est la conception de la trinité qui a conduit à cette *logique* hégélienne qui procède invariablement par *thèse, antithèse* et *synthèse,* ou bien si c'est la logique qui a conduit à cette conception de la trinité, où l'unité et la triplicité se trouvent si bien sauvegardées. Question grave, que M. Vacherot ne résout pas et qu'il faut recommander aux méditations des universités.

Nous sommes entrés dans ces détails pour montrer qu'on

(1) Vacherot, *La Religion,* un vol. in-8, Paris, 1869.

aurait tort d'invoquer l'autorité des métaphysiciens allemands en faveur de l'athéisme ou du matérialisme ; car on n'est jamais sûr de les bien comprendre.

Tout le monde reconnaît que les races germaniques ont beaucoup de profondeur, mais fort peu de clarté et de précision. V. Cousin lui-même, ordinairement si clair, si précis et si littéraire, devient lourd et obscur lorsqu'il se fait Allemand, lorsqu'il dit par exemple : « Dieu constitue indirectement le mécanisme et la triplicité phénoménale de la conscience de l'homme, par le reflet de son propre mouvement et de la triplicité substantielle dont il est l'identité absolue. (Préface, *Fragments*, XL.)

Enfin, pour tout dire, les Allemands eux-mêmes se reprochent réciproquement leur obscurité : « Tant que Reinhold pensa comme Fichte, dit H. Heine, Fichte déclara que personne ne le comprenait mieux que Reinhold. Plus tard, celui-ci s'étant séparé de sa doctrine, Fichte dit : « Il ne m'a jamais compris. » Lorsqu'il s'éloigna de Kant, il imprima que Kant ne se comprenait pas lui-même. Je touche ici le côté comique de nos philosophes. Ils se plaignent sans cesse de ne pas être compris. Hegel, au lit de mort, disait : « Un seul homme m'a compris. » Mais il ajouta aussitôt : « Et encore celui-là ne m'a-t-il pas compris non plus. » (*De l'Allemagne*, t. II, p. 136.)

Les quatre métaphysiciens dont nous venons de parler ont pleinement justifié l'antique réputation de la race allemande :

Gens ratione ferox, et mentem pasta chimæris.

CHAPITRE V

LE RATIONALISME FRANÇAIS (1). — V. COUSIN ET SES DISCIPLES

Allons au-devant d'un reproche qu'on pourrait nous faire ici : Pourquoi, dira-t-on, tant parler de métaphysique lorsqu'il ne s'agit que de religion? Notre réponse ne sera pas même une excuse. Quelle est la partie de la métaphysique dont nous nous occupons maintenant? N'est-ce pas celle qui cherche à répondre à ces trois questions : Qui suis-je ? D'où viens-je ? Où vais-je ? Or, ne sont-ce pas là les trois problèmes que toutes les religions ont essayé de résoudre chacune à sa manière ? Nous sommes donc en plein dans notre sujet, puisque nous voulons affermir les bases sur lesquelles la religion repose. D'ailleurs, le dogmatisme imprudent des rationalistes n'est peut-être pas moins dangereux que le scepticisme de Kant.

C'est à l'importation des idées allemandes chez nous et à la proscription de la philosophie française qu'il faut attribuer le mépris des positivistes pour la théologie et la métaphysique. Or, c'est un fait, que le positivisme a donné naissance au *matérialisme* dit *scientifique* et à l'athéisme irréfléchi qui pénètre maintenant dans presque toutes les classes de la société. Il importe donc de combattre une doctrine dont les conséquences ont été si funestes.

Le grand prêtre du rationalisme en France, ce fut V. Cou-

(1) Si un mot en *isme* pouvait désigner autre chose qu'un système ou une secte, le rationalisme indiquerait l'habitude d'appliquer simplement la raison à tout ; en ce sens, Voltaire et Condillac sont les grands rationalistes français. Mais ce mot chez nous ne désigne qu'une disposition à déraisonner pompeusement sur un point particulier de psychologie : en ce sens, Kant et V. Cousin sont de vrais rationalistes.

sin. Ses disciples ont pris successivement les noms d'éclectiques, de rationalistes et de spiritualistes. Leur but était de combattre le scepticisme de Kant et de substituer à la philosophie française les doctrines germaniques plus ou moins modifiées.

On pouvait faire à Kant les reproches suivants : 1° d'avoir voulu séparer le *rationalisme* de l'*empirisme*, c'est-à-dire la raison de l'expérience ; 2° d'avoir considéré les principes rationnels comme les formes régulatrices de l'intelligence, et d'avoir nié leur réalité objective ; 3° de n'avoir point distingué les principes métaphysiques des principes logiques ; 4° de n'avoir pas même songé à poser la question de savoir s'il y a, pour nous, un moyen de distinguer la vérité concrète de la vérité abstraite ; 5° enfin, de n'avoir point déterminé le critérium de la vérité en général.

Sur le premier point, V. Cousin a victorieusement réfuté Kant ; voici ce qu'il dit à propos du phénomène de conscience qui nous révèle le *moi* : « La conception primitive de la raison ne précède pas le phénomène de la conscience, ni le phénomène de conscience ne précède la conception de la raison : ils sont tous deux contemporains dans l'unité du fait primitif de conscience. » (*Leçons sur la philosophie de Kant*, 6e leçon, p. 245.)

« Dans la vie réelle de l'âme, dit-il encore, tout nous est donné avec tout : les sens, la conscience, la raison se développent simultanément et réciproquement. » (*Ibid.*, p. 181.)

Ces paroles, il est vrai, ne se rapportent qu'au *principe des substances* ; mais cela suffisait pour réfuter Kant, du moins sur un point particulier.

Pourquoi V. Cousin n'a-t-il pas appliqué à tous les principes rationnels la vérité qu'il avait si bien comprise par rapport au seul principe des substances ? S'il avait été parfaitement convaincu que le rationalisme tout entier fait partie de l'empirisme, puisque les conceptions de la raison font elles-mêmes partie de la conscience ou de l'expérience, aurait-il inventé des mots comme ceux-ci : « ordre logique, ordre chronologique » ; des expressions comme la suivante : « Les données de la raison précèdent les données de l'expérience, sinon dans l'ordre chronologique, du moins dans l'ordre logique? » Aurait-il enfin, méconnaissant, lui aussi bien que Kant, le principe logique des relatifs et des contraires, supposé que l'esprit humain passe de l'abstrait au concret, du fini à l'infini, du conditionnel à l'inconditionnel, etc.? Là-dessus, nous examinerons, plus tard, la doctrine de V. Cousin ; en attendant, nous constatons avec plaisir que, sur un point particulier, il a victorieusement réfuté Kant.

Ce que nos rationalistes opposent avec le plus de confiance à la philosophie négative de Kant, c'est une liste des *catégories de la raison* servant de fondement à toutes les connaissances qui dépassent les limites de l'expérience. Elles sont au nombre de dix, ou à peu près : 1° le principe des substances ; 2° l'idée du temps éternel; 3° l'idée de l'espace illimité; 4° l'idée de l'infini ; 5° le principe de causalité ; 6° le principe de finalité ; 7° l'idée du vrai ; 8° l'idée du beau ; 9° l'idée du bien ; 10° les axiomes mathématiques. Ce sont là, dit-on, autant de *premiers* principes, des *concepts à priori ;* ils sont marqués de trois grands caractères : 1° ils sont *universels*, parce qu'ils se trouvent dans toutes les intelligences ; 2° ils sont *nécessaires*, parce que leur objet ne peut pas ne pas être ; 3° enfin ils sont *absolus*, parce que leur vérité ne dépend d'aucune autre vérité. Telles sont les dix *catégories de la raison ;* elles sont, en quelque sorte, les articles de foi de l'école rationaliste, cette petite église qui, elle aussi, a ses prétentions à l'infaillibilité.

Le plus grave reproche qu'on puisse faire à la liste des catégories, c'est d'exclure les principes logiques, surtout ceux qui nous apprennent l'usage que l'on doit faire des principes métaphysiques. On lui reproche ensuite de renfermer des éléments hétérogènes et absolument incompatibles. Enfin on est tout étonné de voir les catégories les plus importantes formulées d'une manière fort peu digne de vrais rationalistes.

Commençons par la fin. Que viennent faire ici les axiomes mathématiques, que personne d'ailleurs n'attaque? Principes d'une science purement abstraite, en quoi peuvent-ils nous servir pour atteindre légitimement les réalités suprasensibles?

Quant aux idées du vrai, du beau et du bien, quel rapport y a-t-il entre elles et les autres catégories? Les rationalistes n'ont pas même essayé de les formuler, et pour cause. En vain, V. Cousin nous parle du vrai *en soi*, du beau *en soi* et du bien *en soi*; en vain en fait-il des espèces d'*entités* ou de *quiddités* scolastiques: la grammaire et la logique s'obstinent à ne voir là que des mots, une idée abstraite et générale, un rapport commun à toutes les choses qui nous paraissent vraies, belles et bonnes.

En ce qui concerne les idées de temps et d'espace, elles ressembleraient plutôt à des principes logiques qu'à des principes métaphysiques; aussi Kant en fait-il des formes régulatrices de l'entendement, et sur ce point seul il avait raison, car, toute chose étant conçue comme existant dans le temps et dans l'espace, ces deux mots n'expriment que des rapports qui se réduisent à un seul, le rapport du contenant au contenu.

Pour ce qui est de l'idée de l'infini, elle est déjà contenue dans l'idée de l'espace et du temps, auxquels nous ne pouvons pas assigner de limites, et, par conséquent, elle fait double emploi.

Voilà donc sept *catégories* qui n'ont aucun titre pour figurer sur la liste. Il n'en reste par conséquent que trois, les plus importantes sans nul doute, disons mieux, les seules importantes : celle des substances, celle de causalité et celle de finalité. Il n'est guère possible de se méprendre sur la valeur et la portée de ces principes ; aussi devons-nous dire que les rationalistes en ont fait l'usage que l'on doit en faire ; mais ils les ont formulés comme ne les aurait formulés aucun de ces ennemis qu'ils se sont créés eux-mêmes, ces *sensualistes* ou *empiristes* qu'ils dénigrent en toute circonstance. Ils ont donné au principe des substances la formule suivante : « Tout mode suppose une substance » ; mais il eût mieux valu la formuler ainsi : « Tout mode suppose une substance, et une ressemblance ou une différence dans les modes suppose une ressemblance ou une différence dans les substances. » Ainsi formulé, ce principe devient fécond et peut servir de base à la distinction des deux substances : le corps et l'âme.

Voici comment ils ont formulé le principe de causalité : « Tout phénomène qui commence de paraître a une cause. » Ce qui est l'exact équivalent de : « Tout effet suppose une cause », formule tautologique et frivole qui convient, il est vrai, à la simple notion de cause, mais non au principe de causalité, qui doit se formuler ainsi : « Tout effet suppose une cause première. » Ainsi formulé, ce principe deviendra pour nous le fondement de la théodicée. Enfin, ils n'ont pas été plus heureux en ce qui concerne le principe de finalité, auquel ils donnent la formule suivante : « Tout moyen suppose une fin », phrase également tautologique, qui n'apprend absolument rien et qui convient tout au plus à la simple notion de fin, mais non au principe de finalité, lequel doit se formuler ainsi : « Tout moyen suppose une fin ultérieure et dernière. » Cette formule, ainsi comprise, nous servira de majeure pour la démonstration de l'immortalité de l'âme, ainsi que de la permanence de la personnalité humaine.

Ainsi, la liste des catégories de la raison, soumise au procédé baconien de l'*élimination*, se réduit à trois principes : le principe des substances, le principe de causalité et le principe de finalité ; à ces catégories, si l'on ajoute certains principes logiques que nous indiquerons plus tard, on a tout ce qu'il faut pour résoudre les trois grands problèmes de la nature, de l'origine et de la destinée des choses, c'est-à-dire pour établir la religion rationnelle sur une base inébranlable.

Pour en revenir aux rationalistes, nous avons montré que, sur les cinq points indiqués au commencement de ce chapitre, ils n'ont essayé de réfuter Kant que sur les deux premiers, et qu'ils n'ont pas même songé à l'attaquer sur les trois derniers. Nous tâcherons de combler cette lacune dans les chapitres suivants, en essayant de prouver : 1° qu'il n'y a pas de concepts purs, mais que l'élément empirique et l'élément rationnel coexistent dans tout ; 2° qu'il faut distinguer les principes logiques des principes métaphysiques ; 3° qu'il y a pour nous un moyen de distinguer la vérité concrète de la vérité abstraite ; 4° enfin, qu'il est nécessaire d'établir un nouveau critérium de la vérité.

CHAPITRE VI

QU'IL Y A DES PRINCIPES LOGIQUES ET DES PRINCIPES MÉTAPHYSIQUES ; MAIS QU'IL N'Y A PAS DE CONCEPTS PURS

Si, en nous, la volonté est libre, l'intelligence ne l'est pas : elle est soumise à des lois fatales et déterminantes, qui s'appellent principes logiques ou principes directeurs de la raison.

Il y a donc des principes logiques et des principes métaphysiques, qu'il ne faut pas confondre, car ils diffèrent les uns des autres. Les premiers sont tous *subjectifs* ou relatifs au sujet pensant ; les seconds sont objectifs ou relatifs à un objet pensé. Par les premiers nous restons concentrés en nous-mêmes, ou tout au plus nous n'allons que du même au même ; de là, le *principium identitatis* de l'ancienne logique, de là le scepticisme de Kant d'abord, et puis l'*idéalisme subjectif* de Fichte et enfin l'idéalisme absolu de Hegel. Par les seconds, nous sortons de nous-mêmes pour atteindre un objet extérieur, le non-moi, soit matériel, soit immatériel (de là, les systèmes réalistes plus ou moins erronés de la vieille métaphysique).

Les premiers nous apprennent à faire un usage légitime des seconds ; ils sont donc inséparables de leur nature, et par conséquent la doctrine de Kant se trouve sapée dans sa base et renversée par le fait.

Confondre ces deux espèces de principes, ou prendre les uns pour les autres, c'est s'exposer à des erreurs inévitables ; témoin Kant, qui, prenant, avec raison du reste, pour des principes logiques, les idées du temps et de l'espace, s'imagine que toutes les conceptions rationnelles sont des principes formels de la pensée ; témoin V. Cousin, qui, prenant ces mêmes idées du temps et de l'espace pour des principes métaphysiques, consacre presque toute une leçon à prouver leur *réalité objective*.

Les principes logiques, d'après l'ancienne logique, sont les suivants : 1° le principe de convenance, *principium convenientiæ;* 2° le principe de l'identité absolue, *principium identitatis absolutæ ;* 3° le principe de contradiction, *principium contradictionis*.

En vertu du principe de convenance, nous n'accordons à une conception intuitive que les caractères et les attributs qui s'accordent avec elle et entre eux. Lorsque la somme de ces caractères est équivalente à la conception elle-même, le *principe de convenance* devient le principe de l'*identité absolue,* comme quand on dit : « Ce qui est, est » ; « Un tout est égal à la somme de ses parties. »

Mais, si ces caractères ou attributs sont contradictoires entre eux en tout ou en partie, le principe de convenance s'exprime négativement et devient le *principe de contradiction,* dont nous trouvons une application dans la phrase si connue : « La même chose ne peut pas être et n'être pas en même temps. »

Ces principes, nous les donnons ici, parce qu'on les oublie souvent ou qu'on les comprend mal, et parce qu'en les oubliant ou en les comprenant mal, on se condamne fatalement à l'erreur ; si Kant, par exemple, avait bien compris le principe de contradiction, en aurait-il fait un si déplorable usage dans ses *antinomies ?* N'aurait-il pas vu que les *contradictoires* ne peuvent être ni vraies ni fausses ensemble ; mais que, si l'une est vraie, l'autre est fausse, et, réciproquement, que, si l'une est fausse, l'autre est vraie ?

Si Hegel avait bien compris le principe de contradiction, aurait-il abouti, dans sa fameuse *Logique, à l'identification des contraires ?* erreur colossale, dont on ne trouverait peut-être pas l'équivalent dans les annales de la métaphysique, bien qu'elles ne soient, en grande partie, que l'histoire des aberrations de l'esprit humain. Enfin, si l'on comprenait bien les principes logiques, verrait-on tant de théologiens surcharger l'idée de Dieu d'attributs incompatibles? Verrait-on tant d'*esprits forts* se croire libres d'admettre ou de ne pas admettre l'existence de l'Etre suprême?

Aux trois principes énoncés plus haut, il faut en ajouter un quatrième, que l'on pourrait désigner par les mots : loi logique des contraires et des relatifs, ou loi d'opposition et loi de corrélation : « On fait, dit la logique de Port-Royal, de quatre sortes de termes opposés : les *relatifs*, comme père, fils ; maître, serviteur ; — les *contraires*, comme froid et chaud, sain et malade ; — les *privatifs*, comme la vie, la mort ; la science, l'ignorance ; — les *contradictoires*, qui consistent dans un terme et dans la simple négation de ce terme : voir, ne pas voir. » (3e partie, chap. XVIII.)

A quoi peut nous servir cette loi logique des contraires et des relatifs ? Selon nous, elle suffit pour mettre enfin un terme aux interminables disputes des critiques sur l'origine, la portée et la valeur des conceptions de la raison ; elle suffit pour trancher, et d'un seul coup, la plus grande de toutes les difficultés, d'après V. Cousin : « le *passage légitime de l'abstrait au concret* ». *Passer de l'idée à l'être !* C'est, à ce qu'il paraît, le passage des Thermopyles du rationalisme. Eh bien, cette difficulté suprême s'évanouit sitôt qu'on se pose cette question bien simple : « Est-il possible à l'esprit humain de percevoir ou de concevoir une chose sans percevoir ou concevoir en même temps son contraire ou son corrélatif ? Peut-on dire *moi* sans affirmer le *non-moi ?* Peut-on parler d'une cause seconde sans affirmer la cause première, parler de la cause première sans affirmer une cause seconde ? Le fini et l'infini, l'imparfait et le parfait, le relatif et l'absolu, le conditionnel et l'inconditionnel se supposent et s'impliquent réciproquement : ils naissent ensemble et coexistent dans la pensée ; ils ne peuvent exister l'un sans l'autre. *Passer de l'abstrait au concret* n'est donc qu'une difficulté imaginaire ; si le passage paraît si difficile à trouver et à franchir, c'est qu'on le cherche quand on l'a déjà franchi.

Si tout cela est vrai, il s'ensuit qu'il n'y a pas de *concept* qui ne soit composé d'un élément empirique et d'un élément rationnel ; il s'ensuit qu'il n'y a pas de *concepts purs* ; — et, par conséquent, c'en est fait du rationalisme : ce n'est plus qu'un mot à rayer du vocabulaire philosophique.

CHAPITRE VII

QU'IL Y A UN MOYEN DE S'ASSURER SI, AUX CONCEPTS RATIONNELS, IL CORRESPOND OU NON UNE RÉALITÉ OBJECTIVE.

Au nom de la loi logique des contraires et des relatifs, le rationalisme n'existe pas. Mais il a existé — en imagination, — et il est probable qu'il existera longtemps encore, comme sujet de *thèses* et de jeux dialectiques, comme *quiddité* scolastique et comme *tête de turc* pour l'amusement des écoles. Il ne sera donc pas inutile de dissiper la confusion et les doutes qu'il a laissés dans les esprits sur une question de la plus haute importance : la question de savoir s'il y a un moyen de s'assurer si, aux conceptions de la raison, il correspond, ou non, une réalité objective ou, en d'autres termes, s'il y a un moyen de distinguer la vérité concrète de la vérité abstraite (1).

(1) Avant de continuer ce chapitre, il ne sera peut-être pas inutile de dire quelques mots de la vérité et de l'erreur, de l'évidence et de la certitude, de la probabilité et de la croyance, ainsi que de leurs différentes espèces. Nous détachons donc ici de notre *Cours de philosophie* les explications et les définitions suivantes :

Nous définissons la vérité : « ce qui ne peut pas ne pas être », ou « ce qui est ». De là, deux espèces de vérité : la vérité nécessaire et la vérité contingente. Les vérités se divisent en outre en vérités concrètes et en vérités abstraites. Cette division est ici la plus importante pour nous ; car, comme nous le verrons tout à l'heure, la grande affaire entre rationalistes et empiristes, c'est de savoir quand une vérité est concrète ou simplement ab-

La *certitude morale* constitue, pour la religion naturelle, ce qu'on appelle la *foi*, car cette religion, comme les religions révélées, a aussi *sa foi*; seulement, tandis que, dans celles-ci, *la foi* consiste à croire tout et quelquefois contrairement à la raison, dans celles-là elle consiste à croire à des inductions diverses, fondées sur des données expérimentales ou rationnelles, et elle repose sur la *probabilité*, dont elle parcourt les différents degrés depuis la confiance entière jusqu'à la défiance complète.

La *probabilité* est ce qui fait naître en nous, deux ou plusieurs choses étant possibles, l'*opinion fondée* que l'une a été, est ou sera plutôt que l'autre. La *probabilité* est dite *physique* quand elle se rapporte aux phénomènes de l'ordre physique, comme lorsqu'on dit, par exemple : « Le soleil se lèvera demain, dans mille ans. » Elle est *morale* lorsqu'elle se rapporte aux phénomènes de l'ordre moral ; comme lorsqu'on dit : « Cet homme, qui ne m'a jamais trompé, ne me trompe

straite, c'est-à-dire quand, en dehors de notre esprit, un objet correspond à nos idées ou n'y correspond pas.

L'erreur se définit : « ce qui ne peut pas être » ou « ce qui n'est pas ». De là, deux espèces d'erreur : l'absurde et l'erreur simple.

L'*évidence* est la lumière qui accompagne la vérité.— Elle est *immédiate*. lorsqu'elle frappe l'esprit ; comme le rayon lumineux frappe les yeux.

Elle compte trois espèces : 1° l'évidence de *fait* ou de sentiment; ainsi : j'existe, les corps existent ; — 2° l'évidence de raison; exemple : Dieu est éternel ; — 3° l'évidence d'analogie ; exemple : le soleil se lèvera demain, dans mille ans.

La certitude est l'adhésion ferme et inébranlable de l'esprit à la vérité. Elle a pour caractère d'être : 1° absolue, — c'est-à-dire n'admettant pas de degrés (elle est ou elle n'est pas); — 2° *subjective*, — en ce qui concerne la vérité abstraite ; — 3° *objective*, — en ce qui concerne la vérité concrète.

Dans ses modes de formation, elle est : 1° *immédiate*, — quand elle naît de l'évidence immédiate ; — 2° *médiate*, — quand elle naît de l'évidence médiate.

Elle se divise en trois espèces ; elle est : 1° *physique*, — quand elle naît de l'évidence de fait ou de sentiment ; — 2° *métaphysique*, — quand elle naît de l'évidence de raison ; — 3° *morale*, — quand elle naît de l'évidence d'analogie.

pas maintenant. » Enfin, elle est *mathématique* lorsqu'elle s'obtient à l'aide des chiffres et du calcul et qu'elle est susceptible d'une détermination rigoureuse. La probabilité et la *foi*, qui en dérive, s'appliquent à plusieurs questions de la religion naturelle, notamment dans les différentes hypothèses relatives aux modes d'existence de l'âme après la mort.

Au-dessus de la *croyance* ou de la *foi*, on place le doute et l'ignorance, non pas vulgaires, mais raisonnés.

Le *critérium*, dans le langage des sciences, est la marque à laquelle on reconnaît la vérité. Il consiste : 1° dans l'*évidence de fait* ou de *sentiment* pour ce qui concerne les données de la perception soit interne, soit externe ; 2° dans l'*évidence de raison* pour ce qui concerne les idées abstraites et générales, et les conceptions nécessaires et universelles ; 3° dans l'*évidence d'analogie* pour ce qui concerne les différentes applications du principe d'induction ; 4° dans l'*union de l'évidence de fait* avec *les deux autres espèces d'évidence*, pour constituer le critérium de la vérité en général.

Les rationalistes de l'école de V. Cousin ont cru que, relativement à la certitude, il n'y a aucune distinction à établir entre les principes intuitifs ; ils prétendent que ces principes ont tous la même certitude absolue ; qu'en rejeter un seul, c'est les rejeter tous ; en un mot, que l'autorité de la raison est toujours la même, parce que les vérités qu'elle nous révèle sont des vérités nécessaires.

Il est très vrai que la certitude, produite par la raison, est toujours absolue, c'est-à-dire n'admet point de degrés : mais cette certitude peut être tantôt objective, tantôt purement subjective. Il est très vrai aussi que les vérités révélées par la raison sont toujours des vérités nécessaires ; mais ces vérités nécessaires peuvent être tantôt concrètes, tantôt purement abstraites. Nous sommes donc fondés à établir une distinction entre les principes rationnels, et à dire que leur certitude, quoique toujours absolue, est tantôt objective, tantôt subjective : objective pour les principes des substances, de causalité et de finalité ; purement subjective pour la notion du temps et de l'espace et pour les principes que, dans le chapitre précédent, nous avons appelés principes logiques.

Comme cette assertion peut être contredite, nous devons nous attacher à la justifier. Nous prétendons que les vérités dites nécessaires ne le sont pas toutes au même titre, qu'on ne doit pas les définir de la même manière, et qu'il serait dangereux de les ranger toutes sur le même plan. Par exemple, si, comme le font nos rationalistes, vous définissiez l'idée de temps et d'espace : celle « dont l'objet ne peut pas ne pas être », vous donneriez au temps et à l'espace une réalité objective qu'on est autorisé à leur refuser; ce serait assimiler leur idée aux principes des substances, de causalité et de finalité et, par conséquent, compromettre ces derniers, car il est évident pour tout le monde que ces trois principes nous livrent des réalités vivantes, tandis que les idées de temps et d'espace ne sont que des abstractions, des points de vue de notre esprit, en un mot des rapports, deux rapports qui se réduisent à un seul, le rapport du contenant au contenu. Pour ne pas accorder aux idées du temps et de l'espace une réalité objective qu'elles n'ont pas, il faut les définir : « des idées que l'esprit humain, étant ce qu'il est, ne peut pas ne pas avoir », car c'est en ce sens seulement qu'elles sont nécessaires. Voilà la distinction qu'il faut établir entre les idées nécessaires.

Mais on nous répond *qu'on ne fait pas au scepticisme sa part*, et que contester l'autorité de la raison sur un point, c'est l'ébranler sur tous les points. D'abord, ce n'est pas contester l'autorité de la raison, puisqu'en reconnaissant des principes, purement subjectifs d'une part et objectifs de l'autre, nous ne méconnaissons, ni chez les uns ni chez les autres, le caractère de nécessité; nous demanderons ensuite s'il n'est pas beaucoup plus prudent d'accorder au scepticisme la part qui lui revient, dans la crainte qu'il ne l'exige, si on la lui refuse, ou plutôt dans la crainte qu'il ne nous accorde, ici, précisément ce qu'il serait en droit de refuser. En effet, posez en fait que toutes les données de la raison sont nécessaires au même titre : le scepticisme accordera ce principe, et pourra raisonner ainsi contre vous : « Vous dites qu'à toutes les idées nécessaires correspond une réalité objective ; mais je puis au moins douter que ceci soit vrai par rapport aux idées du temps et de l'espace ; il m'est donc permis d'étendre ce doute aux principes des substances, à l'idée de cause première, etc. » Alors, pour sauver ces deux principes, vous vous obstinerez peut-être à soutenir, comme on le fait du reste, que le temps et l'espace sont quelque chose de plus que des abstractions.

Mais le sceptique ne restera point sans réponse : « Si le temps et l'espace, dira-t-il, ne sont pas des abstractions, ce sont des êtres, des substances. Si ce sont des substances, elles sont matérielles ou immatérielles, car il n'y a pas de milieu. Mais le temps et l'espace ne peuvent pas être des substances matérielles ; car on prétend qu'ils sont infinis, et il est par trop évident que ce qui est matériel est nécessairement fini, puisqu'on peut toujours ajouter quelque chose à ce qui est étendu. Reste donc que le temps et l'espace soient des substances immatérielles : alors nous aurons deux substances spirituelles distinctes et toutes deux infinies ; ajoutez-y la substance divine, également infinie ; cependant, tous les métaphysiciens orthodoxes admettent qu'il ne peut y avoir qu'un seul infini. »

C'est ainsi qu'en voulant tout obtenir, on n'obtient rien ; c'est ainsi qu'on a compromis les dogmes les plus importants de la religion naturelle, en voulant précisément les mettre à l'abri des attaques du scepticisme. Il faut donc, pour les données de la raison pure, reconnaître deux espèces de nécessité : celles que nous venons d'indiquer, ainsi que deux espèces de certitude, l'une qui n'est que subjective, l'autre qui est à la fois subjective et objective.

C'est à ce point de vue qu'il faut se mettre si l'on veut distinguer les vérités concrètes des vérités abstraites et si l'on veut purger enfin la liste des catégories de la raison des éléments hétérogènes qui la surchargent.

Voyons en quoi nos éclectiques s'y sont mal pris pour réfuter Kant. Celui-ci reconnaît bien dans l'esprit humain l'existence de certaines idées, nécessaires, universelles, qu'il appelle *catégories de la raison pure*, telles que les idées de temps, d'espace, de cause, etc. ; mais il considère ces idées comme de *simples formes* de l'intelligence humaine, comme de purs phénomènes subjectifs, incapables de nous révéler une réalité objective qui leur corresponde en dehors de l'esprit. Pour réfuter Kant, il ne suffisait pas de lui opposer ce que lui-même est le premier à reconnaître : la vérité absolue des *catégories de la raison pure* considérées comme phénomènes subjectifs, mais il fallait lui montrer que nous avons un signe certain auquel nous pouvons reconnaître la valeur de nos idées, non seulement au point de vue du subjectif, mais encore au point de vue de l'objectif; qu'il existe un moyen infaillible de nous assurer si une réalité vivante correspond à nos conceptions, un moyen enfin de distinguer la vérité concrète de la vérité abstraite.

Voyons donc s'il n'existe pas un critérium de la vérité en ce qui concerne les idées universelles et nécessaires. Quel est, par rapport aux choses qui ne tombent pas directement sous le sens, le moyen de reconnaître si la certitude n'est que subjective ou bien si elle est objective en même temps que subjective ? C'est le concours et le contrôle réciproque de l'expérience et de la raison. En énonçant cette proposition, nous ne voulons pas dire qu'il faut admettre en même temps la légitimité de l'expérience et de la raison ; nous ne voulons pas simplement reconnaître ici que l'expérience est *l'antécédent chronologique* des aperceptions de l'entendement *pur;* que les données de l'expérience sont les *causes occasionnelles* qui provoquent la conception des vérités nécessaires et universelles (car nous n'approuvons pas d'ailleurs cette manière de parler). Nous ne voulons pas dire non plus qu'il faut successivement et tour à tour employer la méthode expérimentale et la méthode rationnelle, ce qui ne serait qu'une simple juxtaposition. Nous voulons parler d'une fusion ou d'une union véritable, d'un contrôle réel, simultané et réciproque. Nous voulons que, étant donnée une conception rationnelle, l'on examine s'il y a quelque chose de réel, de vivant, de substantiel, ou s'il n'y a rien que d'idéal, d'abstrait et d'illusoire dans la donnée expérimentale à l'occasion de laquelle on s'est élevé à cette conception. Dans le premier cas, la certitude est objective et subjective tout à la fois ; dans le second, elle ne peut être que simplement subjective. Un exemple fera mieux comprendre notre pensée : nous avons les idées nécessaires de *cause*, de *temps* et d'*espace;* à ces idées correspond-il, oui ou non, une réalité objective en dehors de notre esprit, et avons-nous un moyen de reconnaître cette réalité ? Voilà la question. Soit donnée l'idée de temps : cette idée est nécessaire ; elle me représente le temps comme éternel, infini, indestructible, et je serais forcé de croire qu'il existe en dehors de mon esprit si j'étais borné à la raison pure ; mais j'ai l'expérience pour contrôler ma raison. Or, qu'y a-t-il de réel dans la donnée expérimentale qui, si on veut, précède en moi la conception du temps illimité? Je n'y trouve que la simple notion de *durée*. Or, qu'est-ce que la durée? La permanence ou une succession de phénomènes. Or, la succession n'implique que les trois idées abstraites d'antériorité, d'actualité et de postériorité ; quant aux phénomènes, ils ne sont rien par eux-mêmes, car, dans la nature, il n'y a de réel que les substances modifiées, que les êtres où les phénomènes se manifestent. Puisque, dans la donnée expérimentale, il n'y a rien que d'idéal, d'abstrait, je n'ai pas le droit d'accorder au temps une réalité objective qui ne lui appartient pas. L'idée nécessaire du temps ne produit donc qu'une certitude purement subjective.

Soit donnée maintenant l'idée d'espace : cette idée est également nécessaire; elle me représente l'espace comme illimité, infini, indestructible. Mais dois-je le considérer comme un être, une substance, une réalité en dehors de mon esprit, ou comme une simple négation de ce que nous appelons impénétrabilité, comme étant le vide, le néant? J'examine ce qu'il y a de réel ou de purement idéal dans la donnée expérimentale à l'occasion de laquelle j'ai conçu l'espace illimité. Cette donnée expérimentale, c'est l'idée de l'étendue. Que renferme cette idée? Qu'est-ce que l'étendue? L'étendue n'est rien autre chose que la série des points mathématiques qui engendrent, pour nous, la longueur, la largeur et la profondeur, c'est-à-dire les trois dimensions des corps ; or, les trois dimensions ne sont rien autre chose que la surface diversement considérée. La surface n'est que la limite d'un corps. Donc l'étendue n'est rien, puisqu'elle s'identifie avec la surface, qui n'est que la série de points mathématiques où le corps cesse d'être ce qu'il est. Puisque tout est idéal et abstrait dans la notion expérimentale de l'étendue, je n'ai donc pas le droit, en m'élevant à l'idée rationnelle de l'espace, d'y mettre quelque chose de réel et de concret. L'idée d'espace, comme l'idée de temps, n'admet donc que la certitude subjective. Toutes les vérités que nous concevons à l'égard du temps et de l'espace ne sont donc que des vérités abstraites, c'est-à-dire des manières d'être de notre esprit.

Voyons maintenant à quelles conditions nous pouvons arriver à la vérité concrète. Prenons le principe de causalité. Je trouve en moi l'idée d'une cause première et nécessaire, et cette idée s'est, si l'on veut, formée dans mon esprit à l'occasion des causes secondes et contingentes dont j'ai constaté l'action soit en moi-même, soit en dehors de moi. Pour savoir si, à l'idée rationnelle de cause première, il correspond une réalité en dehors de mon esprit, je cherche ce qui est contenu dans l'idée expérimentale de cause seconde. Que renferme donc cette dernière idée? Action, force, puissance, tels sont les éléments que j'y trouve. Mais la puissance, la force et l'action ne sont pas des êtres, des choses qui existent par elles-mêmes, car il n'y a, dans la nature, que des substances agissantes, douées de force ou de puissance. Il y a donc quelque chose de réel, de substantiel, de vivant dans la simple notion de cause seconde et contingente, et par conséquent je suis obligé d'accorder au moins autant de réalité à l'idée de cause première et nécessaire.

Il n'en est donc pas du principe de causalité comme des idées du temps et de l'espace ; il nous met en possession de la vérité concrète, et il engendre une certitude qui est objective en même temps que subjective. On pourrait raisonner sur l'idée d'infini comme sur l'idée de cause première et nécessaire, et on arriverait non à l'infini idéal, mais à l'infini réel.

On pourrait aussi montrer que l'expérience est également nécessaire pour donner au principe d'induction la valeur dont il est susceptible. Si la croyance à la stabilité et à la généralité des lois de la nature nous est donnée intuitivement par la raison, elle a besoin d'être confirmée par l'expérience.

En effet, quel est le savant qui, à la vue d'un phénomène nouveau, oserait inférer que ce phénomène a toujours eu lieu dans le passé et aura toujours lieu dans l'avenir, avant que la répétition du même fait lui ait permis d'examiner toutes les circonstances nécessaires à sa production? La coexistence et l'union indissoluble de l'élément empirique et de l'élément rationnel se retrouvent partout, même dans les sciences abstraites, même dans les mathématiques : quand nous disons, par exemple : « deux et deux font quatre » nous voulons dire que le moi est affecté quatre fois de la même manière. Pourquoi exclure la perception interne de certaines opérations intellectuelles? Celles-ci sans elle ne seraient-elles pas absolument impossibles? Pourquoi veut-on qu'il y ait des idées, des jugements et des raisonnements *a priori* et *a posteriori*, une méthode *a priori* et *a posteriori*, etc.? La méthode, nos raisonnements, nos jugements et nos idées ne sont rien de tout cela, ou si l'on veut, sont tout cela à la fois.

Ce que nous avons dit dans ce chapitre s'applique à la détermination du critérium de la vérité en général et à toutes les parties de la théologie rationnelle.

CHAPITRE VIII

DU CRITÉRIUM DE LA VÉRITÉ EN GÉNÉRAL. — QUE SUR CE POINT IL SUFFIT DE MODIFIER UN PEU LA DOCTRINE DE DESCARTES.

Avant l'apparition du rationalisme, on se contentait de dire, d'après Descartes : « l'évidence est le critérium de la vérité »; proposition inattaquable, mais néanmoins souvent attaquée par ceux qui voudraient aller au delà ou rester en deçà des limites de l'intelligence humaine, par ceux qui ne peuvent se résigner à l'ignorance de ce qu'il nous est absolument impossible de connaître, ou par ceux qui, de parti pris, comme Pascal, s'efforcent de rabaisser encore la raison pour la soumettre à la foi religieuse. Aux premiers, nous dirons : « Acceptez l'intelligence telle qu'elle nous a été donnée par l'Auteur de notre être, et n'imitez pas ceux qui voudraient sauter par-dessus leur ombre » ; nous dirons à Pascal : « Rabaissez la raison tant que vous voudrez, mais ne vous servez pas d'elle pour prouver qu'elle est sans puissance et sans valeur. »

La principale objection que l'on fait à Descartes est la suivante : « Ce qui vous paraît évident peut ne point me paraître tel ; l'évidence n'est donc point le signe certain, la marque infaillible du vrai. » Cette objection n'est que spécieuse ; elle provient d'une illusion assez fréquente qui consiste à prendre le change et à confondre soit le *douteux* avec le *probable*, soit le *probable* avec le *certain*. Quand Pascal s'écrie : « Vérité en deçà des Pyrénées, erreur au delà », il est probable qu'à son insu il identifie trois choses essentiellement distinctes : le *savoir*, le *croire* et le *douter*. Ces trois états de l'âme ont chacun leurs causes respectives, leurs conditions particulières. Pour peu qu'on soit attentif, on sait toujours à quels signes on peut dire : je *sais*, je *crois*, je *doute*; or, ces signes sont nécessairement ou l'évidence ou la probabilité, ou l'absence de l'une et de l'autre. Que chacun s'examine de bonne foi. Voici trois propositions : « J'existe ; » « Un et un font deux ; » « Dans un triangle, le plus grand côté est opposé au plus grand angle. » Pourquoi admet-on ces propositions comme vraies, sinon parce qu'elles sont évidentes par elles-mêmes? Descartes a donc eu raison de s'imposer comme règle de « ne recevoir aucune chose pour vraie qu'il ne la connût évidemment être telle ». Mais ceci ne nous fait pas connaître toute sa pensée. Si l'on examine la manière dont il arrive à la connaissance du *moi* substantiel, c'est-à-dire de l'âme, ainsi qu'à celle du *non-moi* immatériel, c'est-à-dire de Dieu, on s'aperçoit que ce dont il se préoccupe, c'est de réunir l'évidence de fait et l'évidence de raison. En effet, que cherche-t-il pour sortir du *doute méthodique* qu'il s'était imposé ? Un fait et un principe. Je *doute*, se dit-il : donc je *pense*, donc je *suis*, c'est-à-dire je suis une substance pensante, un esprit ou une âme. Ces trois affirmations lui donnent le fait et le principe qu'il cherche. Le doute, la pensée, l'existence : voilà le fait, fait qui n'a pas besoin de preuve ; de là le principe « n'admettre pour vrai que ce qui est évident ». Ce n'est pas tout. Le doute renferme la pensée, la pensée renferme la spiritualité, second fait également évident ; de là, un second principe : « tout ce qui est renfermé clairement dans l'idée d'une chose se doit affirmer de cette chose ». N'est-ce pas là le principe des substances employé comme il doit l'être ?

Voyons maintenant quel usage il va faire de ce que nous appelons le *principe* de *causalité*. Je *doute*, se dit-il de nouveau, donc *je suis imparfait*, donc je dépends d'une cause souverainement parfaite; en un mot: je suis, donc Dieu existe. Voilà la preuve vraiment cartésienne de l'existence de Dieu. N'est-ce pas là l'application légitime du principe de causalité (1) ?

Descartes a donc senti la nécessité d'unir l'évidence de fait avec l'évidence de raison, pour arriver à une certitude objective et subjective tout à la fois. Par conséquent, c'est en nous appuyant sur son autorité que nous pouvons résumer ici ce

(1) Nous n'ignorons pas que Descartes a souvent essayé de passer de l'abstrait au concret, ou de l'idée à l'être ; mais, en cela, il cédait à ses habitudes de géomètre et peut-être à la nécessité de compter avec l'esprit scolastique de ses contemporains.

que nous avons dit ailleurs sur la recherche et sur le critérium de la vérité.

1° S'il s'agit de faits observables, c'est-à-dire qui sont dans le domaine du sens intime ou de la perception externe, le critérium de la vérité est dans l'évidence de fait ou de sentiment, laquelle produit en nous la certitude physique.

2° S'il s'agit d'idées abstraites et générales, c'est-à-dire de simples rapports conçus entre nos manières d'être intellectuelles, le critérium de la vérité est dans l'évidence de raison, qui engendre la certitude métaphysique.

3° S'il s'agit des faits passés ou futurs qui sont du ressort de l'induction, le critérium de la vérité est dans l'évidence d'analogie, qui produit en nous la certitude morale.

4° Enfin, s'il s'agit des idées universelles, le critérium est encore dans l'évidence de raison, qui produit la certitude métaphysique.

Mais, ici, si l'on veut distinguer la vérité concrète de la vérité abstraite, si l'on veut que la certitude soit objective en même temps que subjective, il faut à l'évidence de raison unir l'évidence de fait ou de sentiment. En résumé, comme tous nos jugements portent sur des données expérimentales, rationnelles et inductives, on peut dire que le véritable et unique critérium de la vérité consiste à ne jamais séparer les trois espèces d'évidence, afin de combiner les trois espèces de certitude en une seule certitude, qui soit en même temps objective et subjective, et qui nous mette en possession de la vérité concrète. Toutefois, il faut dire que ce résultat ne peut être atteint en ce qui concerne les données de l'induction, car elles ne s'élèvent jamais au delà de la certitude morale.

Tel est le critérium de la vérité ; il s'applique à tout : nous pourrons donc l'appliquer à l'étude de la religion. Nous verrons que la théologie rationnelle est, elle aussi, une science positive, parce qu'elle repose sur des faits psychologiques, les plus certains de tous, et parce que, touchant les dogmes fondamentaux, on peut remonter jusqu'aux principes du *savoir*, du *croire* et du *douter*.

SECTION TROISIÈME

La religion rationnelle. — Ses principes et ses dogmes fondamentaux.

CHAPITRE PREMIER

QUE L'HOMME, ÉTANT DONNÉE SA CONSTITUTION PSYCHOLOGIQUE, NE PEUT PAS NE PAS CROIRE EN DIEU.

En prouvant notre thèse, nous avons naturellement pour adversaires les athées et les matérialistes. Nous ne prétendons pas répondre à tous indistinctement. Il y a deux classes d'athées auxquels nous ne nous adressons pas ici : ce sont d'abord, ceux qui, méconnaissant les bornes de l'intelligence humaine, ne se contentent pas de savoir que Dieu existe, mais qui voudraient aussi savoir quel il est ; ce sont ensuite ceux qui exigent une preuve expérimentale de l'existence de Dieu. « Si Dieu existait, disent-ils, il trouverait bien quelque moyen de se montrer aux hommes et de leur prouver ainsi son existence. »

Aux premiers, nous disons : Nous ne comprenons rien de rien, nous ne connaissons l'essence première ni de l'esprit, ni de la matière ; nous ne comprenons pas même la transmission du mouvement, le plus simple de tous les phénomènes. Dieu est, pour nous, non l'*inconnaissable,* comme dit H. Spencer, car nous le connaissons aussi bien et même mieux que tout le reste, mais il est l'*incompréhensible,* car le fini ne comprendra jamais l'infini ; il faut donc se contenter de savoir qu'il existe. Aux seconds, voici ce que nous répondrons : Demander une preuve empirique de l'existence de Dieu, c'est demander une chose, sinon impossible, du moins absolument inutile. On se plaint souvent de ce que les miracles qu'on nous annonce quelquefois n'ont jamais lieu que dans des endroits déserts et devant des témoins dont on peut contester l'intelligence et la véracité. Supposons qu'il plaise à Dieu de se montrer aux hommes, non pas tel qu'il se montra à Jacob, sur le bout d'une échelle, ni même tel qu'il se montra à Moïse, sur l'Horeb, dans un buisson, et sur le Sinaï, au milieu des foudres et des tonnerres ; non pas dans un lieu désert, mais sur la place publique d'une grande ville, sur celle de la Concorde, par exemple, et cela un jour de fête. Dieu sans doute saurait manifester sa gloire et sa puissance, et les fronts humiliés frapperaient bientôt la poussière; mais au bout d'un certain temps, il y aurait certainement quelqu'un, moins craintif que les autres, qui, relevant la tête, s'écrierait : « Tu te montres, donc ce n'est pas toi. » Et ces mots ne seraient pas une plaisanterie, mais l'expression d'une pensée vraiment philosophique, car le divin ne se révèle à nous que sous les voiles du mystère. Nous sommes tous disposés à dire, avec Louis Racine,

> Oui c'est un Dieu caché, que le Dieu qu'il faut croire.

Nous pensons comme les Athéniens d'autrefois, qui avaient élevé un autel au *Dieu inconnu*.

Tels sont les athées auxquels nous n'avons rien à dire.

Mais nous nous adresserons à ceux qui croient au déterminisme, lequel soumet à ses lois l'esprit humain lui-même; à ceux qui croient qu'on n'est pas libre de penser, d'affirmer ou de nier, comme on veut, mais qu'on est forcé, par exemple, d'admettre des propositions comme celles-ci : « Les trois angles d'un triangle sont égaux à deux droits »; ou bien : « J'existe ; quelque chose existe maintenant : donc quelque chose a existé de toute éternité. » C'est avec ceux-là que nous voulons discuter ici, que nous espérons même pouvoir nous entendre.

Mais quelle méthode peut-on suivre ici? Disons d'abord celle que nous ne suivrons pas; nous dirons ensuite celle que nous voulons suivre. La méthode que nous ne suivrons pas est celle qui a été suivie dans ce que l'on pourrait appeler preuves *officielles* de l'existence de Dieu.

Ces preuves sont ordinairement partagées en trois classes : les preuves *métaphysiques*, les preuves *physiques* et la preuve *morale*. Les preuves métaphysiques sont fondées, on le prétend du moins, sur les données de la raison; les preuves physiques, sur les données de l'expérience, et la preuve morale, sur le témoignage humain. Elles sont, en général, pour plus de simplicité, réduites à deux : les preuves *a priori* et les preuves *a posteriori*; confirmées par la preuve morale, laquelle ne fait d'ailleurs que s'appuyer sur les premières.

Le type des preuves métaphysiques ou *a priori*, c'est l'argument de saint Anselme, un peu amélioré pour le fond par Descartes, et réduit, pour la forme, en un syllogisme parfait par Leibnitz. On obtient ce type par une sorte d'opération magique. On met d'un côté un certain nombre d'attributs métaphysiques et moraux, qui forment un idéal : la perfection souveraine, et de l'autre côté, on met l'existence. On s'aperçoit naturellement qu'avec celle-ci l'idéal serait plus parfait encore, et alors on réunit, on mêle le tout, et, *sans agiter la bouteille*, on conclut que *Dieu existe*, car Dieu et l'idéal sont *quid unum et idem*.

Le type des *preuves physiques*, c'est celle qui se tire de l'ordre de l'univers; elle a été admirablement développée par Fénelon, qui l'a réduite au syllogisme suivant : « Le hasard, c'est-à-dire le concours aveugle et fortuit des causes nécessaires et privées de raison ne peut avoir formé un tout qui porte les caractères d'une sagesse et d'une puissance infinies ; donc l'univers n'est pas l'œuvre du hasard, mais il est l'œuvre d'un être infiniment sage et puissant. »

La *preuve morale* n'est que le commentaire de la pensée suivante de Cicéron : « Nulla gens est tam immansueta, tamque fera, quœ non, etiamsi ignoret qualem habere deum deceat, tamen habendum esse sciat. » (*De Leg.*, t. I, II, VIII.)

Voilà les preuves que l'on développe dans l'école : Kant les a examinées longuement et suivant les règles de la méthode *critique*. Naturellement, il les trouve sans portée et sans valeur. Il se serait épargné beaucoup de peine, si, avant de commencer ses laborieuses dissertations, il s'était demandé si les preuves qu'il se proposait d'attaquer sont réellement des preuves, ou, en d'autres termes, s'il est possible de démontrer l'existence de Dieu.

Selon nous, ces prétendues preuves ne sont que les développements de l'affirmation pure et simple d'une seule et même vérité intuitive, ou d'une idée nécessaire, l'idée de cause première, présentée tantôt sous une face, tantôt sous une autre. Ainsi, toutes les preuves a *priori* sont l'affirmation de l'existence de la cause première, conçue sous le point de vue tantôt de la nécessité, tantôt de l'infinitude, tantôt de la souveraine perfection.

Les preuves a *posteriori* ne sont également que l'affirmation pure et simple de l'existence de cette même cause première, conçue à l'occasion de faits contingents, qui sont les effets manifestes tantôt de sa puissance, tantôt de sa sagesse et de sa bonté.

Les preuves dont il s'agit ne sont ni des démonstrations, ni même des arguments légitimes, et elles ne peuvent l'être ; l'affirmer ou le croire serait méconnaître les règles les plus élémentaires de la logique. Essayez de donner une forme concluante à une preuve *a posteriori* quelconque, et vous n'y parviendrez jamais.

En effet, la conclusion à laquelle vous voudrez arriver est celle-ci : « Donc Dieu existe », c'est-à-dire donc l'infini existe ; mais cette conclusion ne sera pas renfermée dans vos prémisses, puisque ces prémisses seront des données expérimentales, et que l'expérience ne donne que le fini et le contingent, lesquels ne peuvent contenir l'infini et le nécessaire. Les preuves *a posteriori* ne sont donc pas des *démonstrations* au sens propre de ce mot. Essayez maintenant de construire un syllogisme avec les données rationnelles : vous le pouvez sans doute, mais à quoi bon ? La conclusion à laquelle vous tendez est toujours la même : « Donc Dieu existe. » Il faudra que cette conclusion soit contenue dans vos prémisses ; mais comment y sera-t-elle contenue, si vous ne l'y avez mise ou supposée déjà ? Et, si vous l'y avez mise ou supposée, pourquoi vous donner la peine de faire un syllogisme, argument inutile, puisque vous avez déjà affirmé ce que vous voulez démontrer ? Pourquoi tourner dans un *cercle*, en allant du même au même ?

Les preuves de l'existence de Dieu ne sont donc pas proprement des démonstrations.

L'existence de Dieu est de ces choses qui ne se démontrent pas, mais qui se montrent. C'est ce que Newton avait fort bien compris ; on lui demandait si Dieu existe : « Voyez », dit-il, en montrant l'univers. Voltaire pensait comme Newton ; il disait :

> L'univers m'embarrasse, et je ne puis songer,
> Que cette horloge existe et n'ait point d'horloger.
>
> (*Les Cabales*, v. 111 et 112.)

Voltaire et Newton allaient, non de l'abstrait au concret ou de l'idée à l'être, mais du concret au concret ou du réel au réel. C'est cette méthode que nous voudrions suivre ici. Mais, avant de nous en servir, il faut dire comment nous la comprenons et comment nous entendons l'appliquer.

Cette méthode est la *méthode psychologique,* dirigée par certains principes logiques : d'abord, par les deux principes d'*évidence* et de *contenance* posés par Descartes et conditions *sine quà non* de toute certitude ; ensuite, par la loi logique des relatifs et des contraires et par le principe de contradiction dont nous avons déjà dit quelques mots.

La méthode psychologique consiste pour nous à ne puiser que dans l'expérience interne les notions et les principes qui nous sont nécessaires pour atteindre la connaissance du non-moi immatériel et du non-moi matériel. Nous avons parlé ailleurs de l'évidence et du principe de contenance.

La loi des contraires et des relatifs est celle sans laquelle il serait impossible, sinon de penser, du moins de comparer et de juger. Elle constitue, à elle seule, le déterminisme logique ; car, sans elle, il serait, par exemple, absolument impossible d'avoir l'idée du *moi* sans avoir l'idée du *non-moi,* d'avoir l'idée de maitre sans avoir l'idée de serviteur, etc.

Le *principe de contradiction* a été posé, défini et appliqué par Aristote ; il est recommandé par tous les logiciens ; enfin il est employé par les mathématiciens sous le nom de *démonstration par l'absurde.* Il n'y a qu'un seul homme qui en ait contesté la légitimité : c'est E. Kant. Mais l'on ne doit pas s'en étonner, quand on pense à l'abus incroyable qu'il en a fait dans ses *antinomies,* où il suppose que deux contradictoires peuvent être tour à tour vraies et fausses, ce qui est évidemment contraire à ce principe que « la même chose ne peut pas être et n'être pas en même temps ». Le principe de contradiction est de la plus haute importance : il est à la métaphysique ce que la vérification expérimentale est aux sciences physiques et naturelles. Nous en ferons un fréquent usage contre nos adversaires.

Nous passons successivement par trois états : l'état inconscient, l'état conscient spontané et l'état conscient réfléchi.

Nous n'avons rien à dire de l'état inconscient. Il n'appartient qu'aux métaphysiciens allemands de nous faire connaître ce qui se passe en nous lorsque nous ne nous connaissons pas nous-mêmes (1) !

Dans l'état de conscience spontanée, nos idées sont obscures et confuses, il est vrai, mais néanmoins, en vertu de la loi logique des contraires et des relatifs, elles renferment déjà toutes les aperceptions primordiales ou intuitions primitives, qui sont nécessaires à l'exercice de la pensée et qui seront plus tard l'objet de la réflexion.

Dans l'état de conscience réfléchie, nos idées deviennent claires et distinctes, et elles peuvent alors s'exprimer en formules nettes et précises, qui servent de fondements à toutes les branches de la métaphysique.

Prenons l'homme au moment où il sort de l'état inconscient pour entrer dans la phase de la conscience spontanée. Il existe alors dans un état quelconque, et il y resterait comme absorbé, si cet état se prolongeait indéfiniment. Mais il n'en est pas ainsi dans la réalité ; cet état se renouvelle à chaque instant ; il finit pour recommencer ou pour être remplacé par un autre. Alors il y a deux termes dans la pensée, la comparaison devient possible, et le jugement s'ensuit nécessairement. L'homme juge que, si ces états ou ces manières d'être changent, lui-même ne change pas, qu'il reste, au contraire, toujours le même ; il a donc conscience de son identité. Mais cette identité n'est elle-même qu'une manière d'être, qu'un simple mode. Mais un mode n'existe pas par lui-même, une manière d'être suppose un être réel, substantiel et vivant ; l'homme alors conçoit et affirme son *moi* substantiel et per-

(1) Voir Hartmann, *La Philosophie de l'inconscient.*

sonnel. Or, il ne peut ni comprendre ni prononcer ces mots que par comparaison, c'est-à-dire en leur opposant soit un relatif, soit un contraire. En affirmant le moi substantiel, personnel et vivant, il affirme donc un *non-moi* possédant au moins les mêmes qualités, affirmation obscure et confuse, mais qui deviendra claire et distincte dans la phase de la réflexion et se transformera en ce qu'on appelle *principe des substances*.

Considérons l'état qui suggère ces idées, non plus comme phénomène intellectuel, mais comme phénomène affectif, c'est-à-dire capable de causer du plaisir ou de la douleur. Cet état affectif sera nécessairement agréable ou désagréable. Dans le premier cas, le *moi* désire y persévérer; dans le second, il s'efforce d'en sortir. Or, le désir, accompagné ou non d'un effort, est la première manifestation de la volonté; or, la volonté implique le pouvoir d'agir, l'idée d'action implique l'idée de cause. — Le *moi* se sent donc cause, — cause bien faible et dépendante; en deux mots, *cause seconde*. Or, toujours en vertu de la même nécessité logique, il ne peut ni comprendre ni prononcer ces mots sans les opposer à deux autres: la cause première. Cette intuition primitive de la cause première, en devenant plus claire, se transformera plus tard en ce qu'on appelle le *principe de causalité*.

Ce n'est pas tout: en s'affirmant comme cause *seconde*, le moi s'affirme en même temps comme cause finale, c'est-à-dire comme cause tendant à une fin, et l'atteignant quelquefois: il affirme donc, en même temps, que la cause première est également une cause finale. On a abusé, sans doute, des causes finales, mais néanmoins la réflexion en a tiré l'argument le plus populaire en faveur de l'existence de Dieu.

Enfin, le *moi* se sait faible, borné, contingent et imparfait, tandis que le *non-moi* est tout-puissant, infini, éternel ou nécessaire, en un mot souverainement parfait: ce sont là des formes nouvelles, sous lesquelles lui apparaît la cause première ou la substance incréée.

Telles sont, dans la phase de la spontanéité, les affirmations primitives que le déterminisme logique impose à la conscience; voyons ce qu'elles deviennent dans la phase de la réflexion.

Lorsque l'homme cherche à se rendre compte de ces aperceptions primordiales, il s'aperçoit bien vite que la notion de son *moi* substantiel, un et identique, se transforme en ce principe : « tout mode suppose une substance, et une ressemblance ou une différence dans les modes suppose une ressemblance ou une différence dans les substances ». C'est ce qu'on appelle le *principe des substances.* Si on le soumet à l'examen de la raison, on se trouve, en vertu du principe de contradiction, forcé de l'admettre tel qu'il est formulé. En effet, si on nie que *tout mode suppose une substance*, on est obligé de dire que les modes existent par eux-mêmes, ce qui est évidemment contradictoire; si on nie qu'une différence dans les modes suppose une différence dans les substances, on est forcé de dire, comme un physicien allemand, que celles-ci se réduisent toutes à une seule substance : alors, les éléments se ressemblant par la *qualité* et ne pouvant plus différer les uns des autres que par la *quantité*, tout devient inexplicable, c'en est fait des affinités chimiques et de l'immense variété qui règne dans la nature. Force est donc d'admettre le *principe des substances.*

La notion de cause efficiente, soumise à la réflexion, se transforme vite en cette formule : « tout effet suppose une cause première »; c'est ce qu'on appelle le *principe de causalité* (1). — Il est l'affirmation nette et précise de l'exis-

(1) Les rationalistes confondent la simple notion de cause et le principe de causalité! Imprudence qui ne permet plus de savoir si celui-ci est un principe ou une conséquence.

tence de Dieu. Si on le soumet au principe de contradiction, on se trouve dans l'alternative ou de l'admettre ou de se résigner à l'absurde. En effet, d'un côté l'*expérience* ou le sens intime atteste ou constitue la causalité au moins en nous; d'un autre côté, la raison nous empêche d'admettre l'hypothèse absurde d'une série de causes secondes à l'infini.

Les *causes finales* frappent tellement l'esprit que, dans la période de la spontanéité, elles ont presque partout donné naissance au polythéisme. Dans la période de la réflexion, elles ont fourni, en faveur de l'existence d'un Dieu unique, un argument fondé sur ce principe de Descartes : « Il doit y avoir pour le moins autant de réalité dans la cause efficiente et totale que dans son effet. » *(Troisième méditation.)* C'est l'argument populaire par excellence ; les esprits les plus sages et les plus pénétrants, Socrate et Cicéron chez les anciens, Fénelon et surtout Voltaire chez nous, semblent l'avoir préféré à tous les autres arguments, et ce n'est certes pas sans raison, car il réunit à la fois l'évidence de fait et l'évidence de raison, la certitude physique et la certitude métaphysique ; l'empirisme et le rationalisme se prêtent un mutuel concours, se contrôlent et se vérifient réciproquement. Le spectacle de l'adaptation des moyens aux fins, dans l'ordre et dans l'harmonie universelle, confirme admirablement le témoignage du sens intime et les affirmations de la raison intuitive ; et, en vérité, il faudrait être bien difficile pour ne pas admettre qu'en présence de l'univers, j'ai le droit d'affirmer l'existence d'une cause première, vivante et personnelle, de même qu'en présence du Panthéon, j'ai le droit d'affirmer l'existence de l'architecte qui l'a construit, bien que cet architecte ne soit pas présent devant moi.

Mais, si les causes finales nous forcent de croire que l'Etre suprême agit, en nous et hors de nous, d'après un dessein, sur un plan conçu d'avance et pour une fin déterminée, elles forcent aussi la raison de franchir les bornes du présent et de s'élancer dans l'avenir. Nous jugeons que Dieu s'est proposé un but non seulement pour maintenant et pour une durée limitée, mais aussi pour l'avenir et pour toute la suite des temps ; alors nous donnons à notre pensée la formule suivante : « Tout moyen suppose une fin, non seulement immédiate et actuelle, mais ultérieure et dernière. » C'est ce qu'on appelle le *principe de finalité,* que nous poserons plus tard comme fondement de la croyance à l'immortalité de l'âme (1). Quant aux termes corrélatifs que nous avons indiqués plus haut : l'imparfait et le parfait, le fini et l'infini, le relatif et l'absolu, le contingent et le nécessaire ou l'éternel, etc., ils s'opposent l'un à l'autre aussi bien dans l'ordre ontologique que dans l'ordre logique. Pour peu que nous réfléchissions sur leur rapport, nous sommes forcés de nous écrier avec Bossuet : « Quoi ! l'imparfait existe, et le parfait n'existerait pas ! » « Qu'il y ait un seul moment où rien ne soit, éternellement rien ne sera » (2). Telles sont les aperceptions et les croyances primordiales de notre intelligence ; spontanées ou réfléchies, le déterminisme logique nous les impose ; si nous essayons de les rejeter, la réflexion ne tarde pas à nous convaincre qu'en résistant aux lois de la pensée nous nous condamnons inévitablement à l'absurde.

Il est donc absolument impossible que l'homme soit athée. Disons avec Voltaire :

> Tout annonce d'un Dieu l'éternelle existence ;
> On ne peut le comprendre, on ne peut l'ignorer.
> La voix de l'univers annonce sa puissance,
> Et la voix de mon cœur dit qu'il faut l'adorer.

(1) Les rationalistes français confondent la simple notion de cause finale avec le *principe de finalité* : c'est ne pas voir que les causes finales démontrent l'existence de Dieu, tandis que le *principe de finalité* démontre la certitude d'un avenir pour tout ce qui existe.

(2) *Élévations sur les mystères,* 1re et 2e élévations.

CHAPITRE II

DU CONSENTEMENT UNIVERSEL, SA PORTÉE ET SA VALEUR EN CE QUI CONCERNE L'EXISTENCE DE DIEU. — LE MONOTHÉISME.

Si, après avoir considéré l'idée de Dieu dans la conscience individuelle, nous la considérons dans celle de l'humanité, nous verrons que, partout et toujours, les hommes ont cru à l'existence de Dieu.

Homère, Hésiode, et tous les poètes qui leur sont antérieurs, décrivent les cérémonies religieuses des temps fabuleux. Hérodote et tous les historiens font mention de la religion de tous les peuples dont ils parlent. Platon dit qu'il n'y a jamais eu personne qui, depuis la jeunessse jusqu'à la vieillesse, ait persévéré dans l'opinion qu'il n'y a pas de Dieu. (*De Leg.*, IX). « Parcourez la terre, dit Plutarque, vous trouverez des villes sans murailles, sans lettres, sans lois, sans monnaie, qui ne connaissent ni les gymnases, ni les théâtres ; mais vous ne trouverez nulle part une ville sans temples, sans prières et sans sacrifices (*Adversus Colotem*). » Lucrèce loue Epicure d'avoir combattu la religion parmi les hommes. D'après Cicéron, « il n'est point de peuple si cruel et si sauvage qui ne sache qu'il faut avoir un Dieu, lors même qu'il ignore quel Dieu il faut avoir. » (*De legibus*, liv. I, ch. VIII).

Si, de l'antiquité, on passe aux temps modernes, on a lieu de s'étonner de la prodigieuse diversité des systèmes religieux suivis par les nations policées de l'Europe et de l'Asie. Quant aux peuples découverts depuis trois siècles, on sait les cruautés des *conquérants* espagnols envers les Mexicains, les Péruviens et les autres habitants de l'Amérique pour les détourner du culte de leurs divinités. Dans les îles de la mer du Sud, sur les côtes et dans l'intérieur de l'Afrique, partout où les navigateurs et les voyageurs ont pu pénétrer, on a découvert des traces d'un culte établi. S'il s'est rencontré quelques peuplades sans religion, cela tient au fait que, l'homme étant perfectible, se trouve par là même exposé à se dégrader et à descendre même quelquefois au-dessous de la brute. Ici, du reste, comme en beaucoup d'autres cas, l'exception confirme la règle. C'est donc un fait qu'il n'est pas un peuple, digne de ce nom, qui n'ait eu au moins la notion de la divinité.

Pour infirmer l'autorité du consentement unanime des peuples touchant l'existence de Dieu, les athées tant anciens que modernes ont proposé les objections suivantes : « L'universalité d'une croyance ne prouve nullement sa vérité. Tous les peuples de la terre ont cru et même croient encore à la magie, à la divination, aux miracles, aux enchantements, aux sortilèges, aux revenants ; avant Copernic et Galilée, tout le monde croyait à l'immobilité de la terre et au mouvement du soleil. Enfin, c'est depuis peu seulement qu'on est parvenu à établir la croyance aux antipodes. »

La première de ces objections se retourne contre ceux-là mêmes qui la font : en effet, croire aux sorciers, aux devins, aux enchanteurs, etc., sont des actes de superstition ; or, la superstition n'est que la religion mal entendue.

Quant aux erreurs universellement répandues sur les rapports de la terre et du soleil, et sur les antipodes, elles furent les effets d'une ignorance invincible, tant que la science n'eut pas réformé la géographie et l'astronomie et découvert la loi de gravitation.

C'est une erreur de croire que le polythéisme soit la négation de l'unité de Dieu. L'un précède logiquement le multiple.

Celui qui a le mieux compris qu'en théorie tout est inexplicable sans l'idée d'unité, c'est Voltaire, qui, le premier, a combattu la doctrine par laquelle Hume (1) avait essayé de prouver que le polythéisme a précédé le monothéisme.

Voici comment s'exprime le solitaire de Ferney, dans le « morceau célèbre » intitulé *Religion* (*Dictionnaire philosophique*) :

« Un savant, qui est un des plus profonds métaphysiciens de nos jours, donne de fortes raisons pour prouver que le polythéisme a été la première religion des hommes, et qu'on a commencé à croire à plusieurs dieux, avant que la raison fût assez éclairée pour ne reconnaitre qu'u seul Etre suprême. J'ose croire, au contraire, qu'on a commencé d'abord par reconnaître un seul Dieu, et qu'ensuite la faiblesse humaine en a adopté plusieurs, et voici comment je conçois la chose : Il est indubitable qu'il y eut des bourgades avant qu'on eût bâti de grandes villles, et que tous les hommes ont été divisés en petites républiques avant qu'ils fussent réunis dans de grands empires. Il est bien naturel qu'une bourgade, effrayée du tonnerre, affligée de la perte de ses moissons, maltraitée par la bourgade voisine, sentant tous les jours sa faiblesse, sentant partout un pouvoir invisible, ait bientôt dit : « Il y a quelque être au-dessus de nous qui nous fait du bien et du mal. »

» Il me paraît impossible qu'elle ait dit : « Il y a deux pouvoirs. » Car pourquoi plusieurs ?

» On commence en tout genre par le simple ; ensuite vient le composé, et souvent, enfin, on revient au simple par des lumières supérieures. Telle est la marche de l'esprit humain. »

L'opinion de Voltaire a trouvé de nos jours un défenseur dans la personne de M. A. Pictet, qui, dans son ouvrage « *Les Origines indo-européennes* (vol. II, p. 651), examine la question de savoir si, chez les Aryens avant leur séparation, le

(1) *Natural history of religion*, s. I, II, III.

polythéisme a précédé le monothéisme. Dans une savante étude sur le sanscrit, il prouve que les objets naturels, ayant d'abord tiré leurs noms de leurs qualités physiques, n'ont pas été primitivement considérés comme des divinités, et il en conclut que les populations aryennes, n'ayant pas été polythéistes, ont dû être monothéistes dans le principe. A ces preuves, fondées sur la philologie, il ajoute des arguments psychologiques : il démontre que l'esprit humain a dû aller du simple au composé, de l'un au multiple; que le polythéisme est né du besoin de chercher des intermédiaires entre l'homme et l'Etre suprême et qu'il a pu ainsi s'établir sans détruire tout à fait le monothéisme primitif.

Cette doctrine a été combattue dans un article de la *Revue des Deux Mondes*, (Fév. 1864, p. 721) écrit par M. A. Réville.

Le savant professeur du Collège de France, sans trop s'aventurer sur le terrain de la psychologie, demande à M. A. Pictet « des faits positifs attestant que l'esprit humain a débuté par le monothéisme et non par le polythéisme ».

Dans ce débat, M. A. Pictet nous paraît avoir pour lui la psychologie d'abord, et ensuite les faits mêmes. En effet, ce qu'il a voulu prouver peut se réduire à la proposition suivante: « L'homme primitif a dit un, deux, trois. » A. Réville semble disposé à croire que l'homme a commencé par dire : trois, deux, un ! Ce qui évidemment n'est pas naturel. Certainement, M. A. Réville s'est exagéré la faiblesse de l'esprit humain aux époques primitives.

Sur ce point, on pourrait lui opposer l'opinion de M. E. Taylor, qui s'exprime ainsi : « Il serait aussi déraisonnable d'admettre une différence dans les lois de l'esprit humain en Australie et en Angleterre, au temps des habitants et à celui des constructions des maisons en fer, que de soutenir que les lois chimiques n'étaient pas, au temps des formations houillères, les mêmes qu'aujourd'hui (1). » Epicure, encore enfant, dit Sextus Empiricus, lisait avec son précepteur la *Théogonie* d'Hésiode; arrivé aux vers suivants :

> C'est au chaos d'abord qu'appartient l'existence,
> Puis la Terre apparut, dont la surface immense, etc., etc.

il s'écria tout à coup : « Et le chaos, lui, d'où vient-il ? » Par là, ajoute Sextus, le jeune Epicure révélait la tournure philosophique de son esprit. Cependant, il n'y a là rien qui doive surprendre. Prenez un enfant ordinaire et posez-lui cette question banale : « D'où vient l'œuf, et d'où vient la poule ? » Naturellement, il vous répondra que l'œuf vient de la poule et que la poule vient de l'œuf. Mais forcez-le à réfléchir : essayez de le faire remonter d'œuf en œuf et de poule en poule, et vous verrez bientôt qu'il s'y refusera, et qu'il finira par croire à l'existence d'une poule éternelle, ou d'un œuf primordial, fort analogue à l'*œuf cosmique* des Hindous ou à l'*oannès* des Chaldéens. Eh bien, l'homme primitif est au moins l'égal de l'enfant; il avait donc assez d'intelligence pour être non seulement *théiste,* mais *monothéiste.* Le *monothéisme* est donc primitif, parce qu'il est en tout, ou plutôt au fond de tout. Dans la période de l'*onimisme,* par exemple, cette première forme du *panthéisme,* l'homme cherche partout le Dieu *inconnu,* dont il n'a qu'une idée obscure et confuse; il le cherche et il le trouve dans toutes les parties de la nature : il le voit briller dans le soleil, éclater dans la foudre, etc.; il l'entend dans le murmure du ruisseau, dans le grondement de la cataracte, dans le rugissement du lion, etc. Mais cette idée qui est en lui et qu'il transporte aux différents objets n'a-t-elle pas l'*unité* pour caractère essentiel ? Du reste, on se trompe assez souvent sur l'origine et la nature du polythéisme. En général, il est l'œuvre du sacerdoce. Les prêtres ont une tendance natu-

(1) *Civ. Prim.*, ch. IV.

relle à multiplier leurs dieux ; cela se conçoit : un dieu ou une déesse de plus, c'est un sanctuaire nouveau, une *maison de Dieu* nouvelle à établir, et l'on sait ce que, chez les Grecs, rapportaient au clergé les oracles de Dodone et de Delphes ; l'on sait que, chez les Juifs, *une seule maison de Dieu* suffisait à nourrir toute une tribu.

Chez les sauvages et chez les barbares, les féticheurs et les devins, jaloux les uns des autres, recommandent toujours à leurs dupes, comme le meilleur, le dieu qu'ils ont eux-mêmes inventé. Dans les systèmes religieux les plus élaborés, le culte d'un seul Dieu ne suffirait pas pour assurer la domination du prêtre.

En Egypte, on adora d'abord un Dieu unique qui se révélait dans l'inscription suivante : « Je suis tout ce qui est, tout ce qui a été, tout ce qui sera. » Les prêtres le tinrent caché dans l'ombre du sanctuaire et présentèrent à l'adoration du vulgaire Amoun, sa puissance; Phthas, sa sagesse, et Osiris, sa bonté. Plus tard, ils remplacèrent ceux-ci par des emblèmes, et ils finirent par introduire les superstitions les plus absurdes et les plus grossières : le peuple, abruti par le culte du bœuf et de la vache, n'en était que plus disposé à travailler pour des prêtres ambitieux, avares, indolents et voluptueux.

L'Inde, dans le principe, adore Brahma, l'être éternel et subsistant par lui-même.

Dès les temps védiques, cette unité se brisa et fut remplacée par ce que Max Müller appelle l'*énothéisme*. Plus tard, les brahmanes inventèrent la *Trimourti* : Brahma, créateur; Vischnou, conservateur et sauveur ; Siva, destructeur et rénovateur ; et, entre ces trois dieux et l'homme, ils créèrent un nombre incalculable de divinités subalternes, dont ils se servaient pour asservir et pour exploiter un peuple indolent, mystique et superstitieux. Servane-Akérène fut le premier et le seul dieu des Iraniens. Mais les mages le remplacèrent par deux divinités ennemies, Ahura-Mazda, l'auteur du bien, et Ahriman, le principe du mal. Ce dualisme pénétra en Occident sous le nom de manichéisme, y devint le *satanisme,* cet opprobre du christianisme, se transforma ensuite en *trithéisme,* et enfin en un genre nouveau de *pandémonisme* et de fétichisme, ces deux branches toujours florissantes de l'industrie religieuse.

Dans le polythéisme grec et romain se fait sentir partout la foi en une puissance mystérieuse, dieu unique, désigné tantôt sous le nom de *Kronos*, le temps éternel ; tantôt sous le nom de Destin, soumettant tout à ses décrets immuables. Sans doute, à côté de cette divinité, l'anthropomorphisme hellénique créa la trinité des trois frères, Jupiter, Neptune et Pluton. Mais Jupiter reconnaît partout l'autorité du Destin (1), ou bien lui-même est considéré comme le père des dieux et des hommes, comme le dieu souverain, très bon et très grand, *optimus maximus*.

Par conséquent, si l'on peut reprocher aux Grecs d'avoir fait des dieux avec les attributs détachés de l'Etre suprême, on ne peut les accuser d'avoir méconnu l'unité et l'infinité de Dieu.

Telle est la portée du consentement unanime des peuples : il confirme d'une manière éclatante ce que la conscience réfléchie explique, à savoir : l'existence de l'Etre suprême. Voyons maintenant quelle est sa valeur.

Il faut avouer que le consentement universel n'est pas un motif premier de jugement, car il ne vaut qu'en tant qu'il est conforme à la raison et à l'expérience.

Sa valeur n'est donc pas absolue, elle n'est que relative ;

(1) Voir, Ovide, *Métamorph.*, lib. xv, viii, v. 808.

mais, quand il confirme les intuitions de la raison et les inductions de la science, il devient alors, comme le dit le grand Cicéron, « une loi de la nature et une preuve de la vérité » : *consensio omnium gentium lex naturæ putanda est, et argumentum veritatis.*

Si, par ces paroles, le philosophe romain entendait ce que l'on doit entendre par ce déterminisme logique qui ne nous laisse libres ni de rejeter ce qui est conforme à la vérité, ni d'admettre ce qui lui est contraire, il a réfuté d'avance ces métaphysiciens imprudents qui, de nos jours, ont séparé le rationalisme de l'empirisme.

Le témoignage humain est lui-même confirmé par les savants qui ont uni la méthode rationnelle et la méthode expérimentale. C'est ce que nous allons voir dans le chapitre suivant.

CHAPITRE III

QUE LES VRAIS SAVANTS SONT LOIN D'ÊTRE HOSTILES AU THÉISME ET A LA FOI DU GENRE HUMAIN.

On peut diviser les sciences en trois catégories : les sciences expérimentales telles qu'elles ont été comprises par Bacon et par ceux qui sont restés fidèles à sa méthode ; les *sciences physico-positives* telles qu'elles ont été comprises par Aug. Comte, et enfin les *sciences métaphysiques* telles qu'elles ont été comprises, dans les temps anciens, par Démocrite, Epicure et Lucrèce, au XVIIIe siècle, par La Mettrie et le baron d'Holbach, ou telles qu'elles sont comprises aujourd'hui par Maleschott, Büchner et les partisans du *matéria-*

lisme scientifique. Loin d'être hostiles au théisme, les sciences expérimentales lui sont, au contraire, très favorables. Bacon a dit : « Peu de science éloigne de la religion ; beaucoup y ramène (1). » Descartes a, en quelque sorte, combiné l'animisme et le mécanisme.

Jusqu'à Voltaire et Condillac, personne, en France, n'avait songé à séparer la méthode expérimentale de la méthode rationnelle ; mais, après l'invasion chez nous des idées écossaises et surtout des doctrines allemandes développées par V. Cousin et ses disciples, la métaphysique tomba en tel discrédit auprès des savants, que ceux-ci se séparèrent des *philosophes* et tracèrent autour de leur science des limites presque infranchissables. De là les trois écoles dont nous avons parlé plus haut : l'*école expérimentale*, l'*école positiviste* et ces philosophes ou métaphysiciens qui se déguisèrent successivement sous les noms d'*éclectiques*, de *rationalistes* et de *spiritualistes*.

L'*école expérimentale* est représentée aujourd'hui principalement par Claude Bernard, Chevreul et M. Berthelot.

Or, ces trois illustres savants ne sont nullement hostiles au théisme, parce qu'ils accordent à l'esprit humain le droit et l'espoir de poser et de résoudre les questions relatives aux causes premières et aux causes finales.

Voici ce que dit Claude Bernard : « La science démontre que ni la matière organisée ni la matière brute n'engendrent les phénomènes, mais qu'elles servent uniquement à les manifester par leurs propriétés dans des conditions déterminées. Il répugne d'admettre qu'un phénomène de mouvement

(1) « Franklin aimait à citer deux mots de Bacon : l'un qu'il faut plus de crédulité pour être athée que pour croire en Dieu ; l'autre qu'une étude superficielle (levis degustatio) de la physique conduit à l'athéisme, mais que des connaissances plus approfondies (pleni haustur) ramènent aux idées et aux sentiments religieux. » — (Cabanis, t. V, p. 229.)

quelconque, qu'il soit produit dans une machine brute ou dans une machine vivante, ne soit pas mécaniquement explicable. Mais, d'un autre côté, la matière, quelle qu'elle soit, est toujours, par elle-même, dénuée de spontanéité et n'engendre rien ; elle ne fait qu'exprimer par ses propriétés l'*idée* de celui qui a créé la machine qui fonctionne. De sorte que la matière organisée du cerveau qui manifeste des phénomènes de sensibilité et d'intelligence propres à l'être vivant n'a pas plus conscience de la pensée et des phénomènes qu'elle manifeste que la matière brute d'une machine, d'une horloge, par exemple, n'a conscience des mouvements qu'elle manifeste ou de l'heure qu'elle indique. » — « Le cerveau et l'horloge sont deux mécanismes, l'un vivant et l'autre inerte. » — « Il ne faut pas confondre les *causes* et la *condition ;* tout est là. La matière n'est jamais cause de rien ; elle n'est que la condition, et cela aussi bien dans les phénomènes des corps bruts que dans ceux des corps vivants. » (*De la Physiologie générale,* n° 816.)

Ainsi, d'après ce grand savant, les *conditions des faits* ne sont que des causes secondes au delà desquelles il y a la cause première.

L'union et le concours de l'expérience et de la raison sont aussi reconnus par Chevreul, et d'une manière plus franche encore, si cela est possible. L'*état antérieur* et l'*état ultérieur* qui, d'après lui, précèdent et suivent chaque phénomène, ne sont rien autre chose que les causes premières et les causes finales (1). Les arguments qu'il oppose aux matérialistes de la nouvelle école sont à peu près les arguments que Voltaire opposait à Epicure et à Lucrèce, à La Mettrie et au baron d'Holbach.

M. Berthelot, en distinguant la science positive de la science

(1) *Histoire des connaissances chimiques*, liv. V, ch. III.

idéale (1), parut croire un moment qu'elles avaient chacune leur domaine séparé ; mais, dans sa remarquable réponse à E. Renan, il proclama hautement leur union indissoluble.

Voici comment il s'exprime : « La science des relations directement observables ne répond pas complètement et n'a jamais répondu aux besoins de l'humanité. En deçà comme au delà de la chaine scientifique, l'esprit humain conçoi t sans cesse de nouveaux anneaux ; là où il ignore, il est conduit par une force invincible à construire et à imaginer, jusqu'à ce qu'il soit remonté aux causes premières. Derrière le nuage qui enveloppe toute fin et toute origine, il sent qu'il y a des réalités qui s'imposent à lui, et qu'il est forcé de concevoir idéalement, s'il ne peut les connaître. Il sent que là résident les problèmes fondamentaux de sa destinée. Ces réalités cachées, ces causes premières, l'esprit humain les rattache d'une manière fatale aux faits scientifiques, et, *réunissant le tout*, il en *forme un ensemble*, un *système embrassant* l'universalité des choses matérielles et morales. »

Par les mots que nous avons soulignés, on voit bien que M. Berthelot parle comme on parlait avant que Kant eût essayé de creuser un abime entre l'*empirisme* et le *rationalisme*. Par les citations empruntées aux trois illustres savants dont nous avons invoqué l'autorité, on voit que la vraie méthode scientifique exige l'union, le concours et le contrôle réciproque de la raison et de l'expérience. Ceci nous permet de compter d'avance les systèmes erronés que l'on peut opposer au théisme.

En effet, si l'on ne fait usage que de la raison seule, on aura ces systèmes abstraits qui se résument dans un seul mot : le panthéisme ; si, au contraire, on ne reconnait que la légitimité de l'expérience, on aura le système qui a pris, chez nous, le

(1) *Revue des Deux-Mondes*, 15 novembre 1863.

nom de positivisme; si, en troisième lieu, on emploie en même temps l'expérience et la raison, mais sans connaître leurs rapports, et sans les contrôler, et sans les vérifier l'une par l'autre, on aura ce système qui, de nos jours, s'est donné le titre pompeux de *matérialisme scientifique* ; enfin, si l'on ne fait usage ni de la raison, ni de l'expérience, on aura un certain nombre d'affirmations gratuites qui formeront ce que l'on peut appeler l'athéisme vulgaire, inconscient ou du moins irréfléchi.

Tels sont les systèmes que nous examinerons rapidement dans les quatre chapitres suivants.

CHAPITRE IV

LE PANTHÉISME.

Un système qu'il faut placer immédiatement après l'athéisme. Celui-ci est tantôt le théisme mal compris, comme dans le système des stoïciens et des alexandrins, tantôt l'athéisme mal déguisé, comme dans le système de Spinoza et de Hégel.

Ce qui favorise le panthéisme, c'est l'obscurité même dont il s'enveloppe; des phrases inintelligibles, mais sonores, sur le *kosmos*, le *macrocosme* et le *microcosme* font en général plus d'effet sur certains lecteurs que des idées vraies et des raisonnements justes, mais simples et clairs. Mais ce qui l'a mis surtout à la mode, c'est qu'il s'adresse à l'imagination beaucoup plus qu'au jugement; c'est qu'au premier abord il prête à la poésie et que, par là, il attire les artistes et les lettrés.

Quel charme et quel attrait pour les esprits délicats et rêveurs, pour les âmes pieuses et mélancoliques, de voir Dieu partout, et de communier, pour ainsi dire, à chaque instant avec lui! Dieu vit dans toute la nature; il brille dans le soleil, étincelle dans les astres; il éclate dans le tonnerre, il gronde dans le torrent, ou soupire dans le ruisseau ou le feuillage du chêne; il sourit sur les lèvres de Socrate ou parle par la bouche de Platon; enfin, il respire dans la poitrine des savants, des sages et des braves! C'est là sans doute le côté poétique du panthéisme.

Mais quel contraste, si on retourne la médaille! Dieu est tout ou vit en tout: alors c'est lui qui se meut dans la matière, végète dans la plante et s'agite dans le mollusque; c'est lui qui broute l'herbe dans la vache et le mouton, glougloute dans le dindon, siffle dans le serpent, brait dans l'âne et grogne dans le pourceau; c'est lui qui nous infecte dans la boue et le fumier; lui qui pense, raisonne et déraisonne dans le théologien et le métaphysicien; enfin, ce qui est beaucoup plus grave, c'est lui qui danse ou chante dans Néron, qui s'enivre dans Vitellius et qui assassine dans Cartouche ou Mandrin. Le panthéisme a donc aussi son mauvais côté au point de vue de la poésie. D'ailleurs, ce n'est pas à l'imagination, mais au jugement, qu'il appartient de faire adopter ou rejeter une doctrine.

On se plaint généralement de ne presque rien comprendre au panthéisme. Cela n'est pas étonnant, car, pour s'en faire une idée approximative, il faudrait en avoir la formule exacte et précise, connaître l'idée ou les idées sur lesquelles il repose, et enfin posséder un principe d'appréciation rigoureuse et scientifique; or, c'est à cela précisément qu'il est, sinon impossible, du moins très difficile d'arriver.

« Dieu est tout, ou tout est Dieu », ou bien « Dieu est en tout, ou tout est en Dieu. » Voilà la formule ou les formules. Au premier abord, cependant, il semble qu'il n'y en a qu'une, car, si, par exemple, on veut mélanger deux liquides, il importe fort peu de verser l'un ou l'autre le premier ou le second : on aura toujours le même mélange. On aura encore d'autres formules, selon que l'on mettra Dieu ou le monde au commencement ou à la fin, ou selon qu'on les considérera comme coexistants. Mais, qu'il y ait plusieurs formules ou qu'il n'y en ait qu'une seule, elles sont toutes également inintelligibles.

Que met-on maintenant à la base du système ? Des idées bien étranges, il faut l'avouer. Le but des panthéistes étant d'expliquer les rapports qui existent entre le *fini* et l'*infini*, ils se refusent d'abord à concevoir leur dieu comme existant en dehors du monde. Ils se refusent ensuite à concevoir quelque chose en dehors de Dieu, car l'*infini* cesserait d'être l'*infini* s'il n'était pas tout ce qui existe. Enfin, il leur répugne d'admettre un Dieu personnel, car, d'après eux, la personnalité est un principe de *limitation* ou d'imperfection. De là, pour eux, la nécessité d'absorber Dieu dans la nature, ou la nature dans Dieu. De là aussi la nécessité de n'admettre qu'un Dieu impersonnel, doué, il est vrai, de toutes les perfections, mais assez semblable à la jument de Rolland, laquelle, d'après l'Arioste, possédait toutes les qualités, excepté l'existence. Partant d'idées diamétralement opposées, le panthéisme se développe en un fagot épineux de systèmes divers que l'on pourrait peut-être réduire à deux : le panthéisme *réaliste* et le panthéisme *idéaliste*, sans oublier toutefois que l'un se confond souvent avec l'autre.

Le panthéisme *réaliste* (1) est représenté, aux temps an-

(1) L'on a mis les stoïciens au nombre des panthéistes, mais leur système se rapproche plutôt du dualisme d'Anaxagore. On peut trouver étrange leur conception du monde, considéré par eux comme un être immense, organisé et vivant, dont la matière est le corps, et l'esprit divin l'âme. — Mens agitat molem, et magno se corpore micet. — Mais leur doctrine est si peu hostile au théisme que l'hymne de Cléanthe, où elle se trouve résumée, pourrait se réciter, comme prière orthodoxe, dans n'importe quel temple bouddhique, catholique ou protestant.

ciens, par la théologie de l'Inde, par la métaphysique des pythagoriciens et des théosophes alexandrins. D'après les livres sacrés de l'Orient, l'être existant par lui-même, Brahm engendre les trois personnes de la Trimourti, d'où émanent toutes les créatures. Brahm est tout ce qui est : le Gange qui roule, la mer qui gronde, le vent qui souffle, la nue qui tonne, l'éclair qui brille, etc. Brahm est tout et tout est en lui.

Ces idées furent transportées en Grèce par Pythagore, qui n'y changea guère que les mots ; selon lui, tout émane de la *monade :* la *dyade*, la *triade* et ensuite tous les êtres, jusqu'à la matière, qui n'est que la carbonisation des rayons divins.

Chez Plotin, le Pythagore de l'école d'Alexandrie, même doctrine et même langage presque : l'*unité absolue*, l'*intelligence* et l'*âme* procédant successivement l'une de l'autre, voilà les trois *hypostases* divines ; voilà la trinité, dont toutes choses sont, à la fois, des émanations et des copies. En tout cela, nous ne voyons que la fameuse doctrine des *émanations*, doctrine qui n'a d'autre mérite — si c'en est un — que celui de dire d'une manière extraordinaire ce que l'on peut dire d'une manière simple et commune, et cela à propos d'une chose que nous pouvons concevoir sans doute, mais que nous ne pouvons comprendre. En effet, dire que tout émane d'un premier principe, c'est ne dire rien de plus que si l'on disait que tout en *vient ;* et chercher à expliquer comment une chose procède d'une autre, c'est chercher ce qui est au delà de notre portée. Car, s'il est certain que nous concevons nécessairement le rapport de la cause à l'effet, il est certain aussi que nous ne comprenons nullement la nature de ce rapport.

La conception *réaliste* du monde et de son évolution se transforma bientôt, chez Plotin lui-même, en une conception abstraite de l'unité et de l'infini et donna naissance au panthéisme *idéaliste.*

Ce nouveau genre de panthéisme, élaboré et perfectionné,

au moyen âge, par Jordano Bruno, devint, au XVIIe siècle, entre les mains de Spinoza, un véritable système dont toutes les parties, liées entre elles géométriquement, aspirent à former un ensemble scientifique (1).

Partant de notions abstraites et de définitions fantastiques, Spinoza prétend appliquer les abstractions de l'esprit aux réalités concrètes, et former l'univers d'après un type idéal, conçu par la raison. Il aboutit à la déification de tout ce qui existe, à l'identification du fini et de l'infini, à la confusion du monde et de Dieu, en un mot à l'unité de substance.

Bayle et Voltaire ont victorieusement réfuté le spinozisme, en l'examinant dans ses principes et dans ses conséquences : dans ses principes, qui sont des définitions arbitraires de la substance, de ses *attributs* et de ses *modalités* ; dans ses conséquences, qui sont la suppression de la personnalité en Dieu et par conséquent l'athéisme, la négation dans l'homme de la liberté et des principes de la morale. — Comme œuvre d'art, le spinozisme est un vaste et magnifique système d'abstractions, et quelquefois même de combinaisons verbales, système capable de montrer la puissance et l'étendue d'un esprit habitué aux jeux de logique ou versé dans l'art de combiner les mots du vocabulaire philosophique, mais, en soi, tout à fait innocent, parce qu'il n'a absolument rien à voir avec la réalité. Tant qu'il se borne à combiner des principes métaphysiques et des définitions abstraites de la substance, de l'infini, de la cause et d'autres choses dont nous n'avons pas réellement l'idée adéquate, il paraît capable, sinon de convaincre, du moins de surprendre et d'étonner la raison ; mais, s'il quitte le domaine de l'abstraction pour celui de la

(1) On a voulu faire de Hegel un émule de Bruno et de Spinoza. Nous verrons, dans le chapitre suivant, que Hegel n'est pas un panthéiste, car sa doctrine est un système hybride qui tient à la fois de l'athéisme et du *naturalisme idéaliste*.

réalité, aussitôt sa faiblesse se dénonce et se manifeste tout entière ; aussitôt ses conclusions générales nous apparaissent telles qu'elles sont, c'est-à-dire contraires à la raison et à l'expérience : contraires à la raison, parce que celle-ci ne peut concevoir l'*attribut* séparé de la *substance,* ni même distingué de la *modalité ;* contraires à l'expérience, d'abord parce que le sens intime atteste à chacun qu'il est un individu, une personne, en d'autres termes quelque chose de plus qu'un *attribut* ou une *modalité* de je ne sais quelle substance une, infinie et universelle, ensuite parce que les sens externes nous empêchent de croire qu'une pierre ou un morceau de bois puissent être une portion de la divinité.

Les principes d'une réfutation rigoureuse et scientifique ne manquent donc pas ici.

Ce que l'on peut opposer au panthéisme, quelles que soient ses formes, c'est une fin de non-recevoir. Les panthéistes n'ont ni point d'appui, ni point de départ : ne mettant aucune différence entre savoir qu'une chose est et savoir ce qu'est cette chose et, néanmoins, voulant nous expliquer le fini, l'infini et leur rapport, ils se mettent dans une position pire que celle du personnage de la fable : ils *n'oublient* pas *d'éclairer leur lanterne,* ils ne le peuvent pas.

Pour que l'infini soit bien l'infini, ils font tout rentrer en lui, même le mal, et par là ils le détruisent.

Pour ne point limiter l'infini, ils n'admettent qu'un Dieu impersonnel. Sur ce point, voici ce qu'on leur objecte : Si la personnalité est un principe d'imperfection, l'homme est moins parfait que l'animal, l'animal moins parfait que la plante, la plante moins parfaite que la pierre, et enfin la pierre moins parfaite que le néant ; et en effet, c'est bien une non-entité que le dieu des panthéistes.

On s'est moqué de tous les systèmes par lesquels on a essayé d'expliquer l'union de l'âme et du corps dans l'homme ;

des *esprits animaux* de Descartes, de l'*influx physique* d'Euler, du *médiateur plastique* de Cudworth, des *causes occasionnelles* de Malebranche, et enfin de l'*harmonie préétablie* de Leibnitz. Que penser d'un système qui prétend expliquer les rapports de l'esprit et de la matière dans le monde, c'est-à-dire la création et la conservation des choses?

Les panthéistes n'ont donc pas résolu le problème qu'ils s'étaient posé; au contraire ils n'ont fait que le rendre plus obscur encore. Sous ce rapport, ils n'ont rien à reprocher aux théistes; mais ce qui les condamne surtout, c'est qu'ils n'ont mis aucune différence entre ce qui est simplement au-dessus de la raison et ce qui est contraire à cette même raison; en un mot, c'est que, dans la discussion du problème, ils ont ajouté l'absurde à l'incompréhensible.

CHAPITRE V

LE POSITIVISME.

Le panthéisme s'est perdu par l'abus de la méthode rationnelle; le positivisme d'Auguste Comte se perdra par trop de confiance en la méthode expérimentale. C'est le sort réservé à toute doctrine exclusive. A. Comte veut qu'on ne s'occupe que des faits et de leurs lois; pour lui, les causes premières et les causes finales n'existent pas. Il prétend que l'humanité a passé successivement par trois états: l'état théologique, l'état métaphysique et l'état scientifique. Quant aux principes qui peuvent servir de base à la métaphysique et à la théologie rationnelle, il les ignore absolument, et, ce qui est beaucoup plus fort, il regarde la psychologie comme une chimère, parce que, d'après lui, la science n'admet pas d'autres faits que des faits sensibles et susceptibles de vérification, et proscrit l'étude des réalités invisibles.

Auguste Comte fit un habile emploi de la méthode scientifique, et, dans une admirable classification, il groupa, d'après leurs rapports de subordination, les différentes parties des sciences cosmologiques, et il en forma un harmonieux ensemble, auquel il donna le nom de *science positive*. Autour de cette science comme autour d'un domaine privé, il tendit comme un voile, épais et sombre, pour ne pas être tenté de regarder à travers. Quelques-uns de ses disciples, cependant, se permirent de regarder par-dessus, deux entre autres, M. H. Spencer et Stuart Mill. Le premier, au delà des limites de la *science positive*, entrevoit un je ne sais quoi, qu'il appelle l'*inconnaissable* (1), expression fort peu encourageante pour les savants, car, d'un côté (2), les faits et les lois, les forces et le mouvement, les propriétés et les facultés n'étant que de simples abstractions, comme l'ont dit et répété Cl. Bernard et Chevreul, et, d'un autre côté, l'essence de l'esprit et de la matière nous étant inconnue, on se demande avec effroi ce que l'esprit humain pourrait bien connaitre. Le second reconnait une certaine valeur à l'argument des *causes finales*, considéré comme preuve de l'existence de Dieu ; il permet à la raison de s'enquérir des destinées futures du monde et de l'humanité, et il admet que, sur ces deux points, on peut arriver, sinon à la certitude, du moins à un certain degré de probabilité capable de fonder une croyance plus ou moins vive et ferme.

Ces libertés que prenait Stuart Mill déplurent à Littré, qui

(1) L'*inconnaissable!* Le connaître comme tel, n'est-ce pas déjà le reconnaître comme existant?

(2) Cl. Bernard, passim.; Chevreul, *Histoire des connaissances chimiques*, t. I, p. 235.

lui fit la réponse suivante : « Il ne faut pas considérer le philosophe positif comme si, traitant des causes secondes, il laissait libre de penser ce qu'on veut des causes premières. Non, il ne laisse là-dessus aucune liberté ; sa détermination est précise, catégorique : il déclare les causes premières inconnues. Les déclarer inconnues, ce n'est ni les affirmer ni les nier, et c'est, quoi qu'en dise M. Mill, laisser la question ouverte dans la seule mesure qu'elle comporte. Remarquons-le bien, néanmoins, l'absence d'affirmation et l'absence de négation sont indivisibles. » La déclaration est magistrale et impérieuse.

On n'a jamais nié le déterminisme logique d'une manière plus nette et plus catégorique. Mais, n'en déplaise à E. Littré, il exige au delà de ce qu'on peut lui accorder : il exige l'impossible. D'abord, avant de s'abstenir, d'affirmer et de nier une chose, ne faut-il pas avoir déjà une certaine connaissance de cette chose ? Et cette connaissance n'implique-t-elle pas nécessairement une affirmation ou une négation ? Qu'il nous soit permis de soumettre à E. Littré ces deux propositions bien simples : « Y a-t-il des atomes ? Y a-t-il des molécules ? » Interrogé là-dessus, pourrait-il lui-même se tenir en équilibre entre le oui et le non ? Il serait, ce nous semble, obligé de se décider pour l'affirmative, car, quand on admet des composés, on est forcé d'admettre des parties composantes. Cependant, les atomes et les molécules échappent à nos sens, même armés des instruments les plus puissants. Il est donc des cas où le positivisme est forcé de sortir des limites de l'expérience.

Prenons maintenant une autre proposition, celle-ci, par exemple : « J'existe, donc quelque chose existe de toute éternité. » Si, mis en demeure de se prononcer, E. Littré s'obstinait à répéter que l'absence d'affirmation et l'absence de négation sont indivisibles, nous lui dirions avec Voltaire :

« Cette vérité est aussi démontrée que les propositions les plus claires de l'arithmétique et de la géométrie ; elle peut étonner un moment un esprit inattentif, mais elle le subjugue invinciblement le moment d'après ; enfin, elle n'a été niée par personne, car, à l'instant qu'on réfléchit, on voit évidemment que, si rien n'existait de toute éternité, tout serait produit par le néant ; notre existence n'aurait nulle cause ; ce qui est une contradiction absurde (1). »

E. Littré ne s'exposerait certainement pas à une pareille contradiction. Tout cela, cependant, c'est de la métaphysique pure, car nous n'étions pas là, sans doute, pour constater l'existence éternelle des choses. Il est donc des cas où le positivisme est obligé de mettre au moins un pied sur le terrain de la métaphysique.

Les positivistes ont été plus mal inspirés encore lorsqu'ils ont rayé la psychologie de la liste des sciences. Nous avons le droit de leur dire que la psychologie est non seulement une science, mais la plus *positive* de toutes les sciences. On pourrait même dire qu'il n'est pas une seule science qui ne soit en quelque sorte une partie de la psychologie. En effet, qu'est-ce que la *mathématique*, par exemple ? Condillac, dans son admirable ouvrage intitulé *Langue des calculs*, a démontré que les théories les plus élevées des mathématiques ne sont que les transformations successives de la numération ; or, si la numération est l'addition à une première unité d'une seconde ou troisième unité, elle est aussi, et avant tout, l'affirmation que l'âme existe d'abord dans un premier état, puis dans un second ou troisième état parfaitement semblable au premier ; donc la numération est l'addition, non de certaines unités abstraites ou concrètes, mais de certains états de l'âme parfaitement identiques. Qu'est-ce encore

(1) Voltaire, *Première homélie sur l'athéisme*.

que l'astronomie, sinon la série des états successifs de l'âme du savant en présence du ciel étoilé? Prenez n'importe quelle science, vous aboutirez toujours à la même conclusion.

Ce qui est vrai pour les phénomènes intellectuels l'est aussi pour les phénomènes effectifs. En ce qui concerne l'amour, par exemple, n'est-il pas vrai que les sentiments et les émotions ne sont, en grande partie, que ce que le cœur et l'imagination les font être. C'est une vérité d'expérience que Molière a mise dans tout son jour, lorsqu'il dit, après Lucrèce, que, pour les amants,

La pâle est aux jasmins en blancheur comparable ;
La noire à faire peur une brune adorable ;
La maigre a de la taille et de la liberté ;
La grosse est, dans son port, pleine de majesté, etc.

(*Misanthrope.*)

Dans le fait, l'amoureux c'est Adonis penché sur sa fontaine et dépérissant d'amour pour sa propre image.

On a dit, je crois, que la perception externe est l'hallucination de l'homme éveillé ; ce n'est pas assez dire : à proprement parler, la perception externe n'existe pas pour nous ; il n'y a de réel que la perception interne, car c'est en nous-mêmes que nous voyons d'abord le monde des corps et le monde suprasensible.

L'*idéalisme* est donc véritablement la base de la psychologie, et, par conséquent, la *méthode* dite *expérimentale* n'est et ne peut être rien autre chose que la *méthode* psychologique.

Nous prions les positivistes de vouloir bien réfléchir sur ce résultat : ce n'est pas une déduction logique que nous leur présentons ici, c'est un *fait*, un fait *positif*, et qui, par conséquent, doit faire partie de la science et surtout de la *science positive*.

En supprimant l'observation psychologique, Aug. Comte

s'exposait à supprimer les phénomènes de conscience les plus importants, la liberté morale par exemple. Celle-ci, il la supprime en effet dans l'individu et dans la société. L'humanité se trouve dès lors soumise aux lois fatales de l'évolution ; le progrès n'est plus qu'une sorte de développement mécanique, et l'histoire devient une énigme : on est obligé, par exemple, de considérer le moyen âge comme un progrès sur la civilisation gréco-romaine, et la Renaissance comme un retour en arrière.

Cependant, Aug. Comte prétend s'élever jusqu'à la morale. Qu'il y arrive légitimement ou non, il n'en faut pas moins reconnaître que celle qu'il adopte est pleine de noblesse et de grandeur. Elle a pour base le désintéressement; il reconnaît dans l'homme une tendance généreuse, une bienveillance innée qu'il nomme *altruisme* et qu'il oppose à l'égoïsme : l'individu doit se dévouer pour l'espèce; c'est par des œuvres utiles et par des services rendus à la société que l'homme acquiert des droits à la reconnaissance de ses semblables et qu'il devient immortel.

Quant à la religion des positivistes, elle est, comme le reste, soumise aux lois du transformisme ; elle passe par trois états : l'état théologique, l'état métaphysique et l'état scientifique, et elle est successivement le fétichisme, le polythéisme et le monothéisme. Si l'on ne craignait pas de tomber sur une question *fermée*, on pourrait demander à Aug. Comte si ces trois *états* ne seraient pas plutôt simultanés que successifs, et si le fétichisme, au lieu d'être primitif, ne serait pas plutôt l'œuvre du sacerdoce.

Nous voudrions nous étendre davantage sur la religion des positivistes, mais nous ne la comprenons pas. Le Dieu d'Aug. Comte, c'est le *génie de l'humanité!* Force était donc pour ce génie d'être tout à la fois sa propre divinité et son propre prêtre! Pour comprendre ce mystère, nous nous sommes rappelé cet hiéroglyphe, trouvé depuis peu, qui représente un roi d'Egypte (Ramsès II ou Sésostris) prosterné devant son image, son *double* ou son *ka*, comme disaient les Egyptiens ; mais cet hiéroglyphe ne nous a rien expliqué, car la conception d'Aug. Comte dépasse, et de beaucoup, celle des prêtres de Memphis et de Thèbes. L'homme à genoux devant lui-même ! L'humanité s'adorant elle-même ! Mais l'humanité, c'est l'espèce (ou le genre, si l'on veut) ; or, en dehors des individus qui la composent, l'espèce n'existe pas : ce n'est qu'une idée générale abstraite ; nous sommes donc obligés de nous représenter une abstraction à genoux devant une abstraction ou plutôt devant elle-même ! C'est trop exiger du lecteur.

De l'école positiviste, naquit, dit-on, l'école matérialiste, fille fort peu légitime, selon nous, et que *méconnaîtrait l'œil même de sa mère.*

CHAPITRE VI

LE MATÉRIALISME SCIENTIFIQUE.

Pour le matérialisme *scientifique*, il n'est pas de questions *fermées*, comme pour le positivisme ; au contraire, toutes sont ouvertes, même celles qui n'en sont pas.

Mécanisme, dynamisme, vitalisme et animisme, voilà les quatre systèmes inventés par les philosophes pour expliquer l'origine et la formation des êtres : minéraux, végétaux et animaux.

Les matérialistes ne se sont jamais élevés au-dessus du dynamisme.

Nous sommes forcés de distinguer deux espèces de matérialisme : l'ancien et le moderne.

Le mécanisme pur a été professé d'abord par Leucippe et Démocrite, et plus tard par Epicure et Lucrèce. Les deux premiers admettaient : 1° des *atomes* doués d'une force interne, pour expliquer la formation et la dissolution des choses ; doués de formes différentes et infinies en nombre, pour rendre compte de la multiplicité et de la variété des êtres ; 2° le vide immense, pour rendre le mouvement possible. *Atomes*, *mouvement* et *vide*, ces trois mots résument donc tout le système.

A cette doctrine, Epicure n'a guère — d'après Cicéron — ajouté qu'une chose : l'hypothèse gratuite par laquelle il accorde aux atomes un mouvement oblique, ou la propriété de dévier au besoin, ou de s'écarter de la ligne droite. Epicure ne reconnaît qu'une seule substance, la substance matérielle. D'après lui, l'âme est un composé d'atomes ronds ; elle ne survit pas à la dissolution du corps. Les dieux eux-mêmes sont matériels, car leur âme résulte du concours des atomes les plus subtiles. Du reste, on ne s'explique pas pourquoi Epicure admet des dieux : il les suppose oisifs et étrangers aux choses de ce monde ; le fond de sa doctrine est donc l'athéisme.

Fénelon, dans son traité de l'*Existence de Dieu* (chap. III), a victorieusement réfuté Epicure.

Première objection des épicuriens : « Le monde est l'œuvre du hasard ; l'homme, le trouvant tel qu'il est, a su en tirer parti, et l'art, au lieu d'être dans l'ouvrage et dans l'ouvrier, est dans l'homme qui sait s'en servir. »

Réponse de Fénelon : « Un homme qui entrerait dans une maison bien construite et bien distribuée soutiendrait-il qu'elle est l'œuvre du hasard ? »

La fable d'Amphion est moins incroyable. Un voyageur

arrivant dans un désert et y trouvant des colonnes, des pyramides, des obélisques avec inscriptions, reconnaîtrait l'œuvre de l'homme. S'il trouvait une montre dans le sable, il n'oserait l'attribuer au hasard. Le monde et les animaux sont infiniment plus parfaits.

Deuxième objection : « Les atomes ont un mouvement éternel ; leur concours fortuit a produit des combinaisons *infinies*, parmi lesquelles se trouve celle qui forme le système de notre monde actuel : l'univers s'est donc formé sans que l'art d'un créateur s'en soit mêlé. »

Réponse : « 1° Rien de plus absurde qu'un *nombre infini* de combinaisons, car on peut toujours ajouter ou retrancher quelque chose à un nombre ; 2° supposer les atomes éternels, c'est supposer ce qui est en question ; 3° les atomes ne se meuvent point par eux-mêmes, car on peut supposer que le mouvement leur a été communiqué ; 4° même en admettant que les atomes soient éternels, que le mouvement leur soit essentiel et qu'ils soient de formes différentes, les uns ronds, les autres crochus pour se réunir plus facilement, ils ne se rencontreront jamais, s'ils vont en ligne droite, direction nécessaire du mouvement essentiel ; 5° si on suppose un *clinamen* ou légère inflexion des atomes pour leur permettre de s'accrocher, on viole les lois éternelles, immuables et nécessaires du mouvement, car, si celui-ci est essentiel à la matière, il doit avoir lieu d'une manière uniforme, c'est-à-dire en ligne droite. De lui-même, il ne peut changer de direction. D'où viendrait ce changement ? Quelle cause arrêterait la première impulsion pour en donner une différente ? D'ailleurs, même avec cet hypothèse d'un *clinamen* ou même d'une déviation spontanée, peut-on expliquer l'intelligence et la liberté dans l'homme ? »

Les objections que l'on pouvait faire au *mécanisme* pur forcèrent les partisans du matérialisme à recourir au *dyna-*

misme : ce fut, chez nous, l'œuvre de La Mettrie, qui, dans son livre fameux, *L'Homme machine,* sut profiter des progrès de la science en physique et en chimie, en médecine et en physiologie, pour expliquer l'*automatisme* des fonctions vitales et intellectuelles. Ce fut surtout l'œuvre de Diderot, qui, en collaboration avec le baron d'Holbach, rédigea presque tout entier le célèbre *Système de la Nature,* ce code de l'athéisme où il prodigua les ressources de son vaste et puissant génie, son esprit vif et pénétrant, sa science presque universelle, son argumentation serrée et son éloquence fougueuse. Diderot et d'Holbach trouvèrent leur adversaire le plus redoutable dans la personne de Voltaire ; ils l'avaient appelé, par dérision, un *cause-finalier.* Celui-ci s'attacha à leur montrer qu'il méritait ce reproche, et même qu'il était fier de ce titre, car c'est précisément sur l'idée de cause première et des causes finales qu'il s'appuie pour réfuter l'athéisme et le matérialisme. « J'existe, dit-il : donc quelque chose a existé de toute éternité. » « Il y a de l'intelligence dans le monde : donc il existe un être intelligent, qui est Dieu. » Tel est son principe. « Dans l'opinion qu'il y a un Dieu, il se trouve des difficultés ; mais, dans l'opinion contraire, il y a des absurdités. » Telle est sa conclusion.

Les matérialistes objectent la prétendue *impossibilité* de la *création* et l'inutilité de recourir à un Dieu, la matière étant, selon eux, l'Etre éternel. Voici ce que leur répond Voltaire :

« Les arguments contre la création, dit-il, se réduisent à montrer qu'il nous est impossible de la concevoir, c'est-à-dire d'en concevoir la manière ; mais non pas qu'elle soit impossible en soi. Car, pour que la création fût impossible, il faudrait d'abord prouver qu'il est impossible qu'il y ait un Dieu ; mais, loin de prouver cette impossibilité, on est obligé de reconnaître qu'il est impossible qu'il n'existe pas. Cet argument, qu'il faut qu'il y ait hors de nous un être infini, éternel, immense, tout-puissant, libre, intelligent, et les ténèbres qui accompagnent cette lumière, ne servent qu'à montrer que cette lumière existe ; car, de cela même qu'un être infini nous est démontré, il nous est démontré aussi qu'il doit être impossible à un être fini de le comprendre.

» Il me semble qu'on ne peut faire que des sophismes et dire des absurdités quand on veut s'efforcer de nier la nécessité d'un être existant par lui-même, ou lorsqu'on veut soutenir que la matière est cet être. Mais, lorsqu'il s'agit d'établir et de discuter les attributs de cet être, dont l'existence est démontrée, c'est tout autre chose.

» Les maîtres dans l'art de raisonner, les Locke, les Clarke, nous disent (1) : « Cet Etre est un être intelligent ; car celui qui a tout produit doit avoir toutes les perfections qu'il a mises dans ce qu'il a produit, sans quoi l'effet serait plus parfait que la cause, ou bien, d'une autre manière, il y aurait dans l'effet une perfection qui n'aurait été produite par rien, ce qui est visiblement absurde. Donc, puisqu'il y a des êtres intelligents et que la matière n'a pu se donner la faculté de penser, il faut que l'être existant par lui-même, que Dieu soit un être intelligent. »

» Sur les causes finales, il faut raisonner de bonne foi, et ne point chercher à se tromper soi-même ; quand on voit une chose qui a toujours le même effet, qui n'a uniquement que cet effet, qui est composée d'une infinité d'organes dans lesquels il y a une infinité de mouvements qui tous concourent à la même production, il me semble qu'on ne peut, sans une secrète répugnance, nier une cause finale. Le germe de tous les végétaux, de tous les animaux, est dans ce cas ; ne faut-il pas être un peu hardi pour dire que tout

(1) Clarke, *De l'Existence de Dieu*, prop. 8, ch. IX, et Locke, *Essai sur l'Entendement humain*, liv. IV, chap. X.

cela ne se rapporte à aucune fin? Je conviens qu'il n'y a point de démonstration proprement dite qui prouve que l'estomac est fait pour digérer, comme il n'y a point de démonstration qu'il fait jour; mais les matérialistes sont bien loin de démontrer aussi que l'estomac n'est pas fait pour digérer : qu'on juge seulement avec équité, comme on juge des choses dans le cours ordinaire de la vie, quelle est l'opinion la plus probable? »

Voici, toujours d'après Voltaire, les conséquences nécessaires de l'opinion des matérialistes : « Il faut qu'ils disent que le monde existe nécessairement et par lui-même; de sorte, qu'il y aurait de la contradiction dans les termes à dire qu'une partie de la matière pourrait ne pas exister, ou pourrait exister autrement qu'elle n'est; il faut qu'ils disent que le monde matériel a en soi essentiellement la pensée et le sentiment, car il ne peut les acquérir, puisque, en ce cas, ils lui viendraient de rien; il ne peut les avoir d'ailleurs, puisqu'il est supposé être tout ce qui est. Il faut donc que cette pensée et ce sentiment lui soient inhérents comme l'étendue, la divisibilité, la capacité du mouvement, sont inhérentes à la matière, et il faut, avec cela, confesser qu'il n'y a qu'un petit nombre de parties qui aient ce sentiment et cette partie essentielle au total du monde; que ces sentiments et ces pensées, quoique inhérents dans la matière, périssent cependant à chaque instant; ou bien il faudra avancer qu'il y a une âme du monde qui se répand dans les corps organisés, et alors il faudra que cette âme soit autre chose que le monde. Ainsi, de quelque côté qu'on se tourne, on ne trouve que des chimères qui se détruisent.

» Les matérialistes doivent encore soutenir que le mouvement est essentiel à la matière. Ils sont par là réduits à dire que le mouvement n'a jamais pu ni ne pourra jamais augmenter ni diminuer; ils seront forcés d'avancer que cent mille hommes qui marchent à la fois et cent coups de canon que l'on tire ne produisent aucun mouvement nouveau dans la nature. Il faudra encore qu'ils assurent qu'il n'y a aucune liberté, et, par là, qu'ils détruisent tous les liens de la société, et qu'ils croient à une fatalité tout aussi difficile à comprendre que la liberté, mais qu'eux-mêmes démentent dans la pratique. Qu'un lecteur équitable, ayant mûrement pesé le pour et le contre de l'existence d'un Dieu créateur, voie à présent de quel côté est la vraisemblance. »

De là Voltaire conclut que « cette proposition : *il y a un Dieu*, peut-être regardée comme la chose la plus vraisemblable, et la proposition contraire comme l'une des plus absurdes ».

C'est ainsi que Voltaire combattait le matérialisme de son temps.

Les matérialistes de nos jours forment, en quelque sorte, une secte ; l'esprit qui les anime est une espèce de *cléricalisme* anti-religieux. Par haine de la métaphysique et de la théologie, ils ont donné à leur doctrine le titre de *matérialisme scientifique* ; ils auraient pu lui donner celui d'*athéisme raisonné*, car il n'est pas un seul matérialiste qui ne se donne pour l'ennemi intime et personnel du Dieu des juifs et du Dieu des chrétiens, qu'il voudrait bien voir relégué définitivement dans un musée d'antiques. Tous s'imaginent que leurs traits atteignent le Dieu de Socrate et de Cicéron, de Descartes et de Voltaire ; mais leur erreur la plus étrange, c'est de ne pas sentir qu'au fond ils servent les intérêts de leurs adversaires, car ces derniers se trouvent très heureux d'être attaqués par des gens qui jouent leur propre jeu.

Le livre de L. Büchner, *Force et Matière*, est, pour ainsi dire, le bréviaire des matérialistes ; c'est là que nous allons étudier leur doctrine.

Le *matérialisme scientifique* renferme trois choses : des principes relevant tantôt de la métaphysique, tantôt de la physique ; des faits sensibles, vérifiés ou non vérifiés ; enfin les conséquences qu'il tire de ces faits et de ces principes.

Les *principes* sont les suivants : « De rien ne vient rien ; rien ne peut retourner au néant » : E nihilo nihil, in nihilum nil posse reverti ; « Point de matière sans force, point de force sans matière » ; « la matière et la force sont éternelles et en même temps indestructibles » ; « la matière est infinie en grandeur et en petitesse » ; « elle est divisible à l'infini » : ce qui supprime les *atomes*, admis par le matérialisme ancien.

Les principaux *faits*, vérifiés ou non, sont les suivants : « Les forces physiques, chimiques, magnétiques, etc., se *transforment* et se réduisent toutes à la force motrice ; le mouvement, opérant sur la matière pondérable (1), produit tous les phénomènes : l'attraction et la répulsion, la rotation sur place et la projection en avant, la cristallisation et la formation des composés binaires, tertiaires, quaternaires, etc. ; l'*épigénèse* ou la création successive des organes des êtres vivants, végétaux et animaux ; les fonctions, dans l'homme, de la vie végétative et de la vie de relation, le foie, par exemple, secrétant la bile, et le cerveau produisant des états ou des actes que l'on appelle, suivant les cas, instinct, sensation, pensée, désir ou volonté ; enfin, l'*hétérogénie*, ou la génération spontanée, ainsi que la mutabilité et la transformation des espèces. »

Telle est, grossièrement esquissée, la genèse matérialiste.

Voici maintenant les conclusions principales des faits et des principes :

La matière et la force n'ont pas été créées, par conséquent il est inutile, illogique même, de recourir à un Dieu.

Point de Providence : elle est remplacée par des lois uni-

(1) Il répugne aux matérialistes, comme à Aug. Comte, d'admettre l'existence des fluides impondérables, surtout de l'éther ; par là, la force et le mouvement se réduisent en abstractions pures.

verselles et immuables, qui résultent des propriétés inhérentes à la matière.

Il n'y a, dans le monde, ni plan, ni dessein ; tout s'y fait en vertu d'une force aveugle et fatale, qui opère conformément aux principes de la mécanique et de la géométrie.

Enfin, point de but ultérieur et dernier à l'existence et à la vie : l'homme se dissout comme la plante ou la bulle d'air ; tout ici-bas commence et finit, pour recommencer et finir encore sous une forme ou sous une autre ; c'est ce que Moleschott appelle la circulation de la vie *(Kreislauf de lebens)*.

Voilà ce qu'on appelle aujourd'hui le *matérialisme scientifique*. A part la négation des atomes et l'affirmation de la divisibilité de la matière à l'infini, à part certaines découvertes de la science moderne, qu'il interprète à son avantage, on ne sait pourquoi il ne diffère en rien de l'ancien matérialisme : la doctrine de Moleschott et de Büchner se retrouve tout entière dans les livres de d'Holbach et de La Mettrie, et même dans ceux de Lucrèce, d'Epicure et de Démocrite.

Essayons maintenant d'apprécier la doctrine en elle-même.

On voit d'abord que les matérialistes mêlent à doses presque égales l'expérience et la métaphysique. Ce n'est certes pas là ce que nous blâmons chez eux, car, selon nous, l'empirisme et le rationalisme, inséparables de leur nature, sont impuissants l'un sans l'autre.

Mais ce que nous trouvons étrange en eux, c'est de donner à leur doctrine le nom de *matérialisme scientifique*, c'est de prétendre ne jamais sortir du positivisme, au moment même où ils se jettent à corps perdu en pleine métaphysique. En effet, combattre la métaphysique d'une manière doctrinale, c'est tomber dans une autre métaphysique, négative en apparence, mais dogmatique au fond.

Nier Dieu, affirmer l'éternité de la matière, sont-ce là des choses susceptibles de vérification ou en faveur desquelles on puisse invoquer le principe de contradiction? D'ailleurs il y a des faits, non encore suffisamment observés, dont les matérialistes tirent les conséquences les plus téméraires.

Ce système a donc usurpé son titre : il emprunte à la métaphysique autant qu'à la science.

Si nous examinons successivement les principales affirmations ou propositions de Maleschott et de Büchner, nous verrons partout ou une pétition de principe ou la violation du principe de contradiction.

« La matière est éternelle! » Mais c'est là précisément la question. « La matière existe, donc elle a existé de tout temps! » La première proposition ne renferme pas la seconde! « La matière est un tout, toujours identique à lui-même, bien qu'infiniment varié dans ses modifications! » Ce tout est-il autre chose qu'une somme, un *total* composé de parties (minéraux, végétaux, animaux)? N'est-ce pas se condredire que d'admettre des séries infinies de parties finies? N'est-ce pas là précisément que se révèle la nécessité logique d'admettre la création (1)?

« Le mouvement (ou la force) est essentiel et inhérent à la matière! » C'est encore une affirmation gratuite! D'ailleurs est-il impossible de concevoir la matière sans mouvement, de même qu'il est impossible de la concevoir sans étendue et sans impénétrabilité? Jusqu'ici, nous n'avons vu que des pétitions de principe ; nous allons voir des absurdités.

« L'univers est infini en grandeur ou en étendue! » C'est sans doute l'autorité de Pascal qui induit ici en erreur les matérialistes allemands : « Le monde est une sphère dont le centre est partout et la circonférence nulle part! » Phrase magnifique, qui confond l'imagination, mais qui choque la raison : un écolier qui a compris la première page d'un livre de géo-

(1) C'est l'argument dont se sert le mathématicien Cauchy.

métrie et les deux opérations de l'arithmétique, l'addition et la soustraction, sait que tout ce qui se mesure et tout ce qui se compte est nécessairement fini. Il n'y a de réellement infini que l'espace, et la phrase de Pascal doit se changer en celle-ci : « Le monde est une sphère dont le centre est un point fixe et dont la circonférence est quelque part. »

« L'univers est également *infini en petitesse*, ou du moins la matière est divisible ! » Sans doute, Pascal raisonne rigoureusement lorsqu'il démontre qu'en divisant et en subdivisant un corps, on n'arrive jamais à un *néant d'étendue* ; mais il fait comme les géomètres qui admettent des points sans aucune dimension, des lignes sans largeur ni profondeur, des surfaces sans épaisseur : il raisonne sur une quantité abstraite. Que l'on prenne, au contraire, une quantité concrète, et l'on s'apercevra aussitôt que, si une molécule est divisible à l'infini, elle contient autant de parties que le tout dont elle est détachée, ce qui est évidemment absurde. Il y a donc réellement des atomes, et sur ce point Büchner a eu tort de rejeter la doctrine d'Epicure.

E nihilo nihil, de rien ne vient rien ! C'est le principe que les matérialistes mettent à la base de leur système : ils s'en servent pour poser en fait l'éternité de la matière ; affirmation purement gratuite, puisqu'il y a pour une chose deux manières d'exister : être par soi-même ou avoir reçu l'existence d'autrui. A cette première infraction aux lois de la logique, ils en ajoutent une autre beaucoup plus grave et qu'on n'a pas assez remarquée ; c'est que ce principe *de rien ne vient rien*, ils le transforment sans s'en douter en ce principe : *de rien vient quelque chose*. Cette assertion surprendra peut-être ; cependant, elle est l'expression d'une vérité palpable ; en effet, n'est-il pas absolument vrai que ce qui, dans un effet, surpasse la cause est un effet sans cause et doit être considéré comme ne venant de rien ?

Or, les matérialistes, dans l'idée qu'ils se font du transformisme, s'évertuent à nous montrer les forces physiques se transformant successivement en forces chimiques, vitales et intellectuelles. N'est-ce pas là mettre dans les effets ce qui n'est pas contenu dans les causes ? N'est-ce pas affirmer que quelque chose vient de rien ?

Essayons maintenant de réfuter les opinions et les hypothèses favorites des matérialistes, en invoquant contre eux l'autorité des savants et des spécialistes les plus compétents.

Une découverte de la science que les matérialistes trouvent très favorable à leur système, c'est ce qu'on appelle l'*équivalence* ou la *transmutation des forces*. D'après eux, les savants d'autrefois étaient comme atteints de *fluidomanie ;* ils ne voyaient partout que des fluides : fluide magnétique, fluide électrique, fluide lumineux, fluide calorifique. Les savants d'aujourd'hui ont réduit tout cela à la force et au mouvement. La science d'autrefois avait au moins le mérite de chercher des agents réels ou positifs, tandis que la force et le mouvement des matérialistes ne sont que des abstractions avec lesquelles on ne peut rendre compte de rien.

Les forces physiques, sans l'intelligence, n'expliquent ni l'agrégation ni la cohésion des molécules, ni les configurations diverses des corps, ni, à plus forte raison, les formes régulières et géométriques de la cristallisation.

Les forces centripète et centrifuge produisent dans le monde des mouvements si bien combinés et si puissants qu'ils étonnaient le génie de Newton et de Laplace. Celui-ci était si frappé des lois qui gouvernent les corps célestes qu'il ne crut pas nécessaire de recourir à ce qu'il appelait si légèrement l'*hypothèse d'un Dieu*, laissant entendre malgré lui qu'une cause intelligente brillait avec assez d'éclat dans ses savantes formules. Celui-là voyait un plan et un dessein dans le seul mouvement des astres d'Occident en Orient. D'après lui, de la matière et du mouvement ne naîtrait qu'un chaos éternel. Pour les matérialistes, au contraire, la beauté de l'univers, l'harmonie des soleils et des planètes, l'ordre des saisons, la succession des jours et des nuits, etc., ne sont que les effets d'un mécanisme aveugle.

Les forces chimiques, sans une intelligence directrice, ne peuvent pas non plus rendre compte des phénomènes qu'elles produisent. Ces admirables *combinaisons*, qui absorbaient le génie d'un Lavoisier, ne seraient-elles que des mélanges fortuits ? Pourquoi ces affinités et ces répulsions, ces sympathies et ces antipathies des éléments les uns pour les autres ? Pourquoi n'y a-t-il, dans les minéraux, qu'un acide et une base; dans les végétaux, que du carbone, de l'oxygène et de l'hydrogène; dans les animaux, que du carbone, de l'oxygène, de l'hydrogène et de l'azote ? Enfin, pourquoi ces éléments se combinent-ils dans des proportions qui sont partout et toujours les mêmes ? Ne faut-il voir en tout cela que les effets d'une force aveugle, ou des mouvements sans règle, sans mesure et sans but ?

Les matérialistes répondent que l'ordre dans la nature résulte des *lois*, qui sont inhérentes à la matière; alors, nous leur demandons ce qu'ils entendent par ce mot. S'ils définissent les *lois* l'ordre constant et régulier des faits, leur proposition : « La matière est gouvernée par des lois », revient à celle-ci : « L'ordre constant et régulier des faits ». S'ils définissent la *loi* « l'ordre d'agir ou de ne point agir », nous leur demanderons quel est celui qui a donné cet ordre, et qui, de plus, le fait exécuter ? Et ils seront condamnés par leurs principes mêmes à garder le silence. Ils raisonnent donc sur les *lois* de la même manière que sur la force et le mouvement : ils admettent des *lois* sans législateur, comme des forces sans substance, et des mouvements sans moteur; les *lois* ne sont donc pour eux, comme la *force* et le *mouvement*, que de simples abstractions.

Après les forces physico-chimiques, les forces vitales et les forces psychiques ou animiques. Mais, d'abord, y a-t-il réellement des forces vitales et des forces psychiques? Là-dessus, les matérialistes parlent, comme les Normands, dit-on, parlent de leurs pommes : « Il y en a et il n'y en a pas. »

La question, toutefois, leur a paru tant soit peu embarrassante.

En effet, transformer les forces physico-chimiques en force vitale, c'est-à-dire le mouvement fatal en mouvement spontané, l'insensibilité en excitabilité, les formes géométriques et régulières de la matière brute en cette multitude infinie de formes variées, mais persistantes, que prennent les différentes espèces végétales et animales; en moins de mots, transformer l'être inorganique en être organisé, cela paraît d'abord si difficile et enfin tellement impossible, que le docteur Büchner a cru nécessaire de recourir à une hypothèse qui détruit en partie le système matérialiste : l'hypothèse de germes vivants existant de toute éternité et qui se développent lorsqu'ils rencontrent un milieu convenable et des circonstances favorables.

Mais ce n'est là qu'un oubli momentané des principes. L'assertion générale des matérialistes subsiste, que la vie est le produit des forces physico-chimiques et le simple résultat de l'organisation. Pour prouver cette proposition gratuite, ils ont recours à deux hypothèses : celle de la génération spontanée ou *hétérogénie* et celle de la transmutation des espèces ou *transformisme*. Ces deux hypothèses ont cela de particulier que non seulement elles ne reposent sur aucun fait légitimement constaté, mais qu'elles sont contredites par tous les faits scientifiquement vérifiés.

Reproduction bisexuelle, reproduction unisexuelle ou *par-*

thénogénèse, *gemmiparité* ou reproduction par bourgeons, *finiparité* ou reproduction par bouture, enfin *hétérogénie* : telle est la gradation par laquelle Lamark descend à la génération spontanée qui, d'après les matérialistes, est le premier mode de la manifestation de la vie sur le globe terrestre. Pour donner à cette doctrine une base scientifique, on a tout tenté ; mais, partout et toujours, l'expérience, sagement consultée, a démenti les faits allégués et les a remplacés par des faits contraires. L'*Essai* de Spallanzani sur les *animalcules* infusoires, ainsi que les *Observations sur le système de la génération* de *Needham* et de *Buffon*, les curieuses expériences de Charles Bonnet sur les pucerons, celles de Trembley sur les hydres d'eau douce, ainsi que celles de plusieurs autres naturalistes sur les polypes d'eau salée, les découvertes de Van Beneden sur les *entoyoaires* ou vers intestinaux, enfin les savants travaux d'Ehrenberg sur les infusoires, les ingénieuses expériences de M. Pasteur sur les animalcules qui flottent dans l'air, tout prouve que, dans le monde microscopique, toutes les espèces végétales et animales sont organisées et se reproduisent par des œufs et par le concours des sexes, de sorte que la *génération spontanée* est aujourd'hui considérée par tous les savants comme une hypothèse que rien ne confirme.

De nos jours, les matérialistes avaient fondé grand espoir sur une importante découverte de M. Berthelot : la reproduction artificielle des substances organiques par la synthèse chimique ; mais le savant chimiste a lui-même reconnu la différence qui existe entre les substances organiques et les substances organisées.

D'un autre côté, Claude Bernard avait montré que la vie s'empare de certains éléments matériels et des forces physico-chimiques pour les faire servir à ses fins dans l'organisme végétal et animal, mais qu'elle n'a aucun empire sur d'autres éléments, tels que l'arsenic, la baryte et d'autres substances brutes. Il y a donc des substances réfractaires à la vie et d'autres qui lui sont favorables.

De là à l'hypothèse des *cellules vivantes* de Buffon, il n'y a peut-être qu'un pas.

En définitive, ces cellules vivantes de notre grand naturaliste, ainsi que les *monades* de Leibnitz et les *germes préexistants* de Charles Bonnet, sont les seules hypothèses qu'on puisse se permettre ici, car elles ne choquent ni l'expérience ni la raison. Dans la réalité, la vie est une forme antérieure et supérieure à l'organisation. « L'idée de la fonction, dit Bardach (1), crée son organe pour se réaliser », ou plutôt, comme l'idée n'est rien par elle-même, disons que l'intelligence, l'esprit ou l'âme crée en même temps l'organe et la fonction; nous serons alors avec Lavater, qui s'exprime ainsi : « L'âme se crée un corps à son image et à sa ressemblance. » Pure hypothèse ! dira-t-on. Soit! Elle est du moins rendue vraisemblable par un fait trop peu remarqué : c'est que la figure humaine est en général laide, c'est-à-dire s'éloigne plus ou moins de l'idéal qui lui convient, tandis que la figure de l'animal est presque toujours belle, c'est-à-dire conforme au type qui caractérise l'espèce. La cause de cette différence entre l'animal et l'homme, c'est que celui-ci, abusant de sa liberté, dégrade et enlaidit son âme, tandis que celui-là, asservi à la nature, reste toujours ce qu'il est et ce qu'il doit être. Que cette observation soit frivole ou sérieuse, peu importe. Toujours est-il que la vie est non un résultat, mais un principe; non un effet, mais une cause. De plus, comme la vie n'est rien par elle-même qu'un mode ou une manière d'être, il faudra mettre quelque chose sous ce mode ou cette manière d'être, à savoir une substance vivante, une *monère*, une *amibe*, une *monade* ou une âme, comme on voudra. On ne peut donc pas

(1) *Traité de Physiologie*, t. IV, p. 149-147.

dire qu'il y ait *génération spontanée*, puisqu'il est probable qu'il n'y a pas même génération.

Quant à la *transformation des espèces,* nous n'avons ici que très peu de chose à en dire. On comprend les disputes théologiques : elles ne sont, en général, que la lutte entre deux idées presque toujours également fausses ; mais on ne comprend pas les querelles sur la fixité et la mutabilité des espèces, qui sont deux faits vrais, et que l'on n'opposerait peut-être pas l'un à l'autre, si on les considérait comme successifs, non comme simultanés. Il y a longtemps déjà que le sage Geoffroy Saint-Hilaire a démontré que l'on peut concilier les doctrines de Lamark et de Darwin avec celles de Cuvier et de Flourens : « Les caractères des êtres organisés, dit-il, ne sont fixes qu'autant que les circonstances restent les mêmes ; si elles changent, et selon le sens et le degré des changements qu'elles subissent, l'organisation se modifie, et il se produit de nouveaux caractères dont la valeur peut être spécifique et plus que spécifique. » La mutabilité et la fixité des espèces sont deux faits qui sont loin d'être favorables au matérialisme, puisque l'un correspond à l'idée d'ordre, l'autre à l'idée de progrès et de perfectibilité.

D'après les matérialistes, il en est des forces psychiques comme des forces vitales : « elles n'existent pas. La pensée est un mouvement de la matière », surtout du phosphore, ajoute Moleschott, auquel on doit cette formule : « Point de phosphore, point de pensée. » Feuerbach fut très content de cette découverte et chercha même à l'utiliser : témoin réel ou imaginaire d'une sorte de dégénérescence cérébrale en Europe, il l'attribuait à l'usage de la pomme de terre, aliment peu phosphoré, et il conseillait de remplacer ce tubercule par la purée de pois, qui contient beaucoup de phosphore. Feuerbach et Moleschott s'accordent également à dire que la pensée est « le produit de l'organisation, une fonction du cerveau ». C'était aussi, avant eux, l'opinion de Lucrèce et de ses disciples. Voltaire fait remarquer à ces derniers qu'ils mettent la cause après l'effet, parce que l'organisation elle-même suppose déjà l'intelligence.

Voici ce qu'il fait dire, dans un dialogue, à Lucrèce et à Possidonius : « Sans doute, dit le premier, une pierre, un tas de boue ne pense pas actuellement et ne produira jamais une *Iliade;* mais la matière plus finement organisée formera le cerveau d'Homère, et ce cerveau produira l'*Iliade.* » — « Votre erreur, lui répond le second, vient de ce que vous supposez toujours ce qui est en question. Vous ne voyez pas que, pour organiser un corps, le faire homme, le rendre pensant, il faut déjà de la pensée, il faut un dessein arrêté ; or, vous ne pouvez admettre des desseins avant que les seuls êtres qui ont ici-bas des desseins soient formés ; vous ne pouvez admettre des pensées avant que les êtres qui ont des pensées existent. »

Ainsi, les matérialistes ont raisonné contrairement à l'axiome *causa prior est affectus* (la cause est antérieure à l'effet), axiome qui s'imposerait toujours à la raison, quand bien même, dans un phénomène de transformation ou de causalité, on ne verrait qu'un simple *conséquent* succédant toujours à un *antécédent.*

Les matérialistes, comme quelques autres, se sont donc posé la question : « Est-ce l'organe qui crée la fonction, ou la fonction qui crée l'organe ? » question peu philosophique et même assez naïve, puisque la cause inconnue de l'organisation ne peut avoir créé qu'en même temps les organes et les fonctions ; mais les matérialistes se sont prononcés pour cette réponse : « C'est l'organe qui crée la fonction », parce qu'ils en avaient besoin pour faire accepter la négation des *causes finales* et pour établir leur *épigenèse* aveugle et fataliste.

En ce qui concerne les *causes finales,* nous opposons à nos adversaires une autorité qui doit être particulièrement respectable pour eux, l'autorité de l'illustre Cabanis.

L'auteur des *Rapports du physique et du moral*, qui avait été pendant longtemps le coryphée du matérialisme, se rallia, sur la fin de sa vie, aux doctrines du théisme : « Lorsque le savant, dit-il, est parvenu à ne plus voir dans toutes les opérations de la nature que le produit nécessaire des propriétés inhérentes aux différents corps, ce qui est le dernier terme auquel puisse le conduire le bon emploi de sa raison, il peut et doit se demander encore quelle puissance a imprimé ces propriétés aux corps, et surtout en a combiné l'action réciproque de manière à leur faire produire ces résultats si savants et si bien coordonnés entre eux. Ainsi, l'idée d'un système purement mécanique de l'univers ne peut entrer que dans peu de têtes. L'homme ne peut même jamais acquérir assez de connaissances pour qu'un tel système soit, je ne dis pas complet, mais suffisamment lié dans quelques-unes de ses parties les plus importantes; et, d'après sa manière de sentir et de juger, qui tient essentiellement à celle dont il a été organisé par sa nature, il supposera toujours de l'intelligence et de la volonté dans la cause dont les effets présentent des signes si frappants de coordination, et qui marche toujours vers un but précis, avec tant de justesse et de sûreté (1).

Pour ce qui concerne l'*épigenèse*, qui consiste dans la formation et dans la juxtaposition des organes, les uns après les autres, selon que le besoin s'en fait sentir, nous livrerons les matérialistes à deux adversaires redoutables, l'un par sa haute raison, l'autre par sa compétence en physiologie, Buffon et Charles Bonnet.

« Si les ouvrages de la nature sont si parfaits, dit Buffon,

(1) Cabanis, *Œuvres complètes*, t. V, p. 19.

c'est que chaque ouvrage est un tout et qu'elle travaille sur un plan éternel dont elle ne s'écarte jamais ; elle prépare en silence les germes de ses productions ; elle ébauche, par un acte unique, la forme primitive de tout être vivant : elle la développe, elle la perfectionne par un mouvement continu et dans un temps prescrit. L'ouvrage étonne, mais c'est l'empreinte divine, dont il porte les traits, qui doit nous frapper. » (Discours de réception à l'Académie.)

Voici ce que dit M. Ch. Bonnet :

« Si les corps organisés ne sont pas *préformés,* il faut qu'ils se forment journellement, en vertu des lois d'une méchanique particulière. Or, je prie qu'on me dise quelle *méchanique* présidera à la formation d'un *cerveau*, d'un *cœur*, d'un *poumon* et de tant d'autres organes.

» Je ne rends pas encore la difficulté assez saillante ; elle ne consiste pas seulement à faire former *méchaniquement* tel ou tel organe, composé lui-même de tant de pièces différentes : elle consiste principalement à rendre raison, par les seules lois de la *méchanique,* de cette foule de *rapports* variés, qui lient si étroitement toutes les parties et en vertu desquelles elles conspirent toutes à un même but général ; je veux dire à former cette *unité* qu'on nomme un *animal*, ce tout organisé qui vit, croît, sent, se meurt, se conserve, se reproduit.

» Prenez garde que le *cerveau* ne suppose le *cœur*, et que le cœur ne suppose à son tour le cerveau ! Le cerveau et le cœur supposent les *nerfs*, les *artères* et les *veines*. Mais l'animal se nourrit : les organes de la *circulation* supposent encore ceux de la *nutrition*. Mais l'animal se meurt : les organes du *mouvement* supposent encore ceux du *sentiment*. Mais l'animal se propage : les organes de la *génération* supposent encore ceux de la *nutrition*, de la *circulation*, du *sentiment*, du mouvement. Il faut éviter ici de s'en tenir à des généralités ; il faut entrer dans le détail, et dans le plus grand détail.

Quand on ne considère l'*animal* que d'une vue générale, on n'est point assez frappé de la difficulté, je devrais plutôt dire de l'impossibilité de toutes les solutions *méchaniques*. (*Palingénésie*, t. I, p. 96.)

En résumé, le *matérialisme scientifique* renferme deux parties : l'une métaphysique, l'autre physique.

La partie métaphysique consiste en certains principes dont la valeur est fort contestable.

Le principe : « e nihilo nihil » est vrai absolument; mais les matérialistes s'en servent comme s'il signifiait : « derrière vient quelque chose ».

Les deux propositions : « la matière est éternelle, ou existe par elle-même », « il n'y a pas de Dieu », sont purement gratuites.

« Le monde est gouverné par les lois universelles » : proposition vraie en soi; mais, pour les matérialistes, les lois ne peuvent être que des abstractions, puisqu'ils n'admettent pas de législateur.

« Le monde est infini en grandeur et en petitesse » : deux propositions absolument fausses, puisqu'elles sont contraires à la nature des choses.

Les faits allégués par les matérialistes en faveur de leur système sont les suivants : les générations spontanées, l'évolution ou plutôt la variabilité des espèces, la transformation des forces, la création de la fonction par l'organe.

Les générations spontanées n'ont pas encore été démontrées. D'ailleurs, la génération ne peut pas être spontanée, et cela pour une raison bien simple, c'est qu'il n'y a pas de génération : il n'y a que des développements; les germes de toutes choses sont des germes préexistants.

L'évolution et la transformation des espèces, comprise comme elle l'est par les matérialistes, n'est pas non plus démontrée ; comprise comme elle doit l'être, elle est la conséquence du théisme, et ne peut être invoqué par le matérialisme, qui n'admet pas le progrès.

Croire que la force se transforme et devient successivement motrice, physique, chimique, biologique et intellectuelle, c'est croire que le moins engendre le plus; c'est renverser l'axiome : « e nihilo nihil ».

Enfin, croire que l'organe crée les fonctions, c'est croire que la cause peut exister sans l'effet ou l'effet sans la cause. L'organe et la fonction sont inséparables de leur nature.

Le matérialisme, considéré dans ses conséquences, contredit également les faits et répugne à la raison.

Le corps n'étant qu'une des formes accidentelles de la matière et l'intelligence n'étant que la résultante des fonctions cérébrales, l'homme se trouve nécessairement dépouillé sinon de sa volonté, du moins de la liberté. Or, la liberté étant détruite, la moralité l'est également, ainsi que la responsabilité. Dès lors, le vice et la vertu ne sont plus que de vains mots : c'est le fait du progrès et de cette grande loi de solidarité qui relie les contemporains entre eux, et les générations les unes aux autres. C'en est fait de toute aspiration pure, élevée et généreuse ; c'est le triomphe de l'individualisme aveugle et brutal. Qu'on ne vienne plus nous parler d'idéal et de fin ultérieure et dernière : il n'en est plus pour nous ; l'homme meurt tout entier; ses restes se dissipent, ou, s'ils reparaissent quelque part, c'est sous une forme quelconque, sous celle d'un mollusque, par exemple, ou celle d'un champignon.

Les chefs de l'école matérialiste sont des penseurs et des écrivains distingués, leurs disciples sont des hommes intelligents: nous n'espérons pas les convertir ; mais qu'ils nous permettent de leur dire qu'il est une chose à laquelle ils ne font pas assez attention, c'est que, parmi eux, il s'est glissé de faux frères qui jouent un double jeu, délégués précisément par leurs amis intimes, les cléricaux. Ceux-ci savent très bien que l'idée de Dieu est une puissance ; ils sont contents de voir qu'on leur laisse le monopole de la religion ; et, s'ils n'étaient pas si habiles et si prudents, ils diraient hautement : « Si le matérialisme et l'athéisme n'existaient pas, il faudrait les inventer. »

CHAPITRE VII

L'ATHÉISME VULGAIRE.

Il est une espèce d'athéisme qui ne se réclame ni de la science ni de la métaphysique ; provoqué par les conceptions absurdes des théologies *orthodoxes*, il repose sur des intuitions superficielles plutôt que sur des principes philosophiques ; c'est l'athéisme vulgaire. Ceux qui le professent sont les *esprits forts*, les penseurs fins et délicats, philosophes de l'école littéraire, tous ceux qui composent ce *petit diocèse* dont parle Sainte-Beuve dans une de ses *Causeries du lundi*. Ils prennent, en général, le nom de *libres-penseurs*, et par là ils se mettent au-dessus de toute réfutation, car on ne discute pas avec des gens qui ne croient pas au déterminisme logique, c'est-à-dire qui s'imaginent qu'on est libre de penser comme on veut. A quelques-uns d'entre eux cependant on pourrait dire : « Est-il bien sûr que vous soyez réellement ce que vous prétendez être ? Parce que vous avez rejeté le dieu des Juifs et le dieu des chrétiens, vous vous croyez athées ! Peut-être n'avez-vous pas assez réfléchi pour comprendre que n'est pas athée qui veut. Nier Dieu, c'est l'affirmer ; car ne pas croire à une chose, c'est presque toujours croire à son contraire. Les blasphèmes et les jurons d'un payen ou d'un mécréant sont des preuves de l'existence de Dieu. »

Au-dessous des athées par ostentation ou des dilettanti de l'irréligion, se placent les athées par dépit ou par esprit de parti. Foule très mêlée : demi-savants, ignorants ingénieux, érudits de profession, bourgeois malins, moines évadés, francs-maçons, commis voyageurs, universitaires émancipés, professeurs libérés, séminaristes défroqués, prêtres interdits, cochers de fiacre, démocrates farouches, anarchistes... Tels sont les athées de la seconde catégorie. En général, ils mêlent la politique avec la religion. C'est pitié de les entendre traiter leurs adversaires de *cléricaux*, de *papimones*, de *bondieusards*, *bondieusant* de *bondieuserie*; c'est pitié aussi d'entendre leurs adversaires répondre sur le même ton. Le philosophe assiste à la lutte et plaint les combattants. Il ne peut s'agir ici d'une réfutation en règle : on se moquerait d'ailleurs de nos arguments. La question étant pour eux plutôt politique que religieuse, ils nous permettront peut-être de leur dire : « Vous voulez fonder un gouvernement de votre choix, et vous vous proclamez athées ! Ne craignez-vous pas de jouer le jeu de vos adversaires ? Ne savez-vous pas combien les athées leur sont chers ? A Rome, on donnerait tout l'argent du denier de Saint Pierre à qui prouverait seulement que Voltaire ne croyait pas en Dieu. Si vous tenez à ne pas faire plaisir à vos ennemis, dites que vous êtes juifs, luthériens ou calvinistes, mahométans même ; mais ne dites pas que vous êtes athées. » Un grand personnage recommandait à Louis XIV un jeune gentilhomme pour un poste élevé dans l'armée, dans la marine ou dans la magistrature, car il était propre à tout, n'étant propre à rien. « Mais, lui dit le roi, votre protégé est protestant ! — Lui, protestant, sire ! Il ne croit même pas en Dieu ! » Le lendemain, on signait la nomination du jeune gentilhomme. L'idée de Dieu est une puissance ; sans elle, on ne peut rien fonder de grand et de durable.

C'est ce que pensait Voltaire lorsqu'il écrivait le vers fameux :

Si Dieu n'existait pas il faudrait l'inventer (1).

C'est ce qu'il pensait encore vers la fin de sa vie. Il avait quitté Ferney pour revenir à Paris mourir au milieu des siens ; la foule l'enveloppait et l'accablait des marques de son amour et de son respect : « Mes enfants, leur disait-il, vous voulez donc me faire mourir de joie ! » Mais aussitôt, oubliant son âge et sa faiblesse pour ne penser qu'à leur avenir et à leurs espérances, il leur parlait de Dieu, et, se proposant lui-même pour modèle, il répétait le vers du vieux Lusignan, ainsi modifié :

Mon Dieu, j'ai travaillé soixante ans pour ta gloire.

Et, pour bénir le petit-fils de Franklin, il ne trouvait que ces deux mots : *God and Liberty*, Dieu et la liberté !

La pensée de l'auguste vieillard n'a pas même été comprise.

Les uns ont pris le titre d'athées, ne s'apercevant pas que l'athéisme est le produit naturel des dogmes insensés des religions *révélées* ; les autres ont pris le titre de *révolutionnaires*, bien qu'il ne puisse y avoir que des *évolutionnaires* ; ils n'ont pas vu que la *révolution* (si révolution il y a) n'est pas l'œuvre des hommes de 89, mais, comme Mirabeau l'a dit cent fois (2), l'œuvre de ceux qui s'étaient chargés, depuis des siècles, du gouvernement et de l'éducation des peuples. Athées et révolutionnaires ont poussé la naïveté au delà de ses limites ; à la grande satisfaction de leurs ennemis, ils ont pris sur eux-mêmes une responsabilité qui doit peser sur d'autres.

Il existe, à ce qu'on dit, une dernière catégorie d'athées, que l'on pourrait appeler la catégorie des athées sans le sa-

(1) C'est la seule signification de ce vers, en général si mal interprété par la sottise et par la mauvaise foi.

(2) Voir surtout le Discours sur la banqueroute.

voir ou malgré eux, car ils ne sont pas toujours ce qu'on voudrait qu'ils fussent : je veux parler de ceux que l'on désigne sans les nommer, lorsque, dans un certain parti, on parle d'*éducation sans Dieu*, d'*écoles sans Dieu*, de *gouvernement sans Dieu*. Ceux que l'on vise ainsi sont-ils réellement des athées ? Les bonnes âmes disent oui. Quant à nous, nous n'en croyons rien : d'abord ils ne nient ni la Divinité ni la Providence, car ils n'y pensent presque jamais. La plupart savent avec qui compter : pères de famille, ils font baptiser leurs enfants, ils envoient leurs femmes et leurs filles à la messe et à confesse, et eux-mêmes consentiraient à prendre part au culte public si l'on parvenait à laïciser l'Eglise, comme on est parvenu à laïciser les écoles et les hôpitaux. Administrateurs ou conseillers municipaux, ils votent des fonds pour la célébration des fêtes religieuses ou semi-religieuses. Députés, sénateurs ou ministres, s'ils ont à répondre à plusieurs solliciteurs, ils ne donneront jamais la préférence à un *voltairien*. Que voudrait de plus le clergé ? Il faut avouer cependant que quelques-uns d'entre eux, s'ils étaient mis en demeure de répondre à leurs accusateurs, leur feraient la réponse que fit Diogène ou Théodore à ceux qui les accusaient d'athéisme : « Comment nierions-nous l'existence de Dieu, nous qui vous considérons comme ses ennemis ? »

Enfin à l'athéisme vulgaire se rattachent ceux qui se disent à eux-mêmes : « La religion n'a rien à voir avec les hommes supérieurs, avec les honnêtes gens comme nous ; mais elle est bonne pour le peuple, auquel il faut un frein. » Ce n'était pas l'opinion de Voltaire, qui regardait la croyance en Dieu comme nécessaire à tout le monde, surtout aux classes dirigeantes : « Otez, dit-il, ôtez aux hommes l'opinion d'un Dieu rémunérateur et vengeur : Sylla et Marius se baignent alors avec délices dans le sang de leurs concitoyens ; Auguste, Antoine et Lépide surpassent les fureurs de Sylla ; Néron ordonne de sang-froid le meurtre de sa mère. Il est certain que la doctrine d'un Dieu vengeur était alors éteinte chez les Romains. L'athée, fourbe, ingrat, calomniateur, brigand, sanguinaire, raisonne et agit conséquemment s'il est sûr de l'impunité de la part des hommes ; car, s'il n'y a pas de Dieu, ce monstre est son dieu à lui-même : il s'immole tout ce qu'il désire, ou tout ce qui lui fait obstacle ; les prières les plus tendres, les meilleurs raisonnements ne peuvent pas plus sur lui que sur un loup affamé.

» Une société particulière d'athées qui ne se disputent rien et qui perdent doucement leurs jours dans les amusements de la volupté peut durer quelque temps sans trouble ; mais, si le monde était gouverné par des athées, il vaudrait autant être sous le joug immédiat de ces êtres informes qu'on nous peint acharnés contre leurs victimes. »

CHAPITRE VIII

DES ATTRIBUTS DE DIEU ET DE LA PROVIDENCE

La nature de Dieu est incompréhensible pour nous, car le fini ne peut comprendre l'infini.

D'ailleurs, nous ne comprenons pas, non plus, la nature de l'esprit et de la matière ; mais, si leur essence première nous échappe, leur essence seconde se révèle à nous par leurs propriétés et leurs opérations. Il en est de même de Dieu : nous n'avons pas de lui une idée adéquate sans doute, mais l'idée que nous avons de son existence et de ses attributs est aussi claire que celle que nous avons de l'existence de notre âme et de celle des corps, des qualités de ceux-ci et des facultés de celle-là.

Voici un passage de Condillac où il montre à son jeune élève comment nous nous élevons à la connaissance de Dieu :

« Nous ne pouvons pas nous dissimuler combien nous sommes faibles. A chaque instant, nous sentons l'impuissance où nous sommes d'avoir ou de faire ce que nous désirons, et notre bonheur, comme notre vie, est au pouvoir de tout ce qui nous environne. Mais les corps dans la dépendance desquels nous sommes ont-ils dessein d'agir sur nous ? Non sans doute : ils dépendent eux-mêmes, et ils obéissent au mouvement qui leur est donné.

» L'aiguille de votre montre marque les heures. Elle n'a pas la volonté de les marquer ; elle obéit au ressort qui est dans votre montre. L'horloger a fait l'aiguille et le ressort : il est la cause, et la montre est l'effet.

» Vous voyez, dans une montre, une subordination d'effets et de causes. L'aiguille est mue : voilà un effet ; le mouvement lui est donné par une roue qui agit sur elle immédiatement, et cette roue est la cause du mouvement de l'aiguille. Le mouvement de cette roue est un effet par rapport à une autre roue qui la fait mouvoir, et ainsi successivement.

» Par là, depuis le mouvement du premier ressort jusqu'à celui de l'aiguille, il y a une suite de mouvements, qui sont, tout à la fois, effets et causes, sous différents rapports.

» Un exemple plus familier vous rendra la chose encore plus sensible. Lorsque vous faites une procession avec des cartes, vous voyez qu'en faisant tomber la première, toutes les autres tombent, et vous remarquez que la chute de la seconde est l'effet de la chute de la première, et en même temps la cause de la chute de la troisième. C'est là ce que j'appelle une suite de causes et d'effets subordonnés. Or, il est évident que, dans une suite de causes et d'effets, il faut nécessairement qu'il y ait une première cause. S'il n'y avait point d'horloger, il n'y aurait point de montre. Réfléchissez sur vous-même, et vous serez convaincu qu'il y a en vous, comme dans une montre, une suite de causes et d'effets subordonnés. Réfléchissez sur l'univers : ce sera, à vos yeux, une grande montre où il y a encore une subordination de causes et d'effets.

» Nous venons de voir que, lorsqu'il y a une subordination de causes et d'effets, il y a nécessairement une première cause. Il y a donc une première cause qui a fait l'univers. Pour établir cette subordination entre les choses, il en faut connaître parfaitement tous les rapports; il faut avoir l'intelligence de toutes les parties. Un horloger ne sera pas capable de faire une montre s'il y a une seule partie dont il ne sache pas les proportions. L'horloger qui a fait l'univers a donc nécessairement de l'intelligence. Comme l'intelligence de l'horloger doit embrasser toutes les parties d'une montre, l'intelligence de la première cause doit embrasser tout l'univers. Si une seule partie échappait à sa connaissance, il ne lui serait pas possible de la mettre dans l'ordre où elle doit être, et cependant son ouvrage serait détruit si une seule était hors de sa place. Or, une intelligence qui embrasse tout est une intelligence infinie. L'intelligence de la première cause est donc infinie.

» Mais, pour faire une montre, il ne suffit pas d'en avoir l'intelligence, il faut encore en avoir l'adresse ou le pouvoir. La puissance de la première cause est donc aussi étendue que son intelligence : elle embrasse tout, elle est infinie.

» Puisque cette première cause embrasse tout, elle est partout; elle est donc immense. Dès que cette cause est première, elle est indépendante. Si elle dépendait, il y aurait une cause qui serait avant elle. Mais, puisqu'il faut nécessairement qu'il y ait une cause qui soit première, c'est une conséquence que cette même cause soit indépendante. Cette première cause étant indépendante, toute-puissante et souverainement intelligente, elle fait tout ce qu'elle veut : elle est donc libre.

Elle ne peut pas acquérir de nouvelles connaissances, car son intelligence serait bornée. Elle voit donc tout à la fois le passé, le présent et l'avenir. Elle ne peut pas non plus changer de résolution, car, si elle en changeait, elle n'aurait pas tout prévu : elle est donc immuable..... Une première cause tout intelligente, toute-puissante, indépendante, libre, immuable, éternelle... et dont la Providence embrasse tout, voilà l'idée que nous devons avoir de Dieu (1). »

Elle n'est donc pas vraie la maxime de M. H. Spencer : « Dieu est pour nous l'inconnaissable ! » D'abord, cette proposition est fausse en elle-même, car l'*inconnaissable* nous est au moins connu comme tel ; et ensuite elle est contredite par la raison et par l'expérience : par la raison, qui de l'idée de l'Etre nécessaire déduit ses attributs absolus ; par l'expérience, qui de l'idée de sa Providence déduit ses attributs moraux.

Nous connaissons Dieu aussi bien que nous-mêmes. Nous le connaissons surtout par les opérations de sa providence universelle.

L'action providentielle ne consiste pas seulement à conserver et à gouverner le monde ; elle nous apparaît comme une sorte de création continue et progressive.

On n'en finirait jamais s'il fallait chercher partout les causes finales. Rien que pour décrire un seul organe du corps, tel que celui de la vue ou de l'ouie, et pour y constater l'exacte adaptation des moyens aux fins, il faudrait des volumes.

Nous ne voulons qu'indiquer ici les points de vue auxquels

(1) Condillac, t. V, p. CXIV.

il faut se mettre pour s'assurer aussitôt que tout ce qui existe est, en même temps et tour à tour, cause et effet, moyen et fin.

C'est par ordre constant et régulier des faits, en un mot par des lois, que la Providence se révèle à nous. Les lois qui régissent le monde physique sont fatales ou nécessitantes ; celles qui régissent le monde moral peuvent être observées ou violées, parce qu'elles s'adressent à des agents libres ; mais les mesures ont été si sagement prises qu'en tout et partout elles sont observées et leur but est atteint.

Les lois physiques ou mécaniques sont les mêmes pour tous les corps, atomes ou globes. Les plus petits fragments de matière sont constitués comme l'univers qui les comprend tous, et, de plus, les molécules qui les composent se comportent entre elles comme les corps célestes se comportent entre eux : dans une molécule comme dans un soleil, deux mouvements, l'un de rotation sur place, l'autre de projection en ligne droite dans le principe, mais qui devient courbe dans l'action de la force centripète. Le mouvement excentrique était pour Newton une preuve de l'existence de Dieu, et Descartes, comme l'a dit Pascal, fut obligé de recourir à une *chiquenaude* pour expliquer l'impulsion qui a lancé les planètes sur la tangente de leurs orbites et qui les y maintient.

Dans les corps simples, le groupement des molécules révèle également un dessein ; chaque corps a sa forme cristalline propre : le sel cristallise en cube, l'alun en octaèdre, etc.

Dans les corps composés, les éléments se combinent toujours dans les mêmes proportions : l'eau se compose de deux parties d'hydrogène et d'une partie d'oxygène ; l'air, de deux parties d'oxygène et d'une partie d'azote. Nous demanderons aux matérialistes comment la matière aveugle et insubordonnée a pu se soumettre d'elle-même à des lois invariables et d'une si haute sagesse.

Si, des phénomènes mécaniques, physiques et chimiques,

nous passons aux phénomènes vitaux; si, avec le Dr Bouchut, nous étudions les attributs de la vie : l'*autocinésie* ou la faculté de se mouvoir spontanément, l'*impressibilité* ou la faculté de ressentir les impressions extérieures sans conscience de l'acte accompli et sans participation du système nerveux, la *promorphose* ou la faculté de créer ou de reproduire les mêmes formes spécifiques, partout nous verrons éclater un dessein préconçu et un plan toujours suivi.

L'instinct manifeste plus clairement encore les vues et les opérations de la Providence. Qui est-ce qui pousse et force le castor à construire sa cabane, l'araignée à filer sa toile et la chenille à tisser son cocon? Qui est-ce qui apprend au jeune oiseau à bâtir son nid? Qui est-ce qui le tient immobile sur des œufs, lui que le même arbre ne voit pas se poser deux fois sur la même branche? Qui est-ce qui a inspiré aux abeilles et aux fourmis leur surprenante industrie? La république de celles-ci et la monarchie de celles-là nous offrent des institutions et des formes de gouvernement que les plus profonds génies n'ont pas même soupçonnés dans leurs traités de politique.

En tout cela, ne voit-on pas l'œuvre de la Providence se chargeant de conduire elle-même les êtres entièrement dépourvus d'intelligence, ou qui n'en ont pas assez pour accomplir eux-mêmes leur destinée?

Les lois dont nous venons de parler peuvent se définir l'ordre constant et général des faits par lequel tout être tend fatalement à sa fin.

Les lois dont nous allons parler peuvent, au contraire, se définir : l'ordre d'agir conformément aux rapports nécessaires qui découlent de la nature des choses, ordre qui se révèle à la raison et qui s'impose à la volonté sans toutefois la contraindre. Ces lois ont été faites pour les êtres intelligents et libres, c'est-à-dire pour les hommes; elles président non seulement à la conservation de l'individu et de l'espèce, mais encore à la formation et au perfectionnement des différentes sociétés, qui sont celles de la famille, de la cité et de l'humanité tout entière.

Montesquieu, dans l'*Esprit des lois,* reconnait quatre lois de la nature : 1° la paix ; 2° la loi de conservation ; 3° le rapprochement des hommes ; 4° le désir de vivre en société. Cette classification prête à différentes objections qui ne nous permettent pas de l'admettre.

Les lois de la nature sont, d'après nous, les suivantes : 1° la loi de conservation et de perfectionnement ; 2° la loi de sociabilité et de bienfaisance ; 3° le sentiment religieux ; 4° le mobile rationnel ou l'intérêt bien entendu ; 5° et enfin le mobile ou l'instinct moral.

Telles sont les tendances par lesquelles la nature nous pousse à la fin qui nous a été assignée. Elles sont, dans le principe, les mobiles de notre activité spontanée. Longtemps elles nous dirigent à notre insu, et nous ne parvenons guère à les distinguer que lorsqu'elles se sont transformées d'abord en déterminations raisonnées et volontaires, ensuite en lois obligatoires ou morales. Sous ces deux formes, elles nous paraissent très réelles sans doute ; mais, comme elles se sont fait sentir à nous les unes après les autres et à des époques diverses, nous avons quelque peine à croire qu'elles aient toutes existé en germe au fond de notre être ; quelques-unes même nous semblent n'être qu'un produit de l'éducation et de l'habitude. C'est là un préjugé assez commun même chez certains philosophes ; mais une seule observation suffit pour la détruire. C'est un fait que ces tendances sont en nous maintenant ; on peut en conclure qu'elles y ont toujours été. En effet, puisqu'elles se sont fortifiées en nous par degrés, nous pouvons descendre du degré actuel au premier ; or, ce premier degré, nous le trouverons infiniment petit sans doute, mais néanmoins il ne sera point nul, car ce qui n'est rien n'est pas susceptible d'accroissement. Donc ces tendances sont inhérentes à la nature, et, si faibles qu'elles aient été dans le principe, elles n'en sont pas moins réelles.

Les cinq lois générales de la nature, énumérées plus haut, renferment chacune des tendances particulières qu'il faut indiquer ici en courant.

Les plus nombreuses se rapportent à la loi de conservation et de perfectionnement : ce sont les appétits, tels que la faim, la soif, le besoin alternatif du mouvement et du repos, qui servent au développement et à l'entretien du corps ; — l'instinct de curiosité et l'amour du vrai, qui servent à la culture de l'esprit et à la création des sciences ;— le sens esthétique ou l'amour du beau et du sublime, qui crée les arts tant phonétiques que plastiques ; — l'instinct de liberté, qui vise à l'indépendance (ou *self governement*) pour l'individu considéré isolément ou comme membre de la société civile et politique, etc.

Comme se rapportant à la loi de sociabilité et de bienfaisance, il faut citer celles qui créent la famille, la cité et la grande société humaine ; l'instinct, qui rapproche les sexes, les affections familiales (amour maternel, filial, etc.) ; la sympathie ou le besoin d'aimer et d'être aimé, le patriotisme et la philanthropie.

A l'instinct religieux se rattachent l'aspiration vers l'idéal et vers l'infini, le pressentiment et le désir de l'immortalité, etc.

A l'intuition rationnelle se rapportent l'amour de l'ordre, de l'égalité et de la justice, la recherche de l'utilité bien entendue, etc.

Nous n'avons rien à dire ici de l'instinct moral, car il sera l'objet du chapitre suivant.

Si l'on examine les lois de la nature en elles-mêmes, on

trouve dans chacune trois éléments essentiels : un mobile, une sanction et un but.

Le mobile est ce qui nous pousse à l'action. La sanction consiste dans les plaisirs et les peines qui sont attachés à l'observation ou à l'infraction de la loi. Le but est le résultat utile pour lequel la loi a été instituée. Ces trois éléments sont inséparables, car ils s'engendrent successivement. Les exemples suivants vont le prouver.

Je mange un fruit : la faim est mon mobile ; le plaisir, ma récompense ; la conservation de ma santé, mon but.

Je lis un livre : la curiosité est mon mobile; un plaisir intellectuel, ma récompense ; le perfectionnement de mon esprit, mon but.

Je vois un homme courir un danger, et je vole à son secours : mon mobile est la sympathie ou la bienveillance ; ma récompense, les joies du dévouement, et mon but, le salut de mon semblable.

Une remarque importante à faire ici, c'est que la sanction n'est au fond qu'un second mobile qui s'ajoute au premier ; le plaisir et la peine, qui forment la sanction, non seulement se confondent avec le mobile proprement dit, mais ils se changent souvent en leurs contraires : comme lorsque le mobile devient une répugnance et le plaisir une souffrance ; c'est ce qui arrive surtout dans les fonctions de nutrition et de reproduction. Transformer la sanction en but, serait la perversion de l'institution naturelle ; c'est cependant ce que fait ordinairement la passion : l'avare de Molière admire la maxime du sage : « Il faut manger pour vivre, et non pas vivre pour manger » ; mais cela ne l'empêche pas de considérer l'argent non comme un moyen, mais comme une fin.

La gourmandise et la luxure raisonnent comme l'avarice : le gourmand et le voluptueux se font de la sanction de la loi un but, et, par là, ils dénaturent la législation divine.

A la sagesse des lois de la nature s'ajoute un autre caractère : l'immutabilité. Un philosophe de l'antiquité se trouvait à bord d'un navire en compagnie d'un homme mal famé : une violente tempête s'étant élevée, celui-ci invoquait à haute voix les divinités de la mer. « Tais-toi, lui dit le philosophe, nous sommes perdus si les dieux s'aperçoivent que tu es ici. »

Ce philosophe se trompait : dans un naufrage, tous sont engloutis, les bons aussi bien que les méchants. Diogène raisonnait autrement. On lui montrait, dans une chapelle de Neptune ou d'Amphitrite, les ex-voto des personnes échappées aux dangers de la mer : « Je crois bien voir les gens qui ont été sauvés, dit-il, mais je ne vois pas ceux qui ont péri. »

Diogène avait raison. La Providence n'intervient pas directement dans les événements de la vie ; dans un orage, un tremblement de terre, une inondation, une épidémie, etc., les innocents ne sont pas plus épargnés que les coupables. La nature est impassible, inexorable. La foudre frappe avec la même indifférence la cabane du pauvre, les palais des rois et les temples des dieux.

Croire à l'intervention directe de Dieu dans les affaires humaines, c'est croire que ses lois sont, non générales, mais particulières ; que sa providence est, non continue, mais intermittente ; qu'il est, non immuable, mais capricieux et changeant, et qu'il trouble lui-même l'ordre qu'il a établi.

Enfin, c'est tomber dans l'erreur du pessimisme, qui accuse Dieu d'avoir manqué de puissance ou de bonté. Les objections des pessimistes se tirent du mal *métaphysique*, du mal *moral* et du mal physique. Elles ont pour principe la foi inconsciente aux miracles, et elles aboutissent à l'absurde.

Le mal métaphysique n'est rien autre chose que l'imperfection des choses, et, par conséquent, toute la question se réduit à savoir si Dieu pouvait créer des êtres parfaits, c'est-à-dire semblables à Dieu.

Le mal moral résulte de l'abus de la liberté ; Dieu ne pouvait donc le prévenir qu'en refusant à l'homme cette liberté, c'est-à-dire en ne le créant pas.

Quant au mal physique, il provient, en général, de ce que l'on a justement appelé la *concurrence* vitale (struggle for life). Or, l'antagonisme est le principe de la vie, le mobile de l'activité et la condition du progrès. C'est ce que prouve l'anecdote suivante. Un parent de Darwin possédait, dans le comté de Stradford, un domaine qui n'avait jamais été cultivé ; c'était une lande sablonneuse et stérile. D'une partie de ce terrain il fit un enclos qu'il planta de pins d'Ecosse. Au bout de vingt-cinq ans, douze espèces de plantes, sans compter les graminées et les carex, s'y étaient développées. De nombreux insectes s'y nourrissaient des racines, des fleurs et des graines des arbres et des herbes, et, de leur côté, six espèces d'oiseaux y vivaient aux dépens des insectes. L'enclos était donc devenu le théâtre du bruit, du mouvement et de la vie, tandis que l'autre partie de la lande, restée sans culture, continuait d'être le séjour du calme, de l'immobilité et de la mort.

Immutabilité, sagesse, unité de plan, économie et simplicité dans les moyens, richesse et variété dans les résultats, tout cela, dans la législation divine, frappe les regards des moins attentifs. Mais il est une chose qui ne s'est révélée qu'à la réflexion et à la science, c'est la loi de continuité, d'évolution et de transformation progressive. Cette grande loi paraît avoir été connue des brahmes et des pundits de l'Inde. Voici ce qu'on lit dans les *Lois de Manon :* « Chacun des éléments, à mesure qu'il se transforme, acquiert la qualité de celui qui le précède, de sorte que plus un élément est élevé dans la série, plus il a de qualités. » « L'homme passera successivement par les végétaux, les vers, les insectes, les poissons, les serpents, les tortues, les bestiaux et les animaux sauvages. » (Manon, liv. I et XII.)

Si cette doctrine indienne était vraie ; si la croyance de Buffon aux *cellules vivantes* ou aux *monères,* comme on les appelle aujourd'hui, si l'opinion de Charles Bonnet sur la *préexistence des germes* et sur le perfectionnement graduel de l'âme des bêtes, si la doctrine de Lamark et de Darwin (doctrine rendue d'ailleurs plausible par la supériorité de la flore et de la faune actuelles sur la flore et la faune antédiluviennes), si tout cela, dis-je, était vrai, ce serait la confirmation expérimentale du principe rationnel (1) qui nous force à croire que la Cause première, se proposant un but en toute chose, réserve à tout ce qui existe une fin ultérieure et dernière.

CHAPITRE IX

DE LA MORALE

Il faut développer et compléter, ici, ce que nous avons dit, dans le chapitre précédent, sur la législation divine ; il faut montrer ce que serait l'homme réduit à la loi naturelle, et ce qu'il peut devenir par la loi morale. L'histoire nous fournit ici des indications fort utiles, car, de tout temps, les philosophes et les moralistes ont essayé de nous tracer des règles de conduite. Leurs traités de morale ou d'éthique se rapportent à deux catégories de systèmes, connus généralement sous les noms de *systèmes non moraux* et *systèmes moraux proprement dits*, parce que les premiers ne sont pas sortis de la loi naturelle, tandis que les seconds se sont élevés jusqu'à la loi morale. Il importe de les faire connaître

(1) Le principe de finalité, auquel nous nous élevons par la contemplation des causes finales.

ici, du moins par leurs noms et par leurs caractères distinctifs.

Parlons d'abord des systèmes non moraux. L'analyse des éléments renfermés dans une loi nous les fera connaître presque tous.

L'homme, en obéissant à une loi naturelle, cède à l'instinct (fuite de la douleur ou du malaise ; besoins naturels), ou recherche les plaisirs attachés à l'observation de cette loi ; ou bien, enfin, on aspire au résultat utile pour lequel cette loi a été instituée. Par conséquent, nous aurons d'abord trois espèces de systèmes non moraux.

1° Si nous plaçons le mobile de notre activité dans l'impulsion naturelle et dans l'instinct, ou dans la fuite du malaise, nous aurons un premier système qu'on pourrait appeler *naturalisme.*

2° Si nous plaçons le mobile de notre activité dans la recherche du plaisir qui accompagne la satisfaction d'une tendance naturelle, nous aurons un second système que l'antiquité elle-même a flétri sous le nom d'*hédonisme* (ou amour de la volupté).

3° Enfin, si nous plaçons le mobile de notre activité dans le désir d'obtenir le résultat utile attaché à l'observation de toute loi naturelle, nous aurons le système de l'*intérêt bien entendu* soit privé, soit public.

Ces trois systèmes, qui ne s'élèvent pas jusqu'à la conception morale, sont repoussés par la religion naturelle.

Le *naturalisme* assimilerait l'homme à la brute, en le laissant sous l'empire de la nature.

L'*hédonisme*, connu sous différents noms de *cyrénaïsme, sensualisme* ou *matérialisme,* ne nous présente que des systèmes dégradants qui, rapportant tout au corps ou aux voluptés sensuelles, mettraient l'homme bien au-dessous de la bête.

L'*intérêt bien entendu* peut être quelquefois conforme à

la raison, mais il ne l'est jamais à la morale, dont il ne tient pas compte.

L'*intérêt privé*, sous les noms d'*épicuréisme* et de *salutisme*, rapporte tout au bonheur présent ou au bonheur à venir, et, par conséquent, il renferme l'âme dans un égoïsme étroit et naturellement odieux. L'*intérêt public* même ne peut servir de règle de conduite. La théorie qui voudrait l'ériger en loi paraît chercher son principe ailleurs que dans l'égoïsme, mais, au fond, elle ne repose que sur l'intérêt personnel. En effet, si l'utile est la seule chose qu'on doive rechercher, pourquoi sacrifierais-je mon intérêt à l'intérêt général? Ce serait pure folie de ma part ; car, l'intérêt général n'étant que la somme des intérêts particuliers, sitôt que mon bien à moi n'est plus compris dans le bien public, celui-ci cesse d'exister pour moi et n'est plus qu'un vain mot. Prenez la maxime célèbre : *Salus populi suprema lex esto*, vous n'y trouverez qu'une phrase pompeuse, inventée pour déguiser toutes les ambitions privées, pour légitimer les abus de la force et pour consacrer tous les crimes. Elle fut autrefois condamnée par tout un peuple, lorsque les Athéniens refusèrent de brûler la flotte des Lacédémoniens sur ces simples paroles d'Aristide : « Le projet de Thémistocle est utile, mais injuste », jugement ratifié par la conscience humaine.

Une doctrine bien supérieure aux systèmes dont nous venons de parler, c'est celle qui place le mobile et la règle de nos actions dans la sympathie et la bienveillance ; elle a un mérite incontestable : celui de reconnaître au moins l'une des plus nobles tendances de la nature humaine, la tendance qui nous porte à nous dévouer pour nos semblables ; mais elle ne s'élève pas jusqu'à la conception d'une loi obligatoire, universelle et immuable. Elle repose sur un principe naturellement variable, car la sympathie et la bienveillance ont leur source dans la sensibilité ; faculté qui non seulement n'est pas la même chez tous les hommes, mais qui, dans un même individu, change et varie d'un instant à l'autre. Le même reproche s'adresse à l'*altruisme* d'Aug. Comte et au *cosmopolitisme* des poètes humanitaires, doctrines qui sont peut-être fondées sur une maxime célèbre de Fénelon et de Montesquieu : « J'aime mieux l'humanité que ma patrie ; ma patrie mieux que ma famille ; ma famille mieux que moi-même. » Sentiment noble, maxime digne de ceux qui l'ont exprimée, mais qui ne peut servir de base à la morale. D'ailleurs, cette maxime nous paraît d'une application bien difficile : qu'on se dévoue pour sa famille et pour sa patrie, rien n'est plus naturel et même plus commun ; mais a-t-on souvent l'occasion d'accomplir le précepte : « Aime l'humanité mieux que les tiens ? » Nos devoirs envers nos semblables se mesurent sur les rapports qui nous lient avec eux. Ne changeons rien à l'ordre établi par l'Auteur des choses : la nature et la raison veulent que nous aimions d'abord ceux qui nous ont fait du bien et auxquels nous pouvons en faire. Ne remplaçons pas les devoirs praticables par des devoirs dont on ne peut s'acquitter qu'en imagination. Défiez-vous, a-t-on déjà dit aux philanthropes et aux cosmopolites, défiez-vous de ceux qui se piquent d'aimer les Tartares et les Chinois, comme pour se dispenser d'aimer leurs voisins.

Tels sont les systèmes non-moraux. Passons maintenant aux systèmes véritablement moraux, mais néanmoins incomplets. Ils sont au nombre de trois : le *mysticisme*, le *sentimentalisme* et le *rationalisme*. Le *mysticisme* est le système de ceux qui font reposer l'obligation morale sur la volonté divine. Il est très vrai, en ce sens que Dieu, étant l'auteur de la loi morale, veut naturellement qu'elle soit observée ; mais il serait très dangereux si l'on voulait en faire la règle unique de la conduite humaine, car, avant de savoir ce que Dieu veut, il faut que la conscience nous révèle ce qui est bien en soi. Une chose est moralement bonne, non parce que Dieu la *veut*; mais Dieu la veut parce qu'elle est moralement bonne. D'ailleurs, Dieu n'a pas plus créé les vérités morales que les vérités mathématiques. Avant qu'il y eût des cercles tracés, tous les rayons étaient égaux, dit Montesquieu; de même, en morale, avant qu'il y eût des hommes, il y avait des rapports de justice possibles et nécessaires.

Le *sentimentalisme* a été mis en vogue surtout par J.-J. Rousseau. Ce système fait tout reposer sur le sentiment, ou plutôt sur une faculté particulière appelée sens moral, faculté dont on ne peut nier l'existence en nous, mais dont il faut reconnaître l'insuffisance; car, si elle n'était éclairée et dirigée par la raison, elle s'égarerait certainement et nous ferait approuver des actions contraires à l'ordre ou à notre fin, en d'autres termes, contraires au bien.

Le *rationalisme* n'est guère qu'un système de vérités abstraites; il doit son origine à Kant. Ce système est tout à fait dans le vrai lorsqu'il fait dériver de la *raison* l'idée de *loi* en général, c'est-à-dire la conception des rapports nécessaires qui existent entre les choses. Mais il donne une idée très étroite et presque fausse de la souveraineté de la loi morale, qu'il réduit, sous le nom bizarre d'*impératif catégorique*, à une sorte de contrainte morale ou plutôt de nécessité logique — du moins il semble n'admettre qu'une sorte d'obligation rationnelle — obligation insuffisante pour nous pousser à l'action, car la raison ne devient un mobile qu'en s'alliant à la sensibilité. La raison n'est qu'une lumière, et ne nous révèle que le vrai. Pour que le vrai se transforme pour nous en un bien, il faut qu'il soit non seulement connu, mais encore aimé et voulu; or, c'est par la sensibilité et par la volonté que cette transformation peut s'opérer. Les rationalistes sont donc dans l'erreur lorsqu'ils ne voient dans l'obligation morale qu'un seul élément, une perception ou une conception de la *raison pure*. La vraie solution du problème moral consisterait, selon nous, à compléter, l'un par l'autre, le sentimentalisme et le rationalisme, c'est-à-dire à unir le sentiment au jugement, l'impulsion sensible à l'obligation rationnelle, union qui constituerait l'obligation morale proprement dite.

Mais il vaut mieux laisser de côté les systèmes des écoles pour s'en rapporter aux anciens, aux Grecs et aux Romains surtout, qui nous paraissent avoir compris la loi morale beaucoup mieux que les modernes, sans doute parce que leurs idées n'avaient pas été faussées par la théologie et la casuistique. « Il y a, dit Cicéron, une loi véritable, la droite raison, conforme à la nature, commune à tous les hommes, immuable et éternelle, qui commande l'honnêteté, qui défend l'injustice. Cette loi n'est pas de celle qu'il est permis d'enfreindre ou d'éluder, ou qui peuvent être changées entièrement. Ni le peuple, ni les magistrats n'ont le pouvoir de délier des obligations qu'elle impose. Elle n'est pas autre à Rome que dans Athènes, ni différente aujourd'hui de ce qu'elle sera demain ; universelle, inflexible, toujours la même, elle embrasse toutes les nations et tous les siècles. Par elle, Dieu enseigne et gouverne souverainement tous les hommes ; lui seul en est le père, l'arbitre et le vengeur. » Ces éloquentes paroles valent peut-être les abstractions des métaphysiciens, mais elles ne doivent pas nous faire mépriser les sévères analyses des psychologues qui ont essayé de faire de la morale une science *positive*, c'est-à-dire reposant sur des faits susceptibles d'être non seulement constatés, mais encore vérifiés.

Essayons de montrer d'abord comment la loi morale se révèle à notre intelligence et s'impose à notre volonté.

L'homme reste longtemps sous l'influence de la nature : pendant longtemps il est guidé, presque à son insu, par l'appétit, l'instinct de perfectibilité, de curiosité et de sympathie, par la tendance religieuse et la tendance morale elle-même.

Pendant presque toute son enfance, il cède instinctivement et aveuglément à ces différents mobiles. Mais il arrive un moment où son intelligence, plus développée, entrevoit dans cette impulsion toujours la même les intentions d'une puissance dont il dépend et qui le conduit comme par la main à sa destination. Il finit par voir le but même de son activité dans ce à quoi le poussent non seulement la souffrance et le plaisir, mais encore dans l'instinct de bienfaisance et dans l'instinct de religiosité, et enfin une tendance supérieure qu'on peut assimiler à un amour particulier : l'*amour moral*. Sitôt que, par un retour sur lui-même, il est parvenu à distinguer nettement ce dernier mobile, il se sent *obligé* de tendre à certaines fins, non seulement parce qu'elles sont conformes à la nature, à la raison, mais encore parce qu'elles lui sont recommandées par la voix de cette conscience qui parle à tous les êtres libres ; il comprend qu'il doit tendre à ces fins non seulement parce qu'elles peuvent être utiles à lui-même ou à ses semblables, mais encore parce qu'elles sont moralement bonnes. Enfin, sitôt qu'il a compris qu'il existe certaines choses qu'il doit faire, fussent-elles d'ailleurs sans utilité actuelle ou même en apparence contraires à ses intérêts, on peut dire que de la conception du mobile instinctif, intéressé ou désintéressé, sympathique ou rationnel, il s'est élevé à la conception du *mobile moral* ou de la loi obligatoire.

Au premier abord, on est tenté de croire que la loi morale n'est rien autre chose que la loi naturelle, reconnue et acceptée comme obligatoire ; cela est très vrai à un certain point de vue, mais ce n'est pas toute la vérité. La loi morale est une loi à part, distincte de toutes les autres lois naturelles, ayant son mobile à elle, sa sanction propre et son but particulier. Son mobile est l'amour du bien, aussi naturel et aussi réel en nous que l'amour du vrai, l'amour du beau et l'amour du divin. C'est par là qu'elle se distingue d'abord de la loi naturelle. Les mobiles qui poussent l'homme à l'action sont au nombre de quatre : le mobile *sensible*, le mobile *intéressé*, le mobile *désintéressé* et enfin le mobile *moral*. Nous les trouvons, unis ou séparés, dans un exercice quelconque de l'activité humaine.

Supposons un acte n'importe lequel, celui, par exemple, d'un homme qui se livre à l'étude, et nous aurons :

1° Le *mobile sensible*, si l'agent n'est poussé que par l'instinct de curiosité ou le désir de se délivrer de la peine d'ignorance ;

2° Le *mobile intéressé*, s'il est poussé par l'amour des plaisirs de l'étude ou de la curiosité satisfaite, ou par le désir de cultiver son esprit ;

3° Le *mobile désintéressé*, s'il ne veut acquérir de nouvelles connaissances que pour les communiquer à autrui ;

4° Enfin, le *mobile moral*, s'il ne travaille à développer son intelligence que parce que c'est un devoir pour lui de le faire.

Les trois premiers mobiles nous laissent sous l'empire de la nature ou nous placent tout au plus dans la conformité à l'ordre, ou, si l'on veut s'exprimer ainsi, dans la *légalité ;* mais aucun d'eux, pas même l'amour du prochain, ne peut nous élever jusqu'à la moralité.

Prouvons ces deux propositions par de nouveaux exemples.

Vous cédez à un appétit, à la faim, je suppose. Vous ne pouvez avoir que trois mobiles : vous mangez, ou pour vous délivrer d'un besoin qui vous fait souffrir, ou pour goûter le plaisir qui accompagne cette action, ou bien pour obtenir le résultat utile que s'est proposé la nature en vous donnant cet appétit, c'est-à-dire pour conserver votre santé.

Vous vous livrez à l'étude : ou vous cédez au besoin inné de connaître, ou vous recherchez les plaisirs de la curiosité satisfaite, ou enfin vous vous proposez la culture de votre esprit.

Vous volez au secours de quelqu'un qui se trouve dans la souffrance ou sur le point de périr : ce qu'il y a d'agréable dans la sympathie ou ce qu'il y a de douloureux dans la pitié vous pousse à l'action ; ou vous voulez jouir des plaisirs qui récompensent les actes désintéressés ; peut-être même espérez-vous une récompense soit dans cette vie, soit dans l'autre ; ou bien enfin, vous ne vous proposez que le soulagement ou le salut de votre semblable.

Vous cédez à l'instinct religieux : ou bien vous vous abandonnez à l'impulsion naturelle qui nous porte tous vers l'Auteur des choses, ou bien vous recherchez les ravissantes douceurs de l'émotion mystique, ou, enfin, vous vous élevez à Dieu, parce qu'il est conforme à la raison ou à l'ordre que la créature aime et adore son Créateur.

Quelle que soit la tendance que vous supposiez, vous ne pourrez jamais, abstraction faite de la loi morale, que céder à l'un ou à l'autre de ces trois mobiles : l'instinct ou l'impulsion naturelle, l'espérance de la sanction ou l'intérêt bien ou mal entendu, et l'instinct de sociabilité et de bienveillance.

Ce dernier mobile peut prendre des formes diverses, mais, malgré sa noblesse, il n'a par lui-même aucun caractère de moralité.

Je suppose que j'accorde un secours à un homme qui en a besoin. Si je ne cède qu'à la pitié, mon mobile est intéressé : je me débarrasse d'une émotion importune. Si je cherche à m'applaudir et à me complaire dans ma générosité, mon but est encore intéressé : je suis presque égoïste. Si, au contraire, j'agis uniquement pour être utile à mon semblable, mon action est désintéressée : ma conduite est conforme à la raison, à l'ordre, à la nature ; mon mobile est tout au plus rationnel. Mais, si je fais cette action non plus parce qu'elle peut être utile à moi ou à mon semblable, mais parce que ma conscience me l'*ordonne*, m'y *oblige*, j'accomplis mon *devoir* par *devoir;* mon mobile, d'instinctif ou de rationnel qu'il était, devient moral.

Si, par son mobile, la loi morale diffère des autres lois naturelles, elle en diffère aussi par sa sanction.

Les plaisirs et les peines qui suivent l'accomplissement ou la violation du devoir sont certainement différentes de toutes les autres émotions de l'âme.

Les compagnons de Léonidas vont mourir pour la Grèce : ils marchent, en chantant, vers les Thermopyles; les marins du vaisseau *le Vengeur*, avant de s'engloutir, saluent la France et poussent un cri de joie. D'où vient ce contentement intérieur, ce saint enthousiasme ? Il vient de l'Auteur même de la loi morale, car, autrement, l'homme serait de beaucoup supérieur à la nature.

Macbeth égorge le vieux Duncan pendant son sommeil : aussitôt il entend une voix qui lui crie : « Tu as tué le doux sommeil; tu ne dormiras plus ! » Cette voix n'était « ni le cri des grillons, ni le gémissement du hibou »; mais c'était le cri de la conscience ! Son exécrable épouse, qui l'a poussé au crime dans l'espoir d'être heureuse en devenant reine, partage immédiatement son délire : elle voit sur sa main une tache de sang, « cette petite tache damnée qu'elle veut faire disparaître, mais que toutes les eaux de l'Océan ne pourraient effacer ! » Est-ce le coupable qui produit en lui-même le remords, cette suprême douleur ?

Les tristesses et les joies de la conscience ne sont pas toutes la sanction. Il faut y ajouter les conséquences naturelles et nécessaires de nos actes, telles que l'habitude bonne ou mauvaise, le perfectionnement ou la dégradation. A ce second point de vue, elle se distingue particulièrement de la justice humaine par deux grands caractères : l'équité et la bienfaisance. Elle est équitable, parce que, rien ne pouvant être arbitraire dans l'œuvre de Dieu et chaque cause produisant son effet adéquat, la récompense et le châtiment sont toujours appropriés à la nature de l'action, bonne ou mauvaise, et nécessairement proportionnés au mérite et au démérite (1). Elle est bienfaisante, parce qu'elle a pour but d'affermir dans la vertu celui qui la pratique, et d'y ramener celui qui s'en est écarté. Il est donc démontré que la loi morale se distingue des autres lois de la nature par son but, par sa sanction et par son mobile.

Mais, de plus, elle s'en distingue par quatre autres grands caractères qui n'appartiennent qu'à elle seule : l'obligation, le désintéressement, l'universalité et la souveraineté.

Toutes nos actions libres, à moins qu'elles ne soient indifférentes, nous apparaissent comme conformes ou contraires à l'ordre, comme marquées du caractère du bien et du mal, du juste ou de l'injuste ; nous approuvons les unes, nous désapprouvons les autres. La conscience nous ordonne d'accomplir celles qu'elle a jugées bonnes et de nous abstenir de celles qu'elle juge mauvaises. Cet ordre ou ce commandement, c'est ce qu'on appelle l'obligation ou le devoir. Ce grand caractère n'appartient qu'à la loi morale ; les autres lois en sont dépourvues. En effet, elles ont toutes pour objet l'agréable ou l'utile. Or, il n'est personne qui se croie obligé de se procurer tel ou tel plaisir, tel ou tel avantage particulier. Mais, s'il s'agit, au contraire, par exemple d'une chose juste, d'un acte de reconnaissance, la conscience commande et dit : « C'est ton devoir de te montrer reconnaissant. »

La loi morale est donc *obligatoire ;* elle est, en outre, *désintéressée.* Le *désintéressement,* l'*intérêt,* on ne s'entend guère

(1) Il est vrai que l'habitude du crime et celle de la vertu ont pour résultat d'affaiblir, peut-être même d'anéantir les remords et les jouissances morales ; mais c'est en cela même que consiste le châtiment et la récompense véritables, car le plus grand malheur pour un homme est de devenir insensible au remords, et la plus haute perfection morale consiste à pratiquer la vertu sans effort et presque sans s'en douter.

sur ces mots. La Rochefoucauld confond l'amour de soi (1) avec l'égoïsme; c'est ce que fait aussi Pascal lorsqu'il dit: « Le moi est haïssable. » D'autres ont confondu l'amitié, le dévouement, le sacrifice avec l'intérêt. Schopenhauer va plus loin : il prétend que l'amour de soi est une illusion ou plutôt une duperie; d'après lui, nous ne nous aimons pas nous-mêmes : c'est la nature, c'est le *génie de l'espèce* qui s'aime en nous, pour arriver à ses deux fins: la *nutrition* et la *reproduction.*

Ces opinions plus ou moins bizarres sont contredites par les faits. L'amour de soi est naturel, et par conséquent toujours légitime tant qu'il ne se transforme pas en égoïsme. Il est le germe de toutes nos déterminations, instinctives ou réfléchies, volontaires et libres.

La jeune fille s'aime dans sa poupée, la mère dans l'enfant qu'elle caresse; l'amant s'aime dans son amante, l'ami dans son ami, le courtisan dans son roi, le dévot dans son fétiche; l'artiste ou le poète s'aime dans son œuvre, le patriote dans le pays qu'il défend, etc.

Enfin l'amour de soi n'est pas même exclu de l'héroïsme. On cite souvent le dévouement de d'Assas comme une action tout à fait désintéressée, et certes on a raison, si l'on veut parler de l'intérêt tel que l'entend le vulgaire; mais il faut reconnaître que, si d'Assas se dévoue, c'est qu'il préfère le devoir à la vie, c'est qu'il redoute moins la mort que les reproches de sa conscience.

Exiger que l'homme agisse sans motif et qu'il s'immole à une sorte de loi *impersonnelle*, c'est-à-dire qui ne le touche-

(1) Nous ne confondons l'amour de soi ni avec l'amour-propre ou la vanité, ni surtout avec l'orgueil : l'un et l'autre sont factices; la vanité, quelquefois expansive et sympathique, est toujours sotte et risible; l'orgueil, stupide et grave, est toujours égoïste et ridicule. Ce sont deux vices nés d'un jugement faux.

rait en rien, c'est demander trop : l'héroïsme lui-même ne peut aller jusque-là.

L'héroïsme n'exclut même pas l'amour de la gloire : qu'est-ce, en effet, que l'amour de la gloire, sinon le désir de se faire estimer, aimer et admirer par des actions d'éclat et surtout par le sacrifice de la vie? Revivre à ce prix dans la mémoire des hommes est un espoir qui certainement n'a rien de commun avec l'intérêt vulgaire.

Il faut avouer cependant que l'héroïsme civique est plus pur lorsqu'il va jusqu'au mépris de toute espèce de récompense. Pourquoi les hommes de 89 paraissent-ils si grands auprès des hommes petits qui les outragent aujourd'hui? C'est que, du sein de la décrépitude morale et de la corruption universelle, ils se sont élevés jusqu'au désintéressement farouche des stoïciens; c'est qu'ils ont déployé dans tout son éclat ce courage que Cicéron désigne par les mots: *virtus pro æquitate pugnans*. Souvenez-vous des hommes de la Révolution! dit A. Dumesnil. « Comme ils ont été entiers dans leurs principes, ces fermes logiciens qui, plutôt que de céder rien des droits et du salut du peuple, ont sacrifié rivaux, amis, eux-mêmes! Ils ont pu se tromper, car, pour faire la Révolution, ils se servaient des moyens de l'ancien monde; mais comme ils étaient sincères, désintéressés! — si désintéressés qu'ils sont morts pour l'affranchissement du monde, sans même espérer pour eux une autre vie. Ils ont été enthousiastes de la raison, ces hommes qui n'ont eu ni peur, ni scrupule, et qui se sont passés de tout, même de Dieu, pour proclamer la justice (1). »

Mais l'héroïsme des sages est plus admirable encore que celui des grands citoyens. Si l'on assemble autour de soi la foule auguste des sages de tous les temps, on les voit presque

(1) A. Dumesnil, *L'Immortalité*, p. 5.

tous victimes de leur amour pour la vérité. Presque tous ont bravé pour elle la haine de leurs semblables, la pauvreté, la prison ou l'exil; quelques-uns même sont couverts de sang; mais ce sang est le leur, et, s'il a coulé, c'est qu'ils ont mieux aimé mourir en proclamant la vérité que de vivre en déguisant leur pensée. Sans remonter à celui qu'Athènes étonnée vit sourire à la mort en tenant dans ses mains la coupe empoisonnée, ne nous sera-t-il pas permis de parler ici du père de la philosophie pensante, de l'immortel Descartes? La grandeur du caractère ne fut-elle pas, en lui, égale à la grandeur du génie? Que n'eût-il pas à souffrir des Anitus et des Mélitus de son temps? Dans son exil, volontaire d'abord, mais bientôt forcé, en Allemagne, en Hollande et jusque sous le climat meurtrier de la Suède, partout il entendit les sifflements de l'envie et les clameurs insensées de la calomnie. Il les entendait, mais il ne les écoutait pas, car sa pensée était ailleurs : dépouillé de lui-même, réduit, pour ainsi dire, à l'état de pur esprit, et ne vivant que pour les autres, il méditait ces grands principes qui dissipèrent les ténèbres du moyen-âge et qui doivent un jour éclairer toutes les parties de la terre habitable. Cependant, quel était le mobile de cet anachorète de la science? La gloire peut-être, la dernière passion du sage? A Dieu ne plaise que nous prêtions à Descartes des motifs intéressés! La gloire? mais il nous dit lui-même quelque part, avec la candeur et la franchise des grandes âmes, qu'il n'avait songé à cette chimère que dans sa première jeunesse. Le reste de sa vie, il fut insensible aux éloges des hommes, comme il l'avait été à leurs outrages.

Non, il ne pensait pas à l'avenir! Il pouvait prévoir sans doute que ses cendres mêmes ne seraient que difficilement admises à reposer sur le sol de sa patrie. Mais il ne prévoyait pas que le repentir irait un jour verser sur son tombeau des larmes expiatoires, et que, dans tous les temps et sous tous les soleils, son nom, alors maudit, ne serait prononcé qu'avec un saint respect et une pieuse reconnaissance. Quelle était donc la force qui le soutenait dans sa lutte contre l'ignorance et la haine? C'était d'abord le plaisir et le besoin de penser, c'était le démon magnanime qui inspirait Socrate, et puis cette conviction profonde que la vérité appartient à tous les hommes sans exception, et que, pour avoir le noble privilège d'en être l'apôtre, il faut avoir le courage d'en être le martyr.

Désintéressement, sacrifice, dévouement, héroïsme, ne sont donc pas de vains mots! Cependant, on a osé dire que toutes nos actions sont intéressées.

Voyons ce qui a pu accréditer ce préjugé. C'est un fait qu'à la pratique de chaque vertu est attaché un avantage qui en est la conséquence nécessaire; on a donc cru qu'on pourrait se proposer cet avantage comme fin, et, en cela, on ne se trompait pas, car, en agissant ainsi, on se conformerait à la raison. Mais on n'a pas vu qu'au-dessus du mobile rationnel il y a le mobile moral, et que celui-ci consiste à aimer la vertu pour elle-même, à fuir l'injustice parce qu'elle est l'injustice, à ne redouter que les reproches de sa conscience et à n'aspirer qu'aux joies qui naissent de la pratique du bien. Cette vérité méconnue par l'égoïsme, qui ne voit que l'intérêt présent, méconnue par le piétisme, qui ne songe qu'au bonheur à venir, a été vivement sentie et hautement proclamée par les anciens, surtout par les stoïciens: « Il y a, dit Sénèque, des gens qui, dans l'honnête, ne voient que l'utile, qui ne trouvent aucun charme dans la vertu sans profit, tandis qu'il ne reste plus en elle rien de grand s'il y a quelque chose de vénal. En effet, quoi de plus honteux que de calculer le taux de la probité (1)? »

(1) Sénèque, *De Benf.*, lib. IV, Cap. 1.

En troisième lieu, la loi morale est universelle. Fondée sur les rapports nécessaires qui dérivent de la nature des choses, et ces rapports ne changeant pas, elle possède une règle ou une mesure uniforme et invariable, et par conséquent elle convient à tous les temps et à tous les lieux; elle est donc universelle.

Enfin, elle est souveraine. Le mot souveraineté, dans le langage des rationalistes disciples de Kant, est synonyme d'obligation. Ce n'est pas dans ce sens que nous le prenons ici : en disant que la loi morale est souveraine, nous voulons dire qu'elle embrasse et qu'elle domine toutes les autres lois de la nature humaine.

La loi morale s'empare, pour ainsi dire, de toutes les lois naturelles, et elle donne à chacune sa formule; à la loi de conservation et de perfectionnement : « conserve-toi et perfectionne-toi » (principe de la morale individuelle); à la loi de sociabilité et de bienfaisance : « aide ton prochain à se conserver et à se perfectionner » (principe de la morale sociale); à la loi de religiosité : « aime et adore l'Auteur de ton être » (principe de la morale religieuse). Ces formules, elle les impose comme autant de devoirs, et alors elle les résume en une formule et en un devoir unique : « Conforme ta conduite aux rapports nécessaires qui dérivent de la nature des choses. »

Non seulement la loi morale embrasse et domine les autres lois, mais au besoin elle les remplace toutes...

En effet, elle peut suppléer leurs mobiles et leurs sanctions particulières et garantir leur observation; seule, elle peut mener les êtres libres aux diverses fins dont l'ensemble est le but même que Dieu s'est proposé en établissant les autres lois; en d'autres termes, elle est destinée, quand il le faut, à rendre jusqu'à un certain point inutiles les mobiles et les sanctions particulières de toutes les autres lois. Un seul exemple mettra cette vérité dans tout son jour. Je suppose que la curiosité soit absente en vous, et le plaisir d'apprendre et de connaître nul ; en vertu de la loi morale, vous n'en cultiverez pas moins l'étude, parce que le devoir vous oblige de perfectionner votre esprit.

Ainsi, même en supposant dans les lois inférieures la suppression de leurs mobiles et de leurs sanctions respectives, leur observation n'en est pas moins garantie, autant qu'elle peut l'être, en vertu du mobile moral qui supplée à tout. Ce caractère n'appartient qu'à la loi morale : prenez n'importe quelle loi, vous verrez qu'elle ne peut sortir de sa sphère.

La loi de sympathie ou de bienfaisance, par exemple, ne tend qu'à l'intérêt de nos semblables ; la loi de curiosité, à la culture de l'esprit ; les appétits, à la conservation du corps, tandis que la loi morale, au contraire, s'étend à tout. Celle-ci embrasse la destinée humaine tout entière, car elle domine et dirige toutes les tendances de notre nature. Souveraineté, universalité, désintéressement, obligation, tels sont les caractères de la loi que l'Auteur des choses a pour ainsi dire gravée dans nos cœurs. Ainsi comprise, la morale devient partie intégrante de la religion naturelle. Alors, la conscience religieuse et la conscience morale, se contrôlant et s'épurant l'une l'autre, se consacrent et se sanctifient réciproquement ; alors, l'agent libre s'élève jusqu'à la conception sublime du plus grand des Antonins, de Marc-Aurèle : « Homme, ne te considère pas comme un être isolé, ni même comme un simple citoyen de la ville de Cécrops, mais considère-toi comme membre de la cité de Dieu ; associe-toi et concours, selon tes faibles moyens, à l'ordre et au perfectionnement universels. »

CHAPITRE X

DE L'AME : SA NATURE ET SON ORIGINE.

De tout temps, on s'est préoccupé de la nature et de l'origine de l'âme humaine : « Dieu, disent les théologiens, a fait l'homme à son image et à sa ressemblance. » S'il en était ainsi, la Divinité serait bien laide. Ils auraient mieux fait de retourner cette phrase et de dire : « Nous avons fait Dieu à notre image et à notre ressemblance. »

Mais ils ont réussi à accréditer la première formule. Voici ce qu'on lit dans la Bible : « Dieu créa l'homme à son image; il le créa à l'image de Dieu ; il créa l'homme et la femme. » « L'Eternel Dieu forma l'homme de la poussière de la terre ; il souffla dans ses narines un souffle de vie, et l'homme devint un être vivant. » « Et creavit Deus hominem ad imaginem suam ; ad imaginem Dei creavit illum, masculum et feminam creavit eos. » « Formavit igitur Dominus hominem de limo terræ et inspiravit in faciem ejus spiraculum vitæ, at factus est homo in animam viventum. » (*Genèse*, ch. I, 27; ch. II, 7.)

Nous en sommes, ici, au pur *vitalisme*. La Bible ne s'élève même pas jusqu'à l'*animisme* de Lucrèce, qui reconnaît que « l'âme est liée à l'esprit » : « Esse animam cum animo conjunctam. » (Lucrèce, liv. III, p. 160.)

Les chrétiens, modifiant les textes bibliques, reconnurent enfin une âme spirituelle et immortelle ; au concile de Trente, il fut affirmé, pour la première fois, que Dieu crée chaque âme lorsque le corps qu'elle doit habiter est suffisamment organisé : « Animam creando infundit et infundendo creari. » Singulière doctrine, très honorable pour le corps, mais compromettante pour la divinité. En effet, l'âme parait créée exprès pour le corps, et puis, cette âme nouvellement créée est rendue responsable du péché d'Adam, avec lequel elle n'a plus le moindre rapport ! Sans doute il fallait donner une base au *rédemptorisme* ; mais il fallait aussi tenir compte de la sagesse, de la justice et de la bonté de Dieu.

Les Pères du concile de Trente nous paraissent donc avoir été fort mal *inspirés*, et par conséquent nous devons, ici, jeter à l'écart toute solution théologique.

Touchant la nature de l'âme, nous avons deux systèmes philosophiques : celui des matérialistes et celui des spiritualistes.

Le matérialisme renferme deux hypothèses : l'une qui considère l'âme comme le résultat de l'organisation (1) ; l'autre qui admet une âme, distincte des autres corps il est vrai, mais d'une nature toute matérielle (2).

Le spiritualisme renferme également deux doctrines : l'une appartenant à V. Cousin et à M. J. Simon, fondée sur l'idée, nécessairement vague et même inintelligible, de l'essence première de l'âme ; l'autre, appartenant à Descartes, Leibnitz, Locke et Condillac, fondée sur l'idée plus claire et plus précise de l'essence seconde des substances.

Nous avons dit au chapitre IV comment Voltaire a réfuté en quelques mots l'opinion qui fait de l'âme un simple résultat de l'organisation ; qu'on nous permette d'en donner ici

(1) Cette doctrine est souvent présentée, chez les anciens, sous ce titre : « Les opérations de l'âme sont une harmonie. » (Plato. *In Hædone*, t. I ; Aristoteles, *De Anima*, I, 2.) Elle est attribuée par Cicéron à deux disciples d'Aristote, Dicéarque et Aristoxène. (Cic., *Tux.* I, 10, 18; Plut., *De Plac.*, IV, 3.) Elle se trouve également développée dans l'*Homme-Machine* de La Mettrie, dans le *Système de la Nature* de Dolbach, et dans les livres de l'école matérialiste moderne.

(2) C'est la doctrine de Lucrèce surtout qui s'exprime ainsi : « Ne faut-il pas avouer que la substance de l'esprit et de l'âme est corporelle ? » Nonne fat eundum et corporæ natura animum constare animam que ?

une réfutation plus compète, tirée d'une lettre humoristique, traduite de l'anglais, et commençant ainsi :

« Au savant scrutateur des secrets de la nature, Martinus Scriblerus ; la Société des esprits forts, salut.

» C'est avec une joie inexprimable que nous avons appris que votre génie s'applique aux plus profondes recherches ; mais nous sommes mortifiés que ce même génie s'amuse à rechercher le siège de cette substance théologique et imaginaire qu'on appelle l'*âme*. Puisque vous-même n'avez fait, à cet égard, aucune découverte qui vous satisfît, n'est-ce pas une démonstration qu'il n'existe rien de pareil ? Pour achever de vous détromper, en cas qu'il reste encore quelque doute à votre modestie, nous vous avons envoyé une réponse aux sophismes des soi-disant philosophes, comme aussi une *explication mécanique de la perception ou pensée.*

» Un de leurs principaux arguments est que le sentiment indivisible qu'on est *un* ne saurait se trouver dans un composé matériel, à cause que toute matière est le résultat de divers êtres distincts, ce qui ne saurait jamais faire un seul être individuel pensant.

» Il est facile de résoudre cette difficulté par une comparaison tout à fait simple. Dans chaque *tournebroche* il y a une qualité *rôtissante* qui ne réside ni dans le poids, ni dans aucune roue particulière, mais qui est le résultat de toute la machine : de même, dans un animal, le sentiment de son unité n'est point une qualité inhérente à son être (plus que la faculté de rôtir est inhérente à un tournebroche), mais le résultat des différents modes réunis dans le même sujet. Comme les roues, la chaîne, le poids, les cordes, etc., forment un tournebroche, pareillement les différentes parties du corps forment un animal. La perception, à ce qu'on assure, est inhérente à l'animal : mais la faculté de rôtir ne l'est-elle pas au tournebroche ? Les sensations, le raisonnement, la volition, la mémoire, etc., sont autant de modes différents de pensée ; de même, les actions de rôtir du bœuf, du mouton, du veau, des poulets, des oies, etc., sont différents modes de la qualité de rôtir. Et, comme la propriété générale de rôtir, avec ses diverses modifications relativement au bœuf, au mouton, aux poulets, etc., n'est pas affectée à quelque partie du tournebroche, pareillement les différents modes de sensation, de volition, etc., ne sont pas inhérents à ce qu'on appelle l'âme, mais sont le résultat de la composition mécanique de tout l'animal.

» Il n'en est pas autrement de la disposition d'un violon à rendre des sons conformes aux règles de la musique, et avec lequel on peut jouer des préludes, des sarabandes, des gavottes, etc., sans qu'aucun de ces airs réside davantage dans l'instrument que la pensée ou l'imagination ne réside dans l'âme de la personne qui les a composés.

» Les anatomistes savent que le cerveau est un assemblage de glandes, qui séparent les parties les plus subtiles du sang, appelées les esprits animaux ; qu'une glande n'est autre chose qu'un long canal, plus ou moins recourbé. Des différents mouvements des esprits dans ces canaux, procèdent les différentes sortes de pensées.

» Nous sommes tellement convaincus de la vérité de notre hypothèse, que nous avons chargé un de nos membres, qui demeure à Nuremberg, de construire une sorte d'instrument hydraulique, dans lequel une liqueur chimique, semblable à du sang, traversera des canaux élastiques pareils à des artères et à des veines ; par le moyen d'un piston, tel que le cœur, l'instrument agira à l'aide d'une machine pneumatique de la nature des poumons, avec des cordes et des poulies, qui tiendront lieu de nerfs, de tendons et de muscles, et nous sommes persuadés que cet homme artificiel de notre invention, non seulement marchera, parlera et s'acquittera de la plupart des fonctions extérieures de la vie animale, mais (étant remonté une fois par semaine) raisonnera peut-être aussi bien que quelques-uns de nos curés de village(1).»

Si la sagesse antique nous donne ce conseil : « Connais-toi toi-même, nosce te ipsum », c'est que cette étude est très importante, ce n'est pas qu'elle soit bien difficile. Ce que nous connaissons le mieux, en effet, c'est nous-mêmes, et, au fond, nous ne pouvons guère connaître que nous-mêmes.

Si nous avons des doutes sur notre origine et sur notre fin, nous ne pouvons en avoir sur notre nature. Dans la réalité, nous savons très bien ce que nous sommes, ce que nous pensons, ce que nous sentons et ce que nous voulons.

Nous savons aussi que la pensée, la sensibilité et la volonté ne sont rien par elles-mêmes, qu'elles n'existent pas à part, mais qu'elles sont des modes ou des manières d'être de quelque chose qui pense, qui sent et qui veut.

Mais ce quelque chose ne serait-il pas notre corps, ou notre cerveau, ou quelque autre organe matériel logé dans notre cerveau? Ici, commencent nos doutes. Examinons donc si ce qui pense en nous est un organe corporel, ou si ce n'est pas une substance absolument différente de la matière. Mais, pour arriver légitimement à cette distinction, ne serait-il pas nécessaire de connaître l'essence ou la nature propre des choses? En examinant cette question, je m'aperçois aussitôt que l'essence première des choses nous échappe ; mais je m'aperçois aussi que je puis très bien connaître leur essence seconde ; ainsi, je distingue l'or du fer, par la différence des qualités qui sont propres à chacun d'eux. Pour s'assurer s'il existe une différence réelle entre le corps et ce que l'on peut appeler provisoirement l'*âme*, il suffira de chercher si les facultés de celle-ci sont compatibles avec les propriétés de

(1) Pope, *Mémoire de Martin Scribler.*

celui-là, c'est-à-dire si la pensée, la sensibilité et la volonté peuvent s'unir à l'étendue, à la divisibilité et à l'inertie. Telles sont les données du problème. Pour le résoudre, nous n'avons qu'à faire l'application du principe des substances : « Tout mode suppose une substance, et une ressemblance ou une différence dans les modes suppose une ressemblance ou une différence dans les substances. » La divisibilité, la variabilité, l'inertie (1) sont des modes de la matière ; l'unité, l'identité, l'activité spontanée, sont des modes de l'esprit. Or, ces deux groupes de modes sont différents et incompatibles, car il est évident qu'un même sujet ne peut pas être, à la fois, un et multiple, identique et changeant, actif et inerte. Donc les substances dans lesquelles résident ces modes différents sont distinctes l'une de l'autre.

Condillac a démontré presque mathématiquement que la comparaison serait impossible si l'âme était une substance composée de parties ; voici ce qu'il dit : « Qu'A, B, C, trois substances qui entrent dans la composition du corps, se partagent en trois perceptions différentes, je demande où se fera la comparaison. Ce ne sera pas en A, puisqu'il ne saurait comparer une perception qu'il a avec celle qu'il n'a pas. Par la même raison, ce ne sera ni dans B, ni dans C. Il faudra donc admettre un point de réunion, une substance qui soit en même temps un sujet simple et indivisible de ces trois perceptions, distincte, par conséquent, du corps, une âme en un mot. »

Ce raisonnement de Condillac n'est pas seulement la réfutation du matérialisme d'Epicure et de Lucrèce ; il est aussi la condamnation de ce spiritualisme bâtard qui a voulu se sub-

(1) Nous entendons ici, par inertie, l'indifférence de la matière au mouvement et au repos, ou plutôt son obéissance passive à la force la plus grande qui agit sur elle. La matière se meut, c'est vrai, mais il n'est pas prouvé qu'elle se meuve spontanément.

stituer à la philosophie française, le spiritualisme de V. Cousin et de M. J. Simon, spiritualisme timide et téméraire tout à la fois : timide, parce qu'il craint de heurter l'orthodoxie théologique ; téméraire, parce que, s'efforçant de franchir la limite posée à l'entendement humain, il cherche à comprendre les mots *unité, simplicité, indivisibilité* et *identité* autrement que la droite raison les comprend, puisqu'il semble croire que l'on peut concevoir les choses autrement que dans l'espace, et que, dans un dé à coudre ou sur la pointe d'une aiguille, par exemple, on pourrait mettre toutes les âmes de ceux qui ont existé et qui existeront, sans y supprimer le vide ; téméraire enfin, parce qu'il fait de l'âme une abstraction, un être de *raison* ou une quiddité scolastique.

Nous repoussons donc le spiritualisme de V. Cousin et de M. J. Simon, et nous admettons celui de Descartes et de Leibnitz : de Descartes, qui considère l'âme comme une réalité vivante et concrète, puisqu'il cherche son siège dans le cerveau ; de Leibnitz, qui croit à l'existence de monades, lesquelles ne diffèrent des atomes des naturalistes et des physiciens que par deux attributs : la vie et la pensée. Enfin, nous admettons le spiritualisme de ces savants modernes pour qui l'âme, cellule vivante et animée, est un infiniment petit de nature éthérée, un *protoplasme* contenant tout en germe, et capable, en vertu de ses forces plastiques, de se créer des organes et un corps, afin de développer progressivement toutes ses facultés innées.

Les paroles suivantes de saint Thomas d'Aquin : « L'âme est tellement la réalité du corps animé, que c'est *par elle* qu'il est corps, corps organique et faculté vivante » ; ce que Siméon Ben Jockaï disait de l'union intime de la *nichema* avec le *rouah ;* ce que les druides enseignaient sur l'*awen,* ce que saint Paul dit du corps *pneumatique* et *spirituel,* Fourier du *corps aromal,* Allan Kardec du *périsprite,* nous autorise du moins à croire que l'âme est unie à un corpuscule d'une nature très susceptible, qui est le canevas du corps par lequel nous nous mettons en rapport avec le monde extérieur.

Nous touchons ici à un problème pour la solution duquel nous serons obligés de nous réfugier dans cette *foi* rationnelle ou philosophique dont nous avons déjà parlé et qui consiste à croire à une chose parce que son contraire implique contradiction, c'est-à-dire ne s'accorde ni avec la raison ni avec la nature des choses : nous voulons dire le problème de l'âme.

D'où vient l'âme ? Existe-t-elle par elle-même ou bien a-t-elle été créée ? Voilà les deux hypothèses que l'on peut faire ici.

L'âme existe-t-elle par elle-même ? Les cellules animées (*monades, monères* ou *amibes*) forment des nombres et des séries ; or, des nombres ne sont infinis ni dans le temps ni dans l'espace ; quant aux séries, elles commencent nécessairement par une unité qui pourrait être la seconde aussi bien que la première ; donc toutes les séries et les unités qu'elles renferment dépendent d'une unité incréée ou existant par elle-même, d'une cause première qui leur a donné l'existence, la vie et la pensée. Donc elles ont été créées.

Des âmes, et des âmes créées ! diront en riant les matérialistes. Oui, des âmes et des âmes créées : des âmes, parce qu'elles ne sont pas des *collections* de modes ou d'attributs, qui, en dehors des substances où ils résident, ne sont que de pures abstractions ; des âmes créées, parce que, si la création d'unités réelles ou concrètes est incompréhensible pour notre intelligence, qui ne peut que la concevoir, la croyance à la création, les unes par les autres, d'unités abstraites ou idéales, ajoute l'absurde à l'incompréhensible. En effet, les matérialistes affirment que les forces intellectuelles naissent des forces vitales ; les forces vitales, des forces physico-chimiques, et les forces physico-chimiques, des forces mécaniques. Admettre que les faits surpassent la cause, que le plus vient du moins, et l'être du néant, n'est-ce pas admettre la création *e nihilo ?*

Si l'âme a été créée, l'a-t-elle été dans le temps ou dans l'éternité ?

Etre créé de toute éternité est une expression qui, bien que de Platon, implique contradiction même dans les termes ; donc l'âme a été créée dans le temps.

Cela étant admis, deux nouvelles questions se posent devant nous : l'âme a-t-elle été créée avec toutes ses facultés coexistantes en germes, pour se développer plus tard d'une manière graduée et continue? Ou bien ses facultés s'ajoutent-elles successivement les unes aux autres, jusqu'à ce qu'elle soit devenue ce qu'elle doit être ?

A ces questions, deux philosophes célèbres ont essayé de répondre : Leibnitz et Condillac, le premier directement, le second indirectement.

« Je croirais, dit Leibnitz, que les âmes qui seront un jour âmes humaines, comme celles des autres espèces, ont été dans les semences et dans les ancêtres jusqu'à Adam, et ont existé par conséquent depuis le commencement des choses, toujours dans une manière de corps organisé ; cette doctrine est assez confirmée par les observations microscopiques de M. Leuwenhock et d'autres bons observateurs. Comme j'aime des maximes qui se soutiennent et où il y ait le moins d'exceptions qu'il est possible, voici ce qui m'a paru le plus raisonnable en tous sens sur cette importante question. Je tiens que les âmes, et généralement les substances simples, ne sauraient commencer que par la création, ni finir que par l'annihilation ; et, comme la formation des corps organiques animés ne paraît explicable, dans l'ordre de la nature, que lorsque l'on suppose une préformation déjà organique, j'en ai inféré que ce que nous appelons génération d'un animal n'est qu'une transformation et augmentation; ainsi, puisque le même corps était déjà organisé, il est à croire qu'il était déjà animé, et qu'il avait la même âme; de même que je juge, *vice versa*, de la conservation de l'âme lorsqu'elle est créée une fois, que l'animal est conservé aussi, et que la mort apparente n'est qu'un enveloppement, n'y ayant point d'apparence que, dans l'ordre de la nature, il n'y ait des âmes entièrement séparées de tous corps, ni que ce qui ne commence point naturellement puisse cesser par les forces de la nature. (*Théodicée*, s. XI.)

Ici, tout s'accorde non seulement avec la raison, mais aussi avec la grande loi de continuité et de progrès et avec l'harmonie *préétablie*, théorie pleine de grandeur et même de vérité, pourvu toutefois qu'on ne l'étende pas au libre arbitre et aux rapports du physique et du moral dans l'homme; malheureusement, Leibnitz soulève ailleurs une objection indigne de lui et qui détruit en partie ce qu'il vient d'avancer: « Il me paraît convenable, pour plusieurs raisons, que les âmes n'existaient alors qu'en âmes sensitives ou animales, douées de perception et de sentiment et destituées de raison, et qu'elles sont demeurées dans cet état jusqu'au temps de la génération de l'homme, à qui elles devaient appartenir, mais qu'alors elles ont reçu la raison, soit qu'il y ait un moyen naturel d'élever une âme sensitive au degré d'âme raisonnable (ce que j'ai de la peine à concevoir), soit que Dieu ait donné la raison à cette âme par une opération particulière ou (si vous voulez) par une espèce de *transcréation*. » (*Théodicée*, s. XC.)

Ces contradictions ou plutôt cette erreur de Leibnitz viennent de l'ignorance d'un fait et d'un principe posés nettement plus tard par Condillac : « *que tout ce qui se développe a nécessairement préexisté dans un germe* »; « *que l'âme est tout entière dans le plus obscur de ses états et dans la plus simple de ses opérations* »; que l'idée, par exemple, renferme, au point de vue du subjectif, l'attention, la comparaison et le jugement, et, au point de vue de l'objectif, tout ce que l'entendement peut concevoir, ou plutôt est forcé de concevoir en vertu de la loi logique des relatifs et des contraires.

De plus, Condillac a fait du principe de l'identité (1) l'usage que pouvait en faire un vrai philosophe ; il est le premier qui ait appliqué le *transformisme* à l'analyse psychologique et au grand art d'écrire; il est donc probable que, s'il s'était permis de faire des hypothèses sur l'origine ou la genèse des choses, il eût prévenu les écarts dans lesquels se sont jetés presque tous les partisans de l'évolution.

D'après les principes de Condillac, l'homme tout entier est dans l'enfant nouveau-né, et l'enfant nouveau-né tout entier dans l'embryon, de même que le même insecte se trouve dans la chenille, la chrysalide et le papillon. Ce qu'il y a de certain du moins, c'est qu'il a réfuté indirectement l'erreur de Leibnitz, qui, doutant de l'identité continue de l'âme humaine, a cru devoir recourir à une sorte de *transcréation*. Toutefois, nous sommes heureux de pouvoir invoquer la grande autorité de Leibnitz en faveur de la préexistence des âmes et de leurs incarnations successives. Du reste, il réfute lui-même sa malheureuse hypothèse de la *transcréation* lorsqu'il reconnait que « ce que nous appelons génération d'un *animal* n'est qu'une transformation et une augmentation ».

Charles Bonnet adopta la doctrine de Leibnitz, mais en la modifiant un peu : il pose pour principe fondamental que « rien n'est engendré, que tout est originairement *préformé* et que ce que nous nommons génération n'est que le simple *développement* de ce qui préexiste sous une forme invi-

(1) Voir l'admirable commentaire de Laromiguière, intitulé *Discours sur l'identité*.

sible ou plus ou moins différente de celle qui tombe sous nos sens ». (*Palingénésie*, p. 276.) Il admet le principe de *continuité*, qui « n'est, à parler exactement, qu'une conséquence du principe plus général de la raison *suffisante*; car, si rien ne se fait sans raison suffisante, l'état actuel de tout être créé doit avoir sa raison dans l'état qui a précédé immédiatement. » (Ibid., p. 294.)

Ce que Ch. Bonnet ajoute à la doctrine de Leibnitz, c'est que l'âme, dans l'animal et dans l'homme, est unie à un petit corps organique, de nature éthérée ou très subtil, et que ce *petit corps*, « *organique* et *indestructible*, vrai siège de l'âme, et logé dès le commencement dans le corps grossier et destructible, conservera la réminiscence et la personnalité de l'animal et de l'homme ». (*Palingénésie*, t. I, p. 171.) On voit, par là, ce que cette doctrine a de commun avec celle de Sthal, qui accorde à l'animal, comme à l'homme, une âme chargée du double office de créer l'organisme et d'en diriger les fonctions.

On voit aussi combien elle diffère de la métempsycose des Indiens, des Egyptiens et des Grecs, métempsycose qui admettait que l'âme, en sortant d'un corps humain, peut se rendre dans le corps d'un animal, et qui, par là, méconnaissait la grande loi du progrès ou de la perfectibilité indéfinie.

Les *monades* ne déplaisaient pas à Voltaire, qui s'exprime ainsi : « Il se peut, physiquement, qu'il y ait en nous une monade indestructible, une flamme cachée, une particule du feu divin, qui subsiste éternellement sous des apparences diverses. » (*Homélie sur l'athéisme*.)

La doctrine dont il s'agit ici a été adoptée de nos jours par des penseurs de premier ordre, tels que Fourier, Dupont de Nemours, J. Reynaud, et par un grand nombre de savants distingués qui admettent l'existence d'un protoplasme vivant, divisé en *cellules animées*, que l'on désigne sous les noms de *monères* ou *amibes*. Cette doctrine n'est donc pas indigne d'un examen sérieux ; essayons d'en déterminer la valeur.

Tout se réduit ici à la proposition suivante : les *monades*, les germes *préexistants*, les âmes en un mot, se créent à elles-mêmes un organisme et passent par tous les degrés de l'animalité pour arriver jusqu'à l'homme. Si nous parvenons à prouver que, dans cette proposition, non seulement il n'y a rien qui choque l'*expérience* et la raison, mais que tout, au contraire, s'y accorde avec les faits et avec nos idées sur la cause première, n'aurons-nous pas le droit de conclure que nous sommes ici en présence d'une hypothèse non seulement probable, mais de plus très vraisemblable? C'est là, en effet, la conclusion dogmatique à laquelle on arrive légitimement.

1° La nature travaille à l'aise aussi bien dans l'infiniment petit que dans l'infiniment grand : « Le ciron, dit Pascal, offre, dans la petitesse de son corps, des parties incomparablement plus petites, des jambes avec des jointures, des veines dans ses jambes, du sang dans ses veines, des humeurs dans ce sang, des gouttes dans ces humeurs, des vapeurs dans ces gouttes ! » Or, d'après Ch. Bonnet, « il existe un animalcule plusieurs milliers de fois plus petit qu'un ciron. » (*Considération sur les corps organisés.*)

Les premiers organismes formés par les *germes préexistants* étaient donc d'une ténuité extrême ; il y a plus : la science ignore à quel règne ils appartenaient. Au point de départ de la vie, les trois règnes restent en quelque sorte confondus. Il est des êtres mystérieux qui alternent et vont d'un règne à l'autre, comme le protococcus, petite algue microscopique qui semble être tour à tour plante et animalcule ; il en est d'autres qui sont en même temps plantes et animaux, comme les actineis ou anémones de mer, les coralines, les madrépores, enfin tous ces zoophites qui végètent et semblent fleurir, ou qui s'agitent, mangent et digèrent. Ces faits ne prouvent-ils pas que tous ces êtres peuvent venir de *germes vivants*, ou de *cellules animées*? Ne prouvent-ils pas du moins leur plasticité ou leur aptitude à se transformer ou à se perfectionner graduellement ?

2° Tout a été dit sur l'unité de plan et de composition dans la nature : les mouvements de deux atomes deviennent, dans les planètes, le mouvement de rotation et de circonvolution dans l'espace ; la vessie nattatoire du poisson devient l'appareil pulmonaire du reptile ; la nageoire des cétacés devient successivement l'aile de l'oiseau, la griffe du carnassier, la patte du cheval, et enfin l'épaule et la main de l'homme. Le développement de l'embryon humain doit donc reproduire les évolutions successives de tout le genre animal ; c'est, en effet, ce qui arrive : s'il faut en croire les embryologistes, le fœtus, dans le sang maternel, revêt successivement les formes des types organiques qui précèdent l'homme.

Ici, on se récriera peut-être et l'on dira : « Quoi ! l'homme n'aurait pas même l'honneur de descendre du singe ? » Non, certainement, il ne descend pas du singe ; son origine remonte plus haut ou plus bas ; elle remonte jusqu'aux polypes et aux mollusques, ou plutôt à cette cellule animique que Dieu a créée pour un développement illimité ; mais, pour consoler un sot orgueil, nous montrerons ailleurs que ce qui est dit ici de l'homme peut se dire également de l'ange et de tous les êtres supérieurs à celui-ci.

On nous demandera, peut-être aussi, comment l'âme s'y prend pour se réincarner, lorsqu'elle a été débarrassée d'un corps devenu inutile.

Nous emprunterons à des sauvages une réponse à cette question. Il existe, en Amérique, une peuplade chez laquelle il s'est conservé une coutume fort touchante : s'il vient à mourir un enfant dans une famille, on n'enterre pas le corps, mais on le suspend aux branches d'un arbre placé sur le bord d'une route fréquentée ; là, la jeune âme voltige au milieu des oiseaux-mouches et des scarabées, guettant les femmes qui passent sur la route, afin de choisir celle dans le sein de laquelle elle pourra renaître. L'âme, délivrée de son corps par ce que nous appelons la mort, cherche donc un milieu où elle pourra se refaire de nouveaux organes, et ce milieu, dans le langage de Leibnitz et de Ch. Bonnet, c'est l'*ovaire* de la *femelle*, qui ne fera que lui fournir les éléments nécessaires à la formation d'un autre organisme.

3° « Apprendre, c'est se souvenir », disait Platon ; cela suppose au moins une existence antérieure, supposition qui s'impose avec plus de force encore quand on se demande pourquoi, dans la même famille, des enfants naissent avec des aptitudes diverses sur lesquelles l'éducation ne peut rien, portés instinctivement les uns vers le bien, les autres vers le mal ; pourquoi l'esprit est lent chez ceux-ci, précoce chez ceux-là ; pourquoi Pascal, par exemple, était géomètre dès sa plus tendre enfance ; pourquoi Rembrandt dessinait avant de savoir lire, et pourquoi Mozart composait un opéra avant l'âge de huit ans. Si l'on veut résoudre ces problèmes, il faut, selon nous, recourir à l'hypothèse de la pluralité des existences.

4° Si un habitant de Saturne, de Jupiter, ou de toute autre planète supérieure, descendait ici-bas, il s'imaginerait assurément, en voyant comment les hommes se comportent, que la terre et probablement son satellite, la lune, ne sont que les petites maisons du système solaire, et il n'aurait pas tout à fait tort. En effet, le mal s'y montre sous toutes les formes : mal métaphysique, mal physique et mal moral. Quant au premier, il s'explique parfaitement, car, n'étant que la conséquence de l'imperfection nécessaire des choses créées, il n'est imputable à personne. Mais, quant aux deux autres, si, avec le vulgaire, on admet que les âmes sont créées à mesure que les corps sont formés, ou, avec les Pères du concile de Trente, qu'elles ne sont créées que six semaines après la conception, ils sont absolument inexplicables, car alors il est impossible de les concilier avec l'idée d'un Dieu tout-puissant, juste et bon; de sorte qu'on en revient toujours au vieil et terrible dilemme d'Epicure : « Ou Dieu peut détruire le mal et ne le veut pas, ou il le veut et ne le peut pas, ou il ne le peut ni le veut, ou il le peut et le veut. S'il le veut et ne le peut pas, il est sans puissance ; s'il le peut et ne le veut pas, il est sans bonté ; s'il ne le veut ni ne le peut, il est à la fois méchant et faible ; s'il le veut et le peut, d'où provient le mal ? » (*Lactani, De Iro, De Dei,* cap VIII.) Par là, on est acculé à l'athéisme ou du moins au scepticisme. Mais rejetez les idées du vulgaire et les dogmes des théologiens, et admettez la pluralité des existences, alors tout s'explique et se concilie : le mal physique est, en partie, l'effet de l'action des milieux sur nous, en partie la conséquence de l'abus de la liberté, c'est-à-dire du mal moral ; alors l'homme perd le droit de se plaindre, car sa condition actuelle n'est que la suite et la conséquence de ses existences antérieures ; alors il peut comprendre qu'il est lui-même l'auteur des inégalités et des maux contre lesquels il se révolte, et là il trouve un motif de résignation et un encouragement à s'amender moralement, afin de se préparer une existence meilleure dans ses réincarnations futures.

5° Enfin le système des vies successives concorde avec l'idée que la science commence à se faire du grand Tout ou du Cosmos, et surtout avec la grande loi du progrès, qui, bien que contrebalancée par la loi de péjorisme, finit toujours par triompher, aboutissant à une sorte de création continuée d'où résulte un perfectionnement réel non seulement pour les individus et pour les espèces, mais aussi pour tous les membres qui composent l'immense univers.

Il n'y a donc, dans la doctrine des *germes préexistants* et des *réincarnations successives*, absolument rien qui choque soit l'expérience, soit la raison.

Par conséquent, le système de Leibnitz et de Ch. Bonnet, de Dupont de Nemours et de J. Reynaud est une hypothèse non seulement probable, mais très vraisemblable, qui doit produire en nous non la certitude métaphysique ou la certitude physique sans doute, mais la certitude morale.

CHAPITRE XI

DE LA DESTINÉE PRÉSENTE DE L'HOMME.

Si la question de la nature et de l'origine de l'âme offre des difficultés, il n'en est pas de même de la question de sa destinée, surtout de sa destinée actuelle et terrestre. Celle-ci se révèle pour ainsi dire d'elle-même à notre intelligence. Pour la connaître et pour la déterminer, il suffit de s'étudier un peu soi-même et d'examiner ce à quoi nous porte constamment notre nature.

Nous trouvons en nous des besoins, des appétits, des instincts, des plaisirs et des peines, des joies et des tristesses, des affections et des passions, en un mot des impulsions sensibles ou des tendances naturelles, impulsions et tendances qui se distinguent les unes des autres, selon qu'elles nous portent à la conservation de notre être physique ou au perfectionnement de notre être intellectuel et moral ; à la conservation de l'espèce ou au maintien et au perfectionnement de la société.

Si nous remontons à l'origine de ces phénomènes et si

nous les suivons dans leur développement, nous trouverons qu'ils dérivent tous d'un fait primitif et qu'ils s'engendrent suivant des lois invariables. Certains philosophes ont dit que le premier mobile de l'activité est l'*amour de soi* (1), ou le désir *de l'être* et *du bien-être* (2).

Il est, selon nous, dans la nature humaine, un principe sinon antérieur, du moins supérieur à l'instinct de conservation et à l'amour du plaisir et du bonheur : c'est le *besoin d'agir* joint à l'*instinct de perfectibilité*. Notre âme est une substance essentiellement active, douée d'une certaine force d'expansion, d'une sorte d'élasticité qui fait qu'elle tend à se développer dans tous les sens et à déployer toutes ses facultés. Cicéron fait très bien remarquer que ce n'est ni dans l'*amour de soi*, ni dans le *désir du bonheur*, ni même dans l'*attrait du plaisir actuel* qu'il faut chercher le premier mobile de notre volonté, mais dans ce *besoin d'activité* qui se manifeste continuellement en nous, comme dans les fatigues de la chasse et des voyages, dans les dangers de la guerre et dans ces travaux de l'étude que nous embrassons presque toujours avec une ardeur aussi irrésistible que désintéressée.

A ce besoin d'agir, il joint l'instinct de perfectibilité. Si les arbres et les plantes, dit-il, si la vigne, par exemple, était susceptible de désir et douée d'un mouvement intérieur qui lui fût propre, elle désirerait non seulement conserver ce qu'elle possède déjà, mais encore posséder tout ce qui serait conforme à sa nature et acquérir des propriétés nouvelles (3).

Spinoza a caractérisé d'une manière plus précise encore ce besoin pour l'homme de multiplier ses facultés et d'agrandir indéfiniment son être. Pour lui, « c'est le désir de passer d'une perfection moindre à une perfection plus grande ».

(1) J.-J. Rousseau.
(2) Malebranche.
(3) Cicéron, *De finibus*, passim.

Besoin d'agir et instinct de perfectibilité, voilà la tendance primitive de la nature humaine ; se transformant de diverses manières, elle donne naissance à plusieurs tendances particulières qui prennent différents noms, selon qu'elles se rapportent à l'individu ou à l'espèce, aux fonctions de la vie végétative et animale ou à celles de la vie intellectuelle et morale.

Toutes nos inclinations naturelles ont donc leur principe dans le besoin d'agir et dans l'instinct de perfectibilité. En effet, à quoi tendent nos appétits, sinon à la conservation du corps ? L'instinct de curiosité n'a-t-il pas pour but d'étendre nos connaissances et, par conséquent, de développer notre intelligence ? Pourquoi Dieu a-t-il mis dans nos cœurs un penchant irrésistible pour la société ? C'est que nous ne pouvons vivre et nous perfectionner sans le secours de nos semblables. Que dire du désir de l'estime, de l'émulation ? Leur subordination au désir du perfectionnement n'est-elle pas manifeste ? L'ambition elle-même, dans ce qu'elle a de naturel et de légitime, n'est que le désir de faire contribuer les autres à doubler notre puissance, à étendre, pour ainsi dire, et agrandir notre être. A ces différents mobiles, nous pourrions ajouter le désir du bonheur. Mais, si le bonheur était notre fin sur la terre, il y aurait imperfection dans l'œuvre du Créateur, car alors les moyens n'auraient pas été proportionnés par lui à la fin, puisque l'expérience nous prouve que le bonheur n'est pour nous qu'une espérance. Nous ne sommes donc appelés qu'à nous conserver et à nous perfectionner.

La conservation et le perfectionnement de son être, voilà la destinée de l'homme considéré comme individu.

Les tendances dont nous venons de parler se rapportent toutes à l'*amour de soi*. Mais, à côté de cet amour, il en existe un autre que Cicéron appelle *caritas humani generis*, l'amour du prochain. Cette inclination généreuse complète en nous l'instinct de sociabilité; elle nous porte non seulement à aimer notre semblable, mais encore à nous dévouer pour lui. «Voit-on dans une rue ou sur son chemin, dit J.-J. Rousseau, quelque acte de violence ou d'injustice? A l'instant, un mouvement de colère et d'indignation s'élève au fond du cœur, et nous porte à prendre la défense de l'opprimé; au contraire, si quelque acte de clémence ou de générosité frappe nos yeux, quelle admiration, quel amour il nous inspire! Qui est-ce qui ne se dit pas: « J'en voudrais avoir fait autant? » (*Emile*, liv. IV.)

Il suit de là que la fin de l'homme ici-bas n'est pas seulement d'agir et de travailler à sa conservation et à son perfectionnement, mais encore d'aider son semblable à se conserver et à se perfectionner.

Tel doit être le mobile et le but de notre activité.

Cette conclusion est loin d'être admise par tout le monde: certains philosophes s'écrieraient volontiers avec Pope:

Oh Kappiness! our being's end and aim!
Good, pleasure, ease, content! whate'er thy ecome,
That something still, which prompts th'eternal sigh,
For rohich we bear to live, or dare to die!

(*An Essay on Man*, ép. IV.)

O bonheur! notre but et notre bien suprême!
Douceur, repos, plaisir, sous quelque nom qu'on t'aime,
Charmant je ne sais quoi, vers qui l'être mortel
Elance incessamment un soupir éternel;
Bien toujours espéré, pour qui l'âme enhardie
Ose braver la mort, ose endurer la vie!

(Traduct. Delille.)

Quant aux théologiens, presque tous *salutistes*, ils affirment hautement que notre but ici-bas doit être d'aspirer au *repos* dans la *béatitude*. Cette opinion, élevée à la hauteur d'un dogme, est, comme nous le verrons plus loin, tellement contraire à la morale et à la théologie rationnelle que, pour la réfuter, nous ne craindrons pas de nous répéter ici, en ajoutant toutefois aux faits que nous avons cités déjà d'autres faits qui nous paraissent la détruire complètement.

L'activité est la grande loi de l'univers. Autour de nous, rien n'est immobile, rien n'est au repos; tout se meut, tout agit, depuis la pierre qui tombe à nos pieds jusqu'aux mondes qui gravitent sur nos têtes. C'est par le mouvement que tout subsiste, se lie et se conserve : qu'un astre ou qu'un seul atome s'arrêtent, qu'un seul anneau de la chaîne des êtres vienne à se rompre, tout s'ébranle, tout s'écroule et retombe dans le chaos.

Mais l'homme surtout est né pour agir. L'activité, l'action, voilà la loi de la vie humaine et la condition du bonheur. Interrogeons notre conscience : ne sentons-nous pas au-dedans de nous-mêmes comme un ressort puissant qui nous soulève et nous pousse en avant? N'éprouvons-nous pas à chaque instant presque l'insurmontable besoin d'exercer à la fois toutes nos facultés? Quelque chose ne nous dit-il pas qu'il faut à notre corps des travaux proportionnés à nos forces, à notre esprit des connaissances sans cesse renouvelées, à notre cœur des affections et des désirs, et à notre imagination des espérances et des illusions même? Et, lorsque toutes nos facultés se sont exercées, ne sentons-nous pas que nous sommes aussi heureux qu'il est permis de l'être? Ne sentons-nous pas enfin que, pour nous, le mouvement, c'est la vie, et que l'immobilité, c'est la mort?

Le bonheur est le résultat de l'activité, mais il n'en est pas le principe. L'on a eu tort de dire que le plaisir seul nous pousse à l'action. En effet, s'il en est ainsi, pourquoi préférons-nous la souffrance même au repos? On recherche avidement les spectacles terribles et affreux même; on se précipite vers les lieux témoins d'un naufrage ou d'un incendie; un arbre qui étale à nos yeux la pompe et le luxe de son feuillage a pour nous moins de charmes que le chêne mutilé par l'orage ou noirci par la foudre. Pourquoi préfère-t-on presque toujours la scène tragique au théâtre comique? Pourquoi aime-t-on mieux pleurer avec Sophocle que rire avec Aristophane, si ce n'est parce que les émotions douloureuses, en tendant plus fortement les ressorts de notre âme, nous donnent un sentiment plus vif et plus profond de l'existence de la vie?

Donnez au joueur l'argent qu'il espère gagner, au chasseur le gibier qu'il espère tuer, sans que l'un ait besoin de tourmenter son âme et l'autre de fatiguer son corps; offrez au voyageur de lui montrer dans une promenade charmante des merveilles égales à celles qu'il espère trouver dans les pays lointains: tous les trois riront de cette proposition naïve. Le premier remettra sa fortune au hasard, afin de savourer les angoisses de l'incertitude; le second lancera le cerf dans la plaine, afin de suivre la meute haletante; le dernier quittera son pays, son foyer, ses amis et sa famille, pour passer les déserts ou l'Océan, pour braver les glaces du pôle ou les feux dévorants de l'Equateur. Otez à l'homme ses occupations et donnez-lui la jouissance de tout ce qu'il peut désirer, la vie lui devient dès lors insupportable. Pour lui, les plus beaux fruits sont ceux qui croissent au sommet des rochers inaccessibles, et les plus belles fleurs sont celles qui s'épanouissent au fond des abîmes.

Si on était venu dire à Newton, avant qu'il eût découvert le système du monde: « Je vais, pour t'épargner les travaux de l'étude, te révéler les lois qui régissent les étoiles fixes, les corps errants et la rapide comète; je vais te dévoiler l'ordre et le plan de la création tout entière », « Non! aurait-il répondu; laissez-moi mes jours laborieux, mes nuits studieuses et mon sommeil vigilant; laissez-moi seul pénétrer les mystères de la nature; laissez-moi me précipiter dans les cieux pour y voir les mondes qui tournent autour d'autres soleils, pour y contempler la multitude des systèmes qui composent un seul univers, ou pour y suivre de l'œil de la pensée ces astres qui fuient d'une *fuite* éternelle dans les profondeurs infinies de l'espace. »

Lorsqu'Alexandre eut conquis l'Inde, lorsqu'il n'eut plus de rival à vaincre ni de peuple à soumettre, et qu'il se trouva pour ainsi dire seul dans l'univers asservi, une tristesse profonde et immense s'empara de sa grande âme; en vain, pour s'en distraire, il appela à lui les plaisirs de l'orgie et de la débauche : une destinée fatale le ramena à Babylone pour y mourir d'ennui à la fleur de son âge.

Non seulement le besoin d'agir est plus fort que l'amour de la gloire, du bien-être et du plaisir, il est aussi plus fort que la crainte de la mort.

Voyez ces deux armées rangées en bataille et prêtes à en venir aux mains. La destruction et le carnage planent sur tous les rangs, et l'instinct de conservation fait frémir et palpiter tous les cœurs. Pendant cet intervalle de silence terrible et de recueillement solennel qui précède toujours les tempêtes, qu'il se présente un arbitre qui propose à l'un ou l'autre des deux partis la victoire sans combat : par l'un et l'autre parti, la proposition sera rejetée avec dédain.

De part et d'autre, cependant, ils ont dû peser les avantages et les inconvénients : le triomphe est possible, mais la défaite l'est aussi ; la gloire et la renommée auront leur part, mais la mort et les corbeaux auront la leur ; on élèvera des trophées, des colonnes, des arcs de triomphe, mais ils seront arrosés des larmes des veuves et des mères ! Quelle est donc la cause de leur refus insensé ? Ce sera, si vous le voulez, l'enthousiasme produit par la vue des légions, par l'éclat des armes, par les sons retentissants du clairon, enfin par la pompe et la majesté de la guerre ; mais, avant tout, c'est l'impatience du repos et le besoin d'agir ; c'est le plaisir de la lutte aimée pour elle-même ; ce sont enfin ces alternatives de crainte et d'espérance qui accompagnent le jeu sanglant des batailles.

L'activité est donc un besoin impérieux et irrésistible de la nature humaine ; sans elle, pas de bonheur, pas même d'existence possible. Mais quelle idée doit présider à l'exercice de cette activité, quel doit en être le mobile, le but ?

Nous avons déjà répondu à cette question en disant que le devoir général de l'homme est de travailler à sa conservation et à son perfectionnement et d'aider ses semblables à parvenir au même but. Les moyens d'y parvenir sont la lutte contre les forces hostiles de la nature et la distribution de plus en plus équitable des biens qu'elle met à notre disposition.

CHAPITRE XII

DE L'IMMORTALITÉ DE L'AME.

L'âme existe-t-elle et, de plus, est-elle indestructible ?

Constatons d'abord ce qu'il y a d'étrange et même d'irrationnel dans ces deux questions. Les forces n'existent pas à part et par elles-mêmes ; elles ne peuvent exister que dans un *substratum* quelconque : la force motrice probablement dans l'éther ; les forces physiques, dans des atomes qui s'attirent et se repoussent ; les forces chimiques dans les éléments qui se combinent ; les forces vitales, dans le carbone, l'hydrogène, l'oxygène, l'azote, etc., diversement combinés ; les forces psychiques (intelligence, sensibilité et volonté libre) dans une substance particulière que nous appelons l'âme. Pourquoi demandez-vous si l'âme existe et si elle est une substance ?

La goutte d'eau que vous buvez maintenant a abreuvé peut-être tous les animaux, désaltéré toutes les plantes, humecté toutes les parties de la terre, circulé dans tous les nuages de l'atmosphère, roulé dans toutes les vagues de l'Océan, et cependant elle est aujourd'hui encore ce qu'elle a été dans tous les temps ; les éléments dont elle se compose sont aussi les mêmes et combinés dans les mêmes proportions. Pourquoi, lorsqu'il s'agit de l'âme, et de l'âme seulement, demandez-vous si elle est inaltérable et indestructible dans son essence?

Si l'âme doit être anéantie, elle ne peut l'être que par une volonté particulière de celui qui l'a créée. Ici donc la seule question raisonnable que l'on puisse poser est celle-ci : « Y a-t-il dans l'Etre suprême une raison qui puisse le porter à détruire l'âme humaine, tandis qu'il conserve toutes les autres substances ? » Voilà le point de vue auquel nous tâcherons de nous mettre dans la discussion suivante.

Mais commençons par avouer ici toute la vérité : nous n'avons aucune preuve expérimentale de l'immortalité de l'âme; la tombe est muette ; les *revenants* ne s'adressent qu'aux gens superstitieux ; les *spirites*, qui nous avaient tant promis, ne sont parvenus à nous prouver qu'une chose, c'est que les forces psychiques sont capables de produire des effets dont jusqu'à présent nous n'avions aucune idée, et, quant aux résurrections et aux apparitions miraculeuses, on les met aujourd'hui au nombre de ces fables ou de ces légendes qui ont été inventées pour fonder une religion ou pour créer un culte nouveau.

C'est donc à la raison seulement que nous devons demander des preuves de l'immortalité de l'âme. Plus une vérité est importante, plus il faut avoir besoin d'écarter les preuves qui, par leur faiblesse, pourraient la compromettre. Nous négligerons donc ici les preuves, oratoires ou poétiques, qui se tirent de l'horreur instinctive du néant, du pressentiment de la vie future, des cérémonies funèbres usitées chez tous les peuples, des aspirations de l'âme vers l'infini, l'idéal, etc., pour nous borner à celles qui se tirent de la loi morale et des attributs de Dieu.

Les preuves rationnelles de l'immortalité de l'âme reposent sur le *principe de finalité* et sur le dilemme suivant : s'il y a un Dieu et une loi morale, l'âme est immortelle ; mais, s'il n'y a ni Dieu, ni morale, les malheureux peuvent se répéter les uns aux autres les terribles paroles du Dante : *Lasciate ogni speranza ;* car ils ne reverront plus ceux qu'ils ont aimés sur la terre !

La preuve qui se tirent de l'idée de justice en Dieu et de l'idée de mérite et de démérite dans l'homme est considérée par presque tous les philosophes comme la preuve par excellence, et la seule qui soit réellement démonstrative. Kant n'en reconnaît point d'autre.

Voici comment elle se trouve ordinairement présentée : l'âme est immortelle s'il est vrai :

1° Que toute action vertueuse mérite une récompense, et toute action vicieuse un châtiment ;

2° Que la vertu ne trouve pas ici-bas sa récompense, ni le vice son châtiment ;

3° Que Dieu puisse rétablir ailleurs l'harmonie qui n'existe pas sur la terre entre la vertu et le bonheur, entre le vice et le malheur ;

4° Enfin, que Dieu, par sa justice, soit obligé de rétablir cette harmonie.

Or, il est certain que la vertu doit être récompensée et le vice puni ; que ni l'un ni l'autre ne sont punis sur la terre ; que

Dieu peut réparer les désordres de la vie présente, et, enfin, que sa justice l'oblige de sanctionner la loi morale que lui-même a établie.

L'âme humaine est donc immortelle.

Les prémisses de cette argumentation sont d'une vérité absolue, mais elles ne renferment pas la conclusion tout entière. Elles prouvent, il est vrai, que l'âme survivra au corps, mais elles ne prouvent pas qu'elle doive lui survivre toujours. En effet, ce raisonnement repose tout entier sur ce principe que Dieu, en vertu de sa justice, est tenu de donner une sanction à la loi morale, et de proportionner la récompense et le châtiment au mérite et au démérite; mais on peut supposer qu'il arrivera un moment où cette proportion exacte sera atteinte; alors la justice sera satisfaite, et Dieu ne devra plus rien à l'homme. Cet argument ne prouve donc pas assez : il démontre la survivance de l'âme, mais non son immortalité.

La preuve morale, telle qu'on la présente dans les écoles et dans les discours ordinaires, a deux autres défauts : de ne tenir compte ni de tous les attributs de Dieu, ni de tous les éléments de la loi morale.

Cette preuve ne considère en Dieu que deux attributs : la justice et la toute-puissance. Mais Dieu n'est pas seulement notre juge et notre maître, il est aussi notre conservateur et notre père; il possède non seulement la justice et la puissance, mais encore la sagesse et la bonté. Tel est le premier défaut de cet argument. Il en a un second: celui de ne prendre dans la loi morale qu'un seul des trois éléments qui la constituent, la sanction.

Nous avons vu ailleurs que la loi morale renferme un mobile, une sanction et un but. La sanction n'est guère qu'un second mobile qui s'ajoute au premier, car la satisfaction morale ne sert qu'à nous confirmer dans l'amour du bien, et le remords à nous ramener à la haine du mal. Le but est, au fond, la seule chose importante : c'est la fin même pour laquelle le législateur a établi la loi. C'est donc de cet élément qu'il faut tenir compte avant tout.

D'ailleurs, ne prendre dans la loi morale que la sanction, c'est se rapprocher trop de la conception théologique, qui considère la vie comme une *épreuve*, épreuve qui, dans le langage des théologiens, n'est le plus souvent qu'un guet-apens de la part de Dieu ; c'est se rapprocher de cette morale intéressée qui rapporte tout au bonheur et qui, par cela même, détruit la moralité de nos actes et qui, par conséquent, nous ôte nos droits aux récompenses de la vertu. Le bonheur, il est vrai, est la conséquence nécessaire de la pratique du bien ; mais il ne doit pas en être le mobile ; il n'en est pas non plus le but ou la fin immédiate et dernière, qui doit être l'agrandissement et le perfectionnement de notre être.

C'est donc le but ou la fin qu'il faut avant tout considérer dans la loi morale ; c'est au *principe de finalité* qu'il faut recourir pour prouver l'immortalité de l'âme.

Nous avons montré ailleurs comment, de la simple notion de cause finale, nous nous élevons au *principe de finalité*. Ce principe doit ici se formuler de la manière suivante : « Dans l'œuvre de Dieu, *tout moyen suppose une fin ultérieure et dernière.* » Ce principe est inséparable du *principe de causalité*, au point de se confondre le plus souvent avec lui ; par conséquent, il a la même valeur, et il s'impose à la raison avec la même autorité. Cependant, malgré le déterminisme ou la nécessité logique qui fait fléchir tout homme de bonne foi, pour peu qu'il se donne la peine de réfléchir et qu'il reconnaisse que l'intelligence humaine a aussi ses lois, il s'est rencontré des philosophes qui ont contesté le principe de finalité : « La nature, disent-ils, fait tout pour l'espèce, rien pour l'individu ; tout pour l'humanité, rien pour les hommes. » Est-il possible de pousser plus loin l'abus des abstractions réalisées ou plutôt des mots et des phrases qui ne portent sur rien? « Dieu fait tout pour l'humanité! » Mais l'humanité n'est qu'un nom collectif; elle n'est rien par elle-même; elle n'existe que par les individus qui la composent. Dire que Dieu fait tout pour l'humanité, c'est dire qu'il fait tout pour ce qui n'existe pas. C'est dire au moins que tout roule dans un cercle; c'est admettre l'état stationnaire, presque aussi incompréhensible que l'état rétrograde; c'est nier le progrès, nier l'évolution ou le transformisme, dont les lois se révèlent chaque jour à l'investigation scientifique.

Si l'on observe les transformations de la matière, si l'on étudie l'action des forces physiques et chimiques, vitales et psychiques, on constate qu'il n'est pas une particule, pas un mouvement qui se perde dans la nature.

L'Etre intelligent qui dirige tout s'est soumis lui-même au principe de finalité : non seulement il conserve tout ce qui existe, mais, suivant les lois d'un développement graduel et continu, il conduit tout vers une fin ultérieure et dernière. Si rien ne s'anéantit dans le monde, pourquoi l'homme, qui est le résumé de la création terrestre, serait-il anéanti? Si tout progresse, pourquoi le seul être qui puisse s'associer librement aux vues de la Providence serait-il condamné à voir son progrès interrompu par la mort? Enfin, pourquoi l'âme seule aurait-elle le triste privilège de périr, lorsque pas un atome ne se perd?

Si l'âme est mortelle, tout devient incompréhensible. Cette hypothèse est incompatible avec l'existence de la loi morale, car, comme nous venons de le voir, elle la rend inutile dans son mobile, sa sanction et son but. Cette loi nous dit : « Immole tout au devoir et perfectionne-toi moralement. » Mais à quoi bon me soumettre à une loi qui bientôt n'existera plus pour moi? A quoi bon se perfectionner un moment pour disparaître à jamais?

Cette hypothèse est, en outre, inconciliable avec tous les attributs de Dieu. Inconciliable avec sa puissance : si l'âme humaine était mortelle, Dieu ne serait pas tout-puissant ; il nous aurait créés, et il ne pourrait nous conserver ; il nous aurait fait naître et il ne pourrait nous faire renaître. Ne parlez pas ici d'impossibilité mathématique, car le temps et l'espace appartiennent à Dieu. Inconciliable avec sa sagesse : si l'âme était mortelle, Dieu manquerait de sagesse, car, si le néant est le sort qui nous attend, où est la proportion entre la grandeur de nos facultés et le terme auquel elles aboutissent ? Et puis Dieu aurait donc créé pour détruire ! Inconciliable avec sa bonté : si l'âme est mortelle, Dieu a manqué de bonté ; car, si l'existence actuelle épuise toute notre destinée, pourquoi nous avoir donné cette raison qui conçoit l'infini et ces désirs qui nous transportent dans l'éternité ? Dieu, pour rester bon, aurait dû nous rendre semblables à la brute, beaucoup plus heureuse que nous, parce qu'elle ne porte pas en elle-même un principe d'inquiétudes vaines et d'agitations stériles. Enfin inconciliable avec sa véracité : si l'âme humaine n'est pas immortelle, Dieu manque de véracité ; c'est lui qui dit à notre conscience et à notre cœur : « Sois juste et bienfaisant et tu vivras. » Pour obéir à cette voix céleste, l'homme vertueux immole son intérêt, sa vie même, et il meurt tout entier ! C'est Dieu même qui l'a trompé !

Pour nier l'immortalité de l'âme, il faut donc nier l'existence de Dieu, ce qui, nous l'avons vu, est impossible, la raison humaine étant ce qu'elle est. Mais, dira-t-on, quelle est cette fin ultérieure et dernière qui est réservée à l'homme ? Nous pouvons la déterminer en partie, sans avoir besoin d'invoquer un autre principe que le principe de finalité. En effet, ce principe confirmé par tous les faits que la science constate, surtout par ceux de l'*hérédité* et de l'*atavisme*, non seulement nous révèle que tout a un but, c'est-à-dire que tout ce qui paraît s'anéantir ne fait, au fond, que se transformer, mais il nous révèle encore, comme conséquence nécessaire de cette première vérité, que tout être qui se transforme conserve les qualités et les aptitudes acquises, et surtout les propriétés et les facultés naturelles qu'il possède avant de passer d'un état à un autre ; car, s'il en perdait une seule, il y aurait destruction véritable, et le principe de finalité ne serait plus absolu. Or, parmi les facultés que l'homme possède, se trouve celle en vertu de laquelle il dit *moi*, ou en vertu de laquelle il est non seulement un individu, mais encore une personne ; donc, lorsqu'il est transformé par la mort, il conserve son individualité et sa personnalité, car, s'il perdait l'un ou l'autre de ces deux attributs, quelque chose serait anéanti ; et, nous le répétons, si l'on admet que quelque chose se perde, on est forcé d'admettre q [illegible] tout se perd, parce que, dans l'œuvre de la création, tout [illegible]st soumis à des lois invariables, immuables et universelles, et qu'il ne peut y avoir ni exception, ni privilège, ni arbitraire. Il faut donc conclure que l'homme, en mourant, emporte avec lui le sentiment de son identité continue avec le souvenir de son existence antérieure (1).

En résumé, pour avoir le droit de dire que l'âme n'est pas immortelle, il faut admettre que Dieu est injuste, trompeur, cruel, capricieux et impuissant, et enfin qu'il n'est pas l'auteur de la loi morale.

Le dogme de l'immortalité de l'âme fait donc partie du dogme de l'existence de Dieu : si Dieu existe, notre âme est immortelle. Pour nier l'immortalité de l'âme, il faut prouver que Dieu n'existe pas ; c'est-à-dire il faut réformer la raison humaine, car, pour nous empêcher de concevoir une cause première intelligente, il faut nous faire comprendre *comment une fata-*

(1) Nous ne parlons pas ici des existences que l'âme a pu traverser avant de s'incarner dans un corps humain.

lité aveugle a pu produire les effets que nous voyons dans le monde; c'est-à-dire nous forcer à comprendre l'*absurde*, car, comme dit Montesquieu, « quelle plus grande absurdité qu'une fatalité aveugle qui aurait produit des êtres intelligents » ? Ainsi, notre constitution intellectuelle étant donnée, le dogme de l'immortalité de l'âme n'est pas une simple croyance, mais c'est une vérité démontrée et aussi certaine que l'existence de Dieu.

Nous existons aujourd'hui ; nous existerons demain, nous existerons toujours.

La mort n'est qu'un phénomène, une apparence, une transformation, en un mot une renaissance.

CHAPITRE XIII

DE LA DESTINÉE DE L'AME APRÈS LA MORT.

Sur les formes de la vie future, il n'y a que deux hypothèses possibles : ou bien l'homme, au sortir de la vie terrestre, trouvera dans celle qui succède immédiatement la satisfaction de tous ses besoins, ou bien il arrivera à ce bonheur peu à peu, en passant par plusieurs vies successives.

L'hypothèse de la pluralité des existences, connue, dans le principe, sous le nom de métempsycose ou transmigration des âmes, remonte à la plus haute antiquité. Chez les Indiens, chez les Perses, chez les Egyptiens et chez les Grecs, les prêtres et les philosophes croyaient que l'âme passait d'un corps dans un autre, devenant successivement et tour à tour homme, animal et même plante. Cette croyance, enseignée chez les Grecs par Pythagore, s'est épurée et ennoblie dans Platon et surtout chez les philosophes de l'école d'Alexandrie ; chez les gnostiques et quelques Pères de l'église on rejeta la métempsycose descendante, c'est-à-dire le passage de l'âme dans un animal ou dans une plante.

Cette croyance s'est complètement transformée chez les modernes. Pour ceux-ci, le mot métempsycose lui-même est impropre ; il est remplacé par le mot *métosomatose* ou réincarnation. Pour quelques jours, l'âme, douée de toutes les forces, motrices, physico-chimiques, vitales, intellectuelles et morales, est comme un centre d'attraction, appelant à lui les éléments qui lui sont nécessaires pour former un nouvel organisme, de sorte que l'homme renaissant est une sorte d'*intégration*. Ce n'est plus l'âme qui est créée pour un corps comme on le voit dans la Bible, ou comme l'enseigne le concile de Trente, c'est l'âme elle-même qui se crée un corps à son image et à sa ressemblance.

C'est à Leibnitz que revient l'honneur d'avoir posé les principes philosophiques de la croyance aux réincarnations. Cette doctrine fut adoptée plus tard et largement développée par Ch. Bonnet et par J. Reynaud. Ce dernier fonda pour ainsi dire une école, dans laquelle on compte des noms illustres : l'historien Henri Martin, A. Dumesnil, Dupont de Nemours, Delormel, Pezzani, Ballanche, Saint-Martin, E. Pelletan, E. Sue, Balzac, Mme de Gasparin, Dorian, Esquiros, P. Larroque, Flammarion, L. Figuier, etc.

L'hypothèse de vies successives est opposée à celle d'une vie unique, après laquelle le sort des âmes est définitivement fixé. Nous aurons donc à chercher ici laquelle de ces deux hypothèses s'accorde le mieux avec les faits et avec les principes de la raison et de la morale.

La croyance à une vie unique a été adoptée, en général, par les religions sacerdotales, surtout par le christianisme, qui la résume tout entière ; la création des âmes à mesure qu'un corps est formé, le péché originel, la rédemption, la formule banale : « la vie est une épreuve », le purgatoire, le ciel et l'enfer..., tels sont à peu près les fondements du rédemptorisme chrétien.

La création des âmes, telle que l'enseigne la Bible et le concile de Trente, est arbitraire d'abord, et puis elle subordonne l'âme au corps, et ne s'élève pas au-dessus du vitalisme (1).

Le péché originel ne peut être imputé à une âme nouvellement créée par Dieu ; d'ailleurs, égal pour tous, il n'explique ni les inégalités parmi les hommes, ni l'origine et l'existence du mal sur la terre : il est donc impossible de concilier le dogme du péché originel avec la sagesse, la justice et la bonté de Dieu.

Le dogme de la rédemption est contraire aux principes de l'expiation philosophiquement comprise, contraire surtout à ce principe de morale : « Le mérite et le démérite sont personnels » ; d'ailleurs, il est indigne de l'homme de demander ou d'accepter le pardon des fautes qu'il doit réparer lui-même.

« La vie est une épreuve ! » Cette maxime, adoptée même par certains philosophes, surtout par les stoïciens, devait être laissée à l'avoir des théologiens. En effet, que l'on propose à un agent libre de choisir entre deux biens, cela se conçoit et cela est permis ; mais qu'on le force de choisir entre le souverain bien et le souverain mal, cela n'est ni raisonnable, ni juste. D'ailleurs, croire que l'épreuve est légitime, c'est croire que la tentation l'est aussi, c'est nous autoriser à répéter la prière du Christ : « Ne nous induisez pas en tentation », *ne nos inducas in tentationem*, prière qui est un outrage à la Divinité.

(1) Synésius, évêque philosophe, ne pouvait croire que l'âme fût produite après le corps, et il combattait ceux qui prétendaient, avec saint Jérôme, qu'elle était créée exprès pour chaque enfant qui venait au monde.

Nous serons forcés de nous étendre davantage sur le ciel, l'enfer et le purgatoire des chrétiens.

Chateaubriand, tout en cherchant à faire ressortir la poésie du ciel des chrétiens, n'en parait pas cependant absolument satisfait : « Pour éviter, dit-il, la froideur qui résulte de l'éternelle et toujours semblable félicité des justes, on pourrait essayer d'établir, dans le ciel, une espérance, une attente quelconque de plus de bonheur ou d'une époque inconnue dans la révolution des êtres. On pourrait rappeler davantage les choses humaines, soit en tirant des comparaisons, soit en donnant des affections et même des passions aux élus. »

Ainsi, Chateaubriand lui-même voudrait réformer l'œuvre de Dieu.

L'auteur des *Horizons célestes* s'épouvante à la seule idée du bonheur des élus : « Des âmes tourbillonnant dans la lumière ou immobiles autour d'un trône ; impassibles ou absorbées dans une pensée unique : l'adoration, identique chez toutes ; perdues dans l'extase ou chantant trois paroles que les siècles redisent aux siècles : *Saint, Saint, Saint !* cela est si contraire à ce que j'ai connu, si opposé à ce que Dieu met en moi, que mon être entier s'en trouve révolté, attristé. Je subis pourtant ce ciel-là. » Au fond, notre auteur incline à croire qu'au paradis l'*ennui* pourrait bien naître de l'*uniformité*.

« Le paradis des chrétiens, dit Dupont de Nemours, où l'on ne fait que chanter et où l'on ne regarde et n'aime rien que le Père éternel, qui voulut néanmoins que toutes ses créatures fussent bienfaisantes comme lui en raison de leur capacité et de leur excellence, qu'elles s'entr'aidassent et partant qu'elles s'aimassent les unes les autres, est le moins vraisemblable et le moins ingénieux des paradis. »

Non seulement l'amour du prochain est éteint chez les élus, mais il est remplacé par un autre sentiment que l'on a même de la peine à concevoir. D'après certains théologiens, la pensée aux tourments éternels des damnés ajoute à la félicité des bienheureux : « Ceux qui seront dans la gloire, dit saint Thomas d'Aquin, n'auront aucune compassion pour les damnés ; les saints se réjouiront du supplice des damnés, voyant en lui l'ordre de la justice divine (1). » Un autre grand docteur est du même avis, mais il s'exprime avec beaucoup plus de force : « Les heureux habitants du ciel, dit-il, n'auront pitié ni de leurs proches, ni de leurs parents, condamnés aux supplices éternels ; alors les justes se réjouiront du spectacle de la vengeance ; ils laveront leurs mains dans le sang des pécheurs (2). » *Charité* chrétienne, où es-tu ?

S'il en est ainsi, n'est-ce pas à nous de plaindre les bienheureux ? A nous de prier Dieu de ne jamais nous introduire dans leur société ? Du reste, la foule qui peuple le paradis n'est pas non plus de nature à nous inspirer le désir d'y entrer jamais ; foule singulièrement mêlée : des enfants, qui ont eu la chance d'être baptisés avant de mourir ; des *prédestinés,* qui se trouvent là sans savoir pourquoi, objets d'une grâce particulière et d'une faveur toute gratuite ; des jeunes et des vieux, qui, après une vie inutile ou même criminelle, ont eu le temps de se confesser avant d'exhaler leur dernier soupir ; enfin le petit nombre de ceux qui ont pratiqué *les vertus théologales,* n'aspirant qu'à un but, leur salut éternel : voilà ce qui compose en grande partie la populace céleste. Quant à ceux qui ont travaillé pour les autres, ceux qui ont

(1) Beati qui erunt in gloria, nullam compassionem ad damnatos habebunt. Sancti de pœnis impiocum gandebunt, considerando in eis divinæ justitiæ ordinem... (*Summa theologica*, Supplementum ad testiam portam, quæst. XCXIV, art. 1, 2 et 3, t. II, Paris 1617.)

(2) Beati cœlites non tantum non cognatorum sed nec parentum sempiternis suppliciis ad ullam miserationem fatentur, tum lætabuntur justi cum viderint vindictam ; manus suas lavabunt in sanguine peccatorum. (Drexelius, *De æterno damnatorum carcere et rogo*, épître dédicatoire au nonce apostolique Corofa. Munich, 1630.)

fait progresser les sciences et les arts, qui sont morts pour la vérité, pour leur patrie et pour l'humanité, ceux-là brillent au ciel par leur absence, car ils n'ont pratiqué que des vertus utiles, vertus qui ne sont que des *vices splendides*, dit Tertullien, *splendida vitia*.

Enfin, ce que l'on peut surtout reprocher au paradis des chrétiens, c'est de trop ressembler au *Nirvana* des bouddhistes, où les âmes s'absorbent et s'anéantissent en quelque sorte dans la divinité ; c'est de détruire la liberté et, par conséquent, la personnalité ; c'est de ramener tout à l'immobilité ou à l'état stationnaire, et par là d'annihiler la grande loi du progrès et de trancher les liens de cette solidarité sublime qui unit les habitants de la terre aux habitants des mondes supérieurs.

Passons maintenant à l'enfer. Mais, ici, le théiste hésite et s'arrête à la seule pensée des monstrueuses doctrines qu'il va rencontrer en opposition avec les idées qu'il s'est faites de Dieu, de sa sagesse, de sa justice et de sa bonté.

L'enfer des chrétiens inspire à Dupont de Nemours de l'indignation et du dégoût : « Les diables de Collot, dit-il, la neige, les vents, les fouets armés de scorpions, les aliments empoisonnés, la fumée, les cendres, l'eau glacée, les vastes chaudières d'huile bouillante, et les lits de soufre enflammé, et le désespoir plus effroyable encore, et tout cela pendant l'éternité, pour des fautes passagères, sont le comble de la démence atroce, de l'injure, de la calomnie, du blasphème contre la divinité. »

Au point de vue de l'étendue, le *royaume des cieux* n'est presque rien sans doute auprès de celui des enfers ; au point de vue de la population, la disproportion est beaucoup plus grande encore ; elle est véritablement effrayante. D'abord, d'après les paroles de Jésus-Christ lui-même, presque tous les chrétiens sont damnés, car *il y a beaucoup d'appelés, mais peu d'élus*; ensuite, d'après le dogme fameux: *hors de l'église point de salut*, tous les dissidents, hérétiques, schismatiques, libres-penseurs, etc., sont dévolus aux flammes éternelles. Que l'on songe maintenant à toutes ces âmes qui ont existé avant Jésus-Christ, à celles qui existent maintenant et qui existeront plus tard sans pouvoir le connaître jamais, et l'on sera réellement épouvanté du nombre incalculable des malheureux; une pensée consolante toutefois, c'est qu'à l'exception d'Abraham et autres patriarches, on retrouve aux enfers presque tous les hommes distingués, Homère, Socrate, Platon, Epictète, Brutus, Caton, enfin tous ceux que l'histoire signale à l'admiration ou à la reconnaissance du genre humain.

Il y a quatre causes principales de la damnation éternelle: le manque de *foi*, la volonté et le bon plaisir du Créateur, ou la *prédestination*, le péché originel et le péché mortel. « C'est la *foi* qui nous sauve », dit-on; donc c'est l'absence de *foi* qui nous perd: « *Qui crediderit et baptisatus fuerit*, dit Jésus-Christ, *salvus erit; qui vero non crediderit, condemnabitur.* » (Marc, XVI.) Cette doctrine plaisait beaucoup à Luther: « *Pecca fortiter, sed crede fortius* », répétait-il souvent; paroles bien dignes d'un moine libertin, car elles signifient: « Pratique toutes les vertus, tu n'en seras pas moins damné si tu n'as pas la *foi*. »

La prédestination gratuite est un acte de la volonté de Dieu par lequel il a appelé, de toute éternité, les uns aux joies du paradis, les autres aux tourments de l'enfer. Cette doctrine a été compromise à jamais par ceux-là mêmes qui ont voulu l'établir: par la naïveté un peu étroite et lourde de saint Paul, par les sophismes de saint Augustin, par la rigidité atroce de Calvin et définitivement par les boutades de Luther, qui a osé dire: « Si nous trouvons bon que Dieu couronne des indignes, il ne faut pas trouver moins bon qu'il damne des innocents. »

Le péché originel, appelé par quelques-uns *péché original*, a précipité dans l'enfer des milliers d'enfants, morts sans baptême. On s'apitoie sur le sort de ces pauvres petits êtres, et l'on suppose qu'ils auraient le droit de dire à Dieu : « Pourquoi nous as-tu rendus responsables du crime d'un autre? Nos âmes, nouvellement créées par toi, peuvent-elles avoir des rapports avec la femme coupable d'avoir mangé une pomme? Enfin, pourquoi nous as-tu créés lorsque tu savais très bien le malheur éternel auquel tu nous destinais? » Si les enfants sont damnés par le péché originel, évidemment Dieu n'existe pas; cependant, les théologiens catholiques et protestants maintiennent leur épouvantable et inepte doctrine.

Voici ce que Bossuet écrivait au pape Innocent XII :

« La damnation des enfants morts sans baptême est de foi constante dans l'Eglise. Ils sont coupables parce qu'ils naissent sous le courroux de Dieu et dans la puissance des ténèbres. *Enfants de colère par leur nature, objets de haine et d'aversion, précipités dans les enfers avec les autres damnés, ils y resteront éternellement sous l'horrible vengeance du démon.* Ainsi l'ont décidé le docte *Denis Fetau,* l'éminentissime *Bellormin,* le *concile de Lyon* et le *concile de Florence,* et le *concile de Trente;* car ces choses ne se décident pas par des considérations tout humaines, mais par l'autorité de l'Ecriture et de la tradition. »

On se trouve profondément humilié quand on songe que ceci a été écrit par un homme de génie. Combien faudrait-il d'*oraisons funèbres* pour expier ce court passage?

Le péché *mortel* n'est pas, comme le péché *originel,* une fiction : c'est un fait réel, parole, action ou désir délictueux, imputable à celui qui en est l'auteur. Par conséquent, il est juste et même nécessaire qu'il soit expié, car toute loi doit avoir sa sanction. Mais cette sanction, dans l'eschatologie chrétienne, est-elle ce qu'elle devrait être, à savoir: équitable et bienfaisante? Evidemment, elle n'est ni l'un ni l'autre. Elle n'est pas équitable, puisque le pécheur expie dans l'éternité la faute d'un jour, d'une heure, d'un moment; elle n'est pas bienfaisante, puisqu'elle ne répare rien, et qu'elle punit pour le seul plaisir de punir. Punir pour punir! Sanction inepte et barbare, qui mettrait Dieu au-dessous de l'homme, même le plus méchant; le brigand calabrais, excellent catholique, avant de tuer le voyageur qu'il a surpris, lui dit de recommander son âme à Dieu, il lui laisse le temps de faire un *acte de contrition,* ou bien il lui donne lui-même l'*absolution in articulo mortis;* ce brigand-là vaut mieux que le Dieu qu'il adore. La conscience humaine proteste donc contre l'éternité des peines: le pécheur, après un châtiment plus ou moins prolongé, sera définitivement ou anéanti ou réhabilité. Saint Paul lui-même, qui n'est pas toujours tendre, nous dit: « Il viendra un jour où Dieu sera tout en tous. »

Parlons enfin du purgatoire. Mais d'abord où est le purgatoire? Est-il une des dépendances de l'enfer, ou bien l'antichambre du paradis? Les théologiens n'en savent rien. Ils avaient mis le ciel en haut, l'enfer en bas; mais la découverte du système de Copernic vint tout bouleverser. On raconte que Mélanchton, en apprenant cette nouvelle, s'écria: « Si cet astronome a raison, nous sommes perdus. » Il ne se trompait pas. A partir de Copernic, la terre cesse d'être considérée comme le centre du monde: il n'y a plus ni haut ni bas; le ciel, l'enfer et le purgatoire sont conçus non plus comme des lieux, mais comme des états de l'âme, les hommes étant au ciel quand ils font le bien, en enfer quand ils font le mal, et enfin dans le purgatoire quand ils travaillent à réparer le mal qu'ils ont fait aux autres et celui qu'ils se sont fait à eux-mêmes.

Le purgatoire est certainement ce qu'il y a de mieux dans le catholicisme. Nous n'approuvons pas les protestants de l'avoir rejeté; cela les a même quelquefois mis dans l'embarras. Un gentilhomme luthérien, se trouvant au lit de la mort, fit venir un *pasteur* auprès de lui et l'invita à prier Dieu de vouloir bien l'envoyer en enfer : ce gentilhomme n'aimait ni les moines ni les religieuses, et il craignait d'en retrouver au ciel. Etait-il bien sûr de ne pas en rencontrer davantage là où il voulait aller?

Espérons donc que les protestants, les *libéraux* du moins, s'il y en a, reviendront tôt ou tard à la croyance au purgatoire, mais en la dépouillant des préjugés dont elle est accompagnée dans l'esprit des catholiques.

Les moines de Cluny, sous la direction de leur saint abbé Odilon, avaient fondé chez eux une messe particulière pour les âmes du purgatoire; à la fin de chaque messe, une flamme s'élevait subitement derrière l'autel : c'était le purgatoire qui s'ouvrait et laissait échapper l'âme pour laquelle on venait de prier. Ce fait prouve que l'on croyait alors à la *vertu purifiante* du feu et de la souffrance, deux croyances qui rentrent, l'une dans le fétichisme, l'autre dans les folies de l'ascétisme. La souffrance et le feu peuvent produire dans l'âme des regrets et du repentir, mais ils ne réparent pas le mal fait à autrui ; nous n'avons donc là que la moitié de l'expiation.

Le fétichisme, d'ailleurs, est la partie grotesque de toutes les religions sacerdotales. Oubliant que l'expiation doit être intérieure et personnelle, on part de ce principe que ce qui lave le corps peut aussi laver l'âme; on attribue d'abord une vertu purificatrice à presque tous les éléments : au feu, à l'air, aux huiles, et surtout aux eaux, telles que l'eau du Gange, du Nil, du Jourdain et de la fontaine de Siloé, et même au Nirang ou l'urine de la vache, comme chez les

Mazdéens, enfin aux eaux lustrales et aux eaux bénites ; on accorde des propriétés occultes aux médailles et aux amulettes, aux signes et aux gestes, aux paroles magiques ou sacramentelles, et l'on finit par croire à l'efficacité du sang versé des animaux, des hommes et des *rédempteurs*.

Quant à l'ascétisme, il va jusqu'à la folie et au crime, d'après Dupont de Nemours : « Quand, dit-il, on vous dira que, pour plaire à Dieu, un homme doit vivre dans la contemplation, l'oisiveté, la solitude ; qu'il faut s'abstenir de manger lorsqu'on a faim, qu'il est bon de se déchirer la peau par un cilice ; de se donner ou de recevoir des coups de discipline, que celui qui se marie fait bien et que celui qui ne se marie pas fait mieux (1) ; qu'il faut, autant qu'il est en soi, anéantir les races futures ; qu'il est louable de ne transmettre à personne la vie qu'on a reçue et qu'on aime ; qu'une belle jeune fille doit faire serment de renoncer au bonheur d'être un jour épouse et mère : n'en croyez rien. »

S'imaginer que les tortures guérissent les maladies de l'âme, c'est comme si l'on croyait qu'une rage de dents peut guérir une canine ou une molaire attaquée.

L'eschatologie chrétienne est donc contraire à la raison et à la morale. L'hypothèse d'une vie unique aboutissant au ciel ou à l'enfer est la négation d'un plan et d'un dessein dans l'univers, de la liberté, du progrès et de la solidarité ; elle n'explique ni les inégalités parmi les hommes, ni l'origine du mal ; elle méconnaît la sagesse, la justice et la bonté de Dieu ; elle nous représente le père du genre humain comme un despote idiot, fantasque et cruel, qui se plaît à éprouver ou à tenter ses enfants, pour les abêtir enfin dans le ciel, ou pour les faire souffrir dans l'enfer. Enfin elle aboutit à l'immobilité absolue, c'est-à-dire à la mort ou au néant.

(1) Épître de saint Paul aux Corinthiens.

Voilà ce que répètent sur tous les tons les partisans de la *palingénésie;* voici ce que dit l'un d'eux:

« Dieu nous aura tirés du néant, il nous aura doués d'une funeste liberté, nous aura fait traverser des tentations sans nombre et des épreuves multipliées, et, après une courte vie qui n'est qu'un point dans le temps, il nous fermera à jamais la porte du repentir et de la réhabilitation; il fixera notre mobile succession et nous donnera aussi, à nous, êtres bornés, notre absolu, notre domaine immuable, le domaine du mal et de la douleur; il nous brûlera dans les flammes de son éternel autodafé, inexorable feu qui calcinera sans purifier, supplice atroce qui torturera sans régénérer (1). »

Ainsi, l'hypothèse d'une vie unique met la Providence en cause; elle nous permet de nous plaindre et de dire à Dieu: « Pourquoi nous as-tu infligé l'existence? L'insensible néant t'avait-il demandé l'être, et de plus était-il coupable? »

L'hypothèse des vies successives, au contraire, fait éclater la sagesse, la justice et la bonté divines. Nous avons montré ailleurs (2) que seule elle explique les inégalités parmi les hommes et l'origine du mal; montrons ici qu'elle nous donne des idées plus justes du mal moral ou du *péché,* de l'expiation, du plaisir et de la douleur, et de ce qu'on appelle vulgairement récompenses et peines.

Les prêtres n'ont vu dans le péché qu'une chose: la désobéissance et l'offense à Dieu. Ne dirait-on pas que Dieu n'a fait des lois que pour le plaisir de se faire obéir, et dans l'espérance de pouvoir s'irriter lorsqu'elles seront violées? Convient-il de prêter à Dieu des mobiles qu'on n'oserait pas prêter au législateur humain? Lycurgue et Solon, en établissant leurs lois, ne se proposaient pour but que le bonheur des hommes, et ils ne se croyaient pas personnellement

(1) A. Pezzani, *L'homme, l'humanité et ses progrès.*
(2) Section III.

outragés chaque fois que ces lois étaient enfreintes. Esculape était le dieu de la médecine ; que penserions-nous de lui, si on nous disait qu'il se fâchait contre ceux qui avaient la fièvre ou la migraine? Le vice est une maladie de l'âme beaucoup plus dangereuse que les maladies du corps. Pourquoi voulez-vous que Dieu s'en irrite, et qu'il éprouve pour les coupables autre chose qu'un sentiment de compassion et le désir de les ramener au bien par un châtiment salutaire? Les prêtres, en se constituant les ministres des vengeances et des faveurs célestes, ont plus consulté leurs intérêts que la moralisation des hommes et la gloire de leur dieu. En voulant ramener tout à la morale religieuse ou plutôt à l'obéissance à Dieu, ils ont fait bon marché de la morale individuelle et de la morale sociale; ils ont oublié que l'observation de ces deux morales est précisément le but de la législation divine.

L'expiation, dans la législation divine, est la réparation du mal que nous avons fait aux autres et de celui que nous nous sommes fait à nous-mêmes en nous dégradant moralement ; on pourrait dire encore qu'elle est l'ensemble des moyens employés par Dieu pour nous conduire à notre fin, qui est la conservation et le perfectionnement de notre être ; de sorte qu'à proprement parler, elle est une éducation véritable : l'éducation naturelle et divine.

L'expiation s'identifie avec la sanction. Or, la sanction de la loi morale, immédiate et constante, est avant tout non seulement juste mais équitable, et de plus bienfaisante ; équitable parce que la peine se tire de la nature même de l'acte et lui est exactement proportionnée ; bienfaisante, parce que cette peine est non une punition, mais un avertissement qui invite le coupable à la résipiscence.

Le plaisir et la douleur, dans l'institution divine, ne sont pas, rigoureusement parlant, des récompenses et des punitions, car Dieu, en faisant de l'homme un agent libre et moral, n'a pas voulu sans doute l'avilir en l'engageant lui-même à sortir des bornes de l'amour de soi, pour tomber dans le vil égoïsme ; ce serait par là dépouiller l'âme de son caractère divin, car l'âme, dit Pezzani avec tous les moralistes, « tend à la perfection, et il n'y a de perfection pour elle que dans l'accomplissement du devoir, parce que c'est le devoir. Substituer à ces tendances, qui constituent réellement la grandeur de l'homme, l'appât des récompenses futures, c'est retomber dans la doctrine de l'intérêt bien entendu : la vertu ne serait plus alors qu'un habile calcul (1) ». (Pezzani, *Les pluralités des existences de l'âme,* Introd., p. xv.)

Ce que nous appelons *récompense* tend à nous faire observer la loi ; ce que nous appelons *punition* tend à nous empêcher de la violer. La punition est non pas un mal, mais un bien. De là, une conséquence très importante que nous avons développée ailleurs (2), c'est que Dieu ne *pardonne jamais.* Sans doute, en vertu de sa sagesse immuable, il ne fait pas plus de miracles dans l'ordre moral que dans l'ordre physique, laissant agir la grande loi qui lie les effets aux causes ; mais, en vertu de sa justice et de sa bonté, il nous doit le châtiment de nos fautes, en fournissant aux coupables les moyens d'expier et de réparer le mal qu'ils ont fait. C'est ce que Platon paraît avoir compris lorsqu'il dit : « Un crime ayant été commis, mieux vaut le châtiment que l'impunité. » Le *droit de pardonner* n'est donc en Dieu que le devoir de *punir.* Ceux qui se sont octroyé la puissance d'*absoudre* et de *pardonner* ont donc usurpé un droit que Dieu ne s'est pas réservé à lui-même.

(1) De là, pour les ascètes et pour les salutistes, cet avertissement salutaire que leurs austérités, leurs macérations, etc., qu'ils croient *si méritantes,* ne s'élèvent même pas jusqu'à la moralité, et, par conséquent, ne leur confèrent aucun droit au bonheur qu'ils ont rêvé.

(2) *Science des religions,* p. 243.

Ainsi, dans l'hypothèse des réincarnations successives, il existe aussi un paradis et un enfer ; mais ils ne sont pas dans un lieu particulier dans lequel la Divinité a son trône où elle attend les hommages et les félicitations des béats, son tribunal, où elle exerce les fonctions de grand justicier. Ce paradis et cet enfer sont partout : l'homme juste et le méchant les portent au fond de leur cœur ; la paix intérieure, la satisfaction du cœur, les joies de la conscience, les plaisirs de la bienfaisance et du dévouement, l'enthousiasme de la vertu et de l'héroïsme, voilà le paradis du premier ; les regrets et les remords, les sécheresses de l'égoïsme, les tristesses sombres, les soucis dévorants, les passions déréglées, ces vautours de l'âme, voilà l'enfer du second.

Les récompenses ou les châtiments que nous espérons ou que nous redoutons sont les conséquences immédiates et inévitables de nos actions bonnes ou mauvaises; c'est ce que les païens comprenaient mieux que nos théologiens catholiques ou protestants : « Toutes les horreurs que l'on raconte des enfers, dit Lucrèce, c'est dans la vie que nous les trouvons. » Ce malheureux Tantale, glacé d'effroi sous l'énorme rocher qui va tomber, c'est l'homme livré à la superstition qui redoute le vain courroux des dieux dans tous les événements qu'amène le hasard.

Il n'est pas vrai non plus que Tityc, couché sur le bord de l'Achéron, soit dévoré par des vautours..... Le vrai Tityc est celui que l'amour a terrassé, que rongent les soucis dévorants et dont le cœur est en proie à tous les tourments des passions.

Le vrai Sisyphe, nous l'avons aussi sous les yeux dans la vie : c'est celui qui s'obstine à demander au peuple les faisceaux et les haches redoutables, et qui se retire toujours avec des refus et la tristesse dans le cœur.

« Puis, repaître à chaque instant la faim de son âme, la

combler de biens sans jamais la rassasier....., n'est-ce pas le supplice de ces jeunes femmes qui versent sans cesse de l'eau dans un vase sans fond, sans pouvoir jamais l'emplir (1)? »

Ce Cerbère, ces Furies, ce Tartare ténébreux dont les bouches vomissent la flamme, sont autant d'objets fabuleux qui n'existent point et ne peuvent exister. Mais les malfaiteurs sont punis dans cette vie par la crainte de peines proportionnées à leurs crimes, et, si les bourreaux manquent, la conscience elle-même, tourmentée d'avance par la crainte du châtiment, déchire le cœur de ses fouets, le perce de ses aiguilles. Ainsi, la vie présente est l'enfer des insensés.

L'hypothèse de la palingénésie est la seule qui s'accorde avec l'idée de progrès et la grande loi de continuité dans la création. « L'âme, dit E. Pelletan, ira du soleil au soleil, montant toujours et passant successivement de l'homme à l'ange et de l'ange à l'archange. »

Enfin, la croyance à la pluralité des existences s'accorde avec la croyance à la pluralité des mondes habités et avec la loi de solidarité entre les habitants de la terre et ceux des autres globes : « Mettons-nous en face de l'universalité des mondes, dit C. Flammarion : qui nous dit que ces mondes et leurs humanités ne forment pas dans leur ensemble une série, une unité hiérarchique? Qui nous dit que la grande humanité collective n'est pas formée par une suite non interrompue d'humanités individuelles assises à tous les degrés de l'échelle de la perfection? Au point de vue de la science, c'est là une déduction qui découle naturellement du spectacle du monde ; au point de vue de la raison, on ne saurait refuser que cette manière d'envisager le système général de l'univers ne soit préférable à celle qui se contenterait de considérer la création comme une agglomération confuse de

(1) Lucrèce, lib. III, v. 972.

globes peuplés d'êtres divers, sans harmonie, sans unité et sans grandeur. Si le monde intellectuel et le monde physique forment une unité absolue ; si l'ensemble des humanités sidérales forme une série progressive d'êtres pensants, depuis les intelligences d'en bas, à peine sorties des langes de la matière, jusqu'aux divines puissances qui peuvent contempler Dieu dans sa gloire et comprendre ses œuvres les plus sublimes, tout s'explique et tout s'harmonise, l'humanité terrestre trouve sa place dans les degrés inférieurs de cette vaste hiérarchie et l'unité du plan divin est établie. »

« Nous devons voir tous les êtres qui composent l'univers reliés entre eux par la loi d'unité et de solidarité, tant matérielle que spirituelle, qui est une des premières lois de la nature. Nous devons savoir que rien ne nous est étranger dans le monde, et que nous ne sommes étrangers à aucune créature, car une parenté universelle nous réunit tous. »

« A l'infini de nos aspirations, l'astronomie donne l'infini de l'univers, et nous pouvons dès aujourd'hui contempler le ciel où nos destinées nous attendent. »

« Voilà l'humanité collective. Les êtres inconnus qui habitent tous ces mondes de l'espace, ce sont des hommes partageant une destinée semblable à la nôtre. Et ces hommes ne nous sont point étrangers : nous les avons connus ou nous devons les connaître un jour. Ils sont de notre immense famille humaine; ils appartiennent à notre humanité. » (*La Pluralité des mondes habités.*)

On fait à l'hypotèse de la palingénésie l'objection suivante : Nous ne nous souvenons pas, dit-on, d'avoir existé avant de naître à la vie actuelle. Alors que deviennent l'identité et la personnalité ? Nous répondons qu'elles sont non détruites, mais seulement voilées, comme dans la période de la vie embryonnaire et pendant le sommeil. D'ailleurs, n'est-il pas permis de supposer, avec J. Reinaud, qu'il viendra un temps où nos facultés plus développées nous permettront d'embrasser d'un coup d'œil nos existences antérieures ? Qui ne sait qu'après certaines maladies, les fièvres cérébrales par exemple, la mémoire nous rappelle des faits que nous avions totalement oubliés et que l'âme acquiert une lucidité d'esprit particulière, qui s'obscurcit peu à peu avec la convalescence?

M. J. Simon présente la même objection sous deux autres aspects : « Quand l'âme, dit-il, en changeant de corps, a perdu tout souvenir, le châtiment n'est plus un châtiment, c'est une cruauté ; et la récompense aussi n'est plus qu'une générosité sans motif. »

« La doctrine qui transforme les biens et les maux de la vie actuelle en récompenses et en châtiments détruit les sources de la charité, en ne nous faisant plus voir dans les malheureux que des coupables (1). »

La première objection n'a de valeur que si on se met au point de vue de ceux qui comprennent les mots *châtiments* et *récompenses* comme les comprend le vulgaire ; au point de vue de ceux qui se sont fait un triple domaine du ciel, de l'enfer et du purgatoire; enfin, au point de vue de ceux qui considèrent la vie actuelle comme une épreuve et les hommes comme des mercenaires, n'agissant que pour un salaire, ou comme des esclaves, ne travaillant que par crainte des châtiments.

Quant à la crainte de tarir les *sources de la charité*, elle nous paraît, sinon chimérique, du moins fort exagérée : d'abord, si de la charité on ôte ce qui appartient à la justice, celle-là aura toujours un champ assez vaste à parcourir, car la plupart des maux qui affligent l'humanité viennent de l'influence des milieux, de la lutte pour la vie et des accidents imprévus et fortuits. Si les *malheureux* en général ne sont

(1) J. Simon, *La Religion naturelle*, p. 290, 293.

que des *coupables*, c'est une raison de plus pour les sages de leur venir en aide, car les maladies de l'âme sont pires que celles du corps ; une raison de plus pour les législateurs de s'occuper de la moralisation des peuples. Dans la guerre implacable entre les riches et les pauvres, la croyance aux réincarnations successives apprendra aux premiers que, par l'abus de la force et des richesses, ils ne doivent pas préparer eux-mêmes leur déchéance pour le présent et pour l'avenir; elle apprendra aux seconds que chacun est maître de son propre sort, que les inégalités qui nous séparent viennent de nous-mêmes ou de nos ancêtres, que la force du corps, de l'intelligence et de la volonté est une propriété légitime, un capital donné par la nature, et que la plainte et la révolte ne peuvent tourner qu'à leur désavantage : elles ont contre elles la justice ; enfin, cette croyance fera peut-être ce que le christianisme n'a pas fait: elle pourrait prévenir les utopies folles et les haines, les convoitises insensées et les espérances irréalisables.

Les objections de l'auteur que nous citons ici ne l'autorisent donc pas à préférer l'hypothèse de la vie unique à celle des vies successives; elles ne l'autorisent pas surtout à résoudre le problème de la destinée de l'homme en s'en tenant à la formule du cathéchisme : « Voir Dieu face à face, et l'aimer de tout son cœur pendant toute l'éternité. » *(La religion naturelle*, p. 312.)

En comparant l'une à l'autre les deux hypothèses de la vie unique et des vies successives, nous avons vu que la première, ne pouvant rendre compte des inégalités parmi les hommes et de l'origine du mal autrement que par le *péché originel*, égal pour tous, compromet la sagesse, la justice et la bonté divines et, par conséquent, mène directement à l'athéisme, en n'offrant à notre amour et à notre adoration qu'un Dieu capricieux, injuste et cruel; nous avons vu que la seconde, au contraire, en attribuant à des fautes commises dans une vie antérieure les inégalités de la vie présente ainsi que le mal moral et une grande partie du mal physique, justifie la Providence, nous présente Dieu comme le père du genre humain, nous fait voir dans l'homme non pas un être isolé, mais un frère uni à ses semblables par les liens de la solidarité ; non un misérable fixé à un seul point de la durée et de l'étendue, mais un citoyen du monde, un membre de la *grande cité de Dieu,* selon l'expression de Marc-Aurèle ; enfin, un être indéfiniment perfectible et maître dorénavant du temps et de l'espace infinis, car la pluralité des existences lui ouvre des horizons nouveaux et illimités, en s'unissant en lui à la croyance à la pluralité des mondes, où nous trouverons un séjour après la mort, où les âmes, revêtues de *corps glorieux* et affranchies enfin des lois de la pesanteur, pourront voyager en toute liberté et avec la rapidité de la pensée.

Nous pouvons donc admettre l'hypothèse des réincarnations successives, non sans doute comme une vérité démontrée, mais du moins comme une de ces croyances rationnelles qui peuvent nous consoler de la vie et de l'existence ici-bas (1).

(1) Voici comment Shelley parle de l'âme de la jeune Ianthe qui vient de mourir : « Ame d'Ianthe, réveille-toi, lève-toi ! Soudain, se leva l'âme d'Ianthe; elle était debout dans sa pureté nue, image parfaite de sa forme corporelle. Belle et gracieuse au delà de toute expression, dépouillée de toutes les marques de son existence terrestre, elle avait repris sa dignité native, immortelle au sein de la mort. Sur la couche gisait le corps, plongé dans un profond sommeil; ses traits étaient fixes et sans expression ; cependant, la vie l'animait encore et chaque organe remplissait ses fonctions. C'était un spectacle merveilleux de voir le corps et l'âme. Mêmes linéaments ! Mêmes marques d'identité ! Et cependant quelles différences ! L'une tend au ciel ; elle soupire après son éternel héritage, changeant toujours, s'élevant toujours sur les degrés de l'être ; l'autre, le jouet malgré lui de la circonstance et de la passion, lutte quelque temps, arrive rapidement au terme de sa triste durée et, comme une machine inutile et usée, s'arrête, dépérit et disparait. » (*Queen mab.*)

Les rêves des poètes ne seraient-ils que des rêves, quoi qu'il en soit, la croyance aux réincarnations successives de l'âme est une croyance *rationnelle* et qui s'impose, par conséquent, à la *foi philosophique.*

CHAPITRE XIV

LE CULTE.

Nous avons envers la Divinité des devoirs directs, qui constituent la morale religieuse proprement dite et qui se résument et s'expriment dans le culte soit intérieur et privé, soit extérieur et public.

Les devoirs qui se rapportent directement à Dieu sont déterminés par nos rapports avec lui. Or, Dieu est celui qui nous a créés, qui nous conserve, qui nous soumet à la loi morale, en nous assignant une fin et en nous donnant les moyens de l'atteindre, c'est-à-dire une intelligence pour la connaître et une volonté libre pour la réaliser; en moins de mots, il est notre père, notre maître et notre juge. Nous devons donc, par rapport à lui, nous attacher à faire naitre et à entretenir en nous des sentiments d'amour et de reconnaissance, de respect et de crainte filiale, de résignation, de soumission et d'obéissance aux lois particulières et générales qui nous révèlent sa volonté et sa providence universelle. Ces dispositions de l'âme constituent le culte intérieur.

Aux hommes vraiment religieux, ce culte suffit: les vaines cérémonies, les temples, les sanctuaires et les autels même les importunent; ils diraient volontiers avec Diderot: « Les hommes ont banni la Divinité d'entre eux; ils l'ont reléguée dans un sanctuaire; les murs d'un temple borne sa vue: elle n'existe point au delà. Insensés que vous êtes, détruisez ces enceintes qui rétrécissent vos idées, élargissez Dieu: voyez-le partout où il est, ne dites pas qu'il n'est point (1)! »

(1) Diderot, *Pensées philosophiques.*

Ils diraient avec le poète :

Ame de l'univers, Dieu, Père, Créateur,
Sous tous ces noms divers, je crois en toi, Seigneur !
Et, sans avoir besoin d'entendre ta parole,
Je lis, au front des cieux, mon glorieux symbole.
L'étendue à mes yeux révèle ta grandeur,
La terre ta bonté, les astres ta splendeur.
Tu t'es produit toi-même en ton brillant ouvrage ;
L'univers tout entier réfléchit ton image.

(Lamartine, *Méditations poétiques*. La Prière.)

Le culte intérieur, ainsi compris, suffit aux âmes d'élite ; mais il est trop pur et trop élevé pour que la grande majorité des hommes puisse y atteindre. Pour ceux-ci, il faut un culte extérieur et même public, afin de les arracher, de temps en temps du moins, aux préoccupations de la vie matérielle.

Pour certains philosophes et pour les fauteurs des religions sacerdotales, il est admis, comme presque démontré, que la religion rationnelle ne comporte pas de culte public. M. J. Simon s'exprime ainsi dans son livre de la *Religion naturelle*. « Personne ne saurait puiser dans les dogmes de la religion naturelle ni la mission de fonder un culte public, ni l'autorité nécessaire pour le diriger ; l'Etat lui-même ne saurait parvenir à se donner le caractère religieux, à moins qu'il ne recoure à une révélation. » « La religion naturelle comporte la prière et quelques actes religieux, plutôt qu'un culte public. » « Aucune communion ne peut être fondée sur la religion naturelle, ni en dehors de l'Etat, ni sous les auspices de l'Etat. Le culte philosophique peut être manifesté extérieurement, mais il ne peut jamais avoir un caractère public. » (P. 395 et suiv.) Pour appuyer sa thèse, l'auteur rappelle les vaines tentatives par lesquelles on a essayé, pendant la Révolution, de remplacer le catholicisme par le culte de la *Raison* et de l'*Etre suprême*.

A quoi bon faire des livres sur la religion naturelle quand

on est disposé à faire tant de concessions aux religions révélées? Telle est notre constitution (et M. J. Simon le reconnaît lui-même), que nous ne pouvons être affectés d'un sentiment quelconque sans que ce sentiment se manifeste de lui-même par certains actes et par certains signes. Le culte extérieur est donc la manifestation naturelle et nécessaire du culte intérieur. S'il en est ainsi, pourquoi un certain nombre de signes et d'actes extérieurs ne constitueraient-ils pas un culte public?

Les sociniens n'avaient-ils pas un culte à eux? Et les unitaires de l'Amérique du Nord ne forment-ils pas une multitude d'Eglises qui ne professent que le pur déisme, c'est-à-dire la religion naturelle? Enfin, de ce que les déistes de la Convention et après eux les théophilhantropes n'ont pas réussi à établir en France le culte de l'Etre suprême, que faut-il en conclure, sinon qu'ils se sont trompés en politique? Ils ont cru qu'on pouvait fonder un État libre avec des hommes à peine affranchis et qu'on pouvait imposer un culte rationnel à des hommes abrutis par dix-huit siècles de superstitions. Mais Socrate lui-même n'aurait pu créer une religion nouvelle pour les initiés aux mystères de Bacchus et de Cérès, de même que Lycurgue et Solon n'auraient pu fonder la république de Sparte avec des Ilotes et la république d'Athènes avec des Béotiens. Un événement qui n'a pu se produire dans le passé pourra se produire dans l'avenir, les circonstances étant changées. La religion rationnelle, qui jusqu'à présent n'a pu s'établir nulle part, deviendra, dans un avenir plus ou moins éloigné, la religion universelle. Aux catholiques qui se rient de l'impuissance des philosophes à fonder un culte, nous répondrons avec Georges Sand, cette grande et noble intelligence: « Vous nous reprochez de ne point avoir d'église ni de culte, sans vous apercevoir que vous nous défendez d'en avoir qui ne soient pas les vôtres, et que, jusqu'ici, presque tous les gouvernements nous ont interdit d'être autre chose en public que catholiques, protestants ou israélites. »

« Vous ne faites même point grâce aux schismatiques: les grecs vous sont plus odieux que les musulmans, et, le jour où une centaine d'adeptes d'une religion nouvelle se réuniraient pour bâtir ou dédier un temple en France, vous le feriez fermer par l'autorité civile, quelle qu'elle fût, car vous la contraindriez à cette mesure de prudence en soulevant l'émeute du fanatisme autour des sanctuaires nouveaux. » « A quelque Église que nous appartenions, nous ne sommes donc pas libres de la fonder et de la manifester, et le reproche que vous nous adressez est l'équivalent de cette naïveté d'un prédicateur étranger : » « La preuve que le divorce choque les » mœurs, c'est qu'on n'en a pas vu un cas depuis qu'il est » supprimé (1). »

On nous demandera sans doute quel sera le culte public dans la religion naturelle. Qu'on nous permette de dire, en courant, ce qu'il ne sera point et en même temps ce qu'il pourra être. D'abord nous n'aurons ni cérémonies, ni rites fondés sur des mythes absurdes ou sur des légendes insensées, ni magie blanche, ni magie noire, et par conséquent ni formules cabalistiques, ni incantations, ni exorcismes. Nous n'aurons ni offrandes, ni sacrifices, ni eau bénite, ni goupillon, ni chapelets, ni rosaires, ces machines à calculer de la dévotion, ces deux équivalents des moulins à prières. Nous n'aurons ni amulettes, ni scapulaires, ni médailles miraculeuses, rien enfin de tout ce qui constitue la bimbeloterie religieuse.

Il est une chose surtout qui sera sévèrement exclue du culte des déistes, c'est le confessionnal : personne n'ayant le droit de s'interposer entre l'homme et Dieu, nous n'aurons ni directeurs ni confesseurs; nous pourrons dire avec l'un

(1) G. Sand, *Mademoiselle de la Quintinie*, p. 316.

des prédicateurs de Voltaire : « Nous n'avons point parmi nous de prêtres qui nous aplanissent la voie du crime en osant nous absoudre, de la part de Dieu, de toutes les iniquités que sa loi éternelle condamne (1). »

Pour remplacer les *confesseurs*, nous aurons des moralistes, qui nous aideront à entretenir en nous le souvenir amer mais salutaire de nos fautes, non pour en demander pardon à Dieu, mais pour appeler sur nous le châtiment et l'expiation.

Voilà, en partie, ce que le culte des déistes ne sera point. Voyons maintenant ce qu'il sera, c'est-à-dire voyons si la religion naturelle contient tous les éléments nécessaires pour former un culte complet.

D'abord, pourquoi la religion naturelle n'aurait-elle pas son clergé particulier : ses ministres, sous le nom de docteurs, conférenciers ou prédicateurs, ses maîtres de cérémonies, ses *prêtres* même, si l'on veut, puisque, dans le principe, ce dernier mot ne signifiait rien autre chose que *vieillard?* « Où est le mal, dit Voltaire, de charger un citoyen, qu'on appelle vieillard ou prêtre, de rendre des actions de grâces à la Divinité au nom des autres citoyens, pourvu que ce prêtre ne soit pas un Grégoire VII, qui marche sur la tête des rois, ou un Alexandre VI, souillant par un inceste le sein de sa fille qu'il a engendrée par un stupre, et assassinant, empoisonnant, à l'aide de son bâtard, presque tous les princes ses voisins ; pourvu que, dans sa paroisse, ce prêtre ne soit pas un fripon volant dans la poche des pénitents qu'il confesse et employant cet argent à séduire les petites filles qu'il catéchise ; pourvu que ce prêtre ne soit pas un Le Tellier, qui met tout un royaume en combustion par des fourberies dignes du pilori? » « Un sot prêtre excite le mépris ; un mauvais prêtre inspire l'horreur ; un bon prêtre, doux, pieux, sans supers-

(1) *Philosophie, Profession de foi des théistes*, t. I.

tition, charitable, tolérant, est un homme qu'on doit chérir et respecter. Ne condamnons pas l'usage quand il est utile à la société, quand il n'est pas perverti par le fanatisme ou par la méchanceté frauduleuse. » *(Dictionnaire philosophique,* article « Dieu », « Dieux ».) Au fond, c'est bien une Eglise laïque qu'on nous propose ici. L'enseignement y sera *gratuit,* mais non *obligatoire :* au contraire, il sera absolument libre. Par là, on ne sera plus tenté d'appliquer le *compelle intrare,* ce fameux précepte qui imposait comme devoirs le mensonge et l'hypocrisie ; par là, pour convertir les gens, on ne sera plus tenté de recourir à la confiscation des biens, à la prison, aux bûchers, à la roue, à la torture ou à l'estrapade.

Quel sera en lui-même cet enseignement ? Il portera sur les objets les plus importants : sur les dogmes de l'existence de Dieu, de la Providence et de l'immortalité de l'âme; sur les principes de la morale et sur les devoirs du culte. Il aura même ses mystères, et par là il aura de quoi satisfaire aux tendances mystiques de la nature humaine; mais ces mystères seront ceux devant lesquels la science elle-même s'arrête : ils ne seront pas contraires à la raison, et par conséquent leur exposition ne prédisposera ni à l'incrédulité, ni au discrédit de la religion. Mais, du reste, cet enseignement s'adressera moins à la foi qu'à la raison : loin de combattre la science, il l'appellera plutôt à son secours. Un prédicateur de l'Eglise anglicane s'était aperçu que ses *homélies* et ses commentaires des textes bibliques laissaient son auditoire indifférent et froid; il prit pour sujet de sermon la doctrine astronomique de Newton, et, à son grand étonnement, il vit qu'il avait produit une impression profonde et une vive admiration de la sagesse et de la puissance du Créateur.

Ajoutons que les principes du déisme sont à la portée de toutes les intelligences, car ils sont pour ainsi dire gravés dans tous les cœurs ; on les trouve d'ailleurs exposés et développées dans une multitude d'ouvrages, nommément dans la *Profession de foi du vicaire savoyard* par J.-J. Rousseau, dans le *Catéchisme de la loi naturelle* de Volney, dans mille passages de Voltaire, tous pleins de bon sens et d'éclat, et surtout dans ces discours intitulés *Homélies,* petits chefs-d'œuvre qui valent tous les sermonnaires du monde. De là on pourrait tirer un catéchisme pour les enfants et un symbole pour les adultes, catéchisme et symbole non adaptés aux intérêts d'une secte qui se pose en ennemie d'une autre secte, mais appropriés à nos besoins intellectuels et moraux et appelant tous les hommes à l'union et à la concorde. L'apostolat dans la religion naturelle sera donc possible, comme dans le bouddhisme, le christianisme et le mahométisme.

Le but du déisme étant, avant tout, de développer les sentiments altruistes, les œuvres de bienfaisance ou de charité n'y seront pas, comme sous le régime du monopole religieux, exposées à devenir une des formes de la mendicité déguisée, ou l'exploitation de l'enfance, de la vieillesse et des infirmités humaines.

Le déisme n'admettant pas l'opinion impie que la vie est une épreuve et que Dieu a créé le mal pour tenter l'homme, la prière deviendra absolument désintéressée : elle ne sera pas une demande qui met à chaque instant la Divinité en demeure de faire un miracle ; mais elle sera un hommage, un acte de foi et de résignation ou de reconnaissance, un encouragement à la vertu.

Les rites du déisme seront simples et peu nombreux, parce que personne, n'y vivant de l'autel, ne sera intéressé à les multiplier pour se rendre nécessaire.

Le ritualisme d'ailleurs étouffe presque toujours le sentiment religieux ; les vaines cérémonies dispensent bien souvent du culte intérieur, et le piétisme, en général, n'engendre qu'une satisfaction béate et un sot orgueil, né d'une humilité plus sotte encore.

Quoique simple, le culte public de la religion naturelle aura sa grandeur et sa poésie. Les arts plastiques et les arts phoniques, s'adressant à l'imagination et au cœur, trouveront des symboles et des emblèmes (1) pour faire naître l'émotion mystique et pour entretenir dans l'âme ses aspirations vers l'idéal et vers l'infini.

La religion naturelle embrassant le culte de la patrie, le culte des morts et surtout des grands hommes, ne serait-il pas permis d'instituer des fêtes locales et nationales en l'honneur de ceux qui ont bien mérité de la science, des arts et des lettres, de la patrie et de l'humanité? Les noms de Turenne et de Condé, de Galilée et de Descartes, de Voltaire et de J.-J. Rousseau, pâliraient-ils à côté des noms d'Ignace, de Dominique, de Siméon le Stylite, de Labre le mendiant et de tous ceux qui n'ont travaillé que pour leur *salut éternel?* On a élevé des autels aux *vertus théologales :* serait-il ridicule d'en élever à la raison, à la vérité, à la bonne foi, à la justice, à la générosité, à la pudeur, à la frugalité, à la gloire, à l'immortalité, enfin à toutes les vertus civiques et républicaines? Ces vertus, disent les dévots, ne sont que des vices splendides, *splendida vitia,* parce qu'elles mènent à la damnation; ceux qui les pratiquent, dit un théologien, sont tourmentés là où ils sont, loués là où ils ne sont pas, cruciantur ubi sunt, laudantur ubi non sunt.

La religion bien entendue dit, au contraire, que les plus grandes vertus sont celles qui, n'ayant pas leur principe dans l'égoïsme, peuvent servir le prochain.

Le culte public est donc possible dans la religion naturelle

(1) La même chose peut être tour à tour emblème et symbole. Le serpent, par exemple, est l'emblème de la médecine et le symbole de l'esprit malin ou du démon.

comme dans les systèmes sacerdotaux. Ajoutons qu'il est nécessaire.

Il ne suffit pas que le culte intérieur revête des formes extérieures, il faut que ces formes soient communes à tous les membres d'une même société religieuse. Le culte public est nécessaire, sinon comme but, du moins comme moyen. Si l'on supprimait les symboles et les cérémonies religieuses, l'homme tomberait bientôt dans l'oubli de Dieu et la négligence de ses devoirs envers lui.

Les préoccupations de la vie et les distractions extérieures tendent à nous éloigner de Dieu.

C'est donc un devoir pour les hommes de s'associer entre eux pour l'institution d'un culte public : c'est le moyen le plus efficace d'entretenir et d'augmenter l'énergie du sentiment religieux ; « Dieu, dit Fénelon, a fait les hommes pour vivre en société; il faut qu'ils puissent s'édifier, s'instruire, se corriger, s'exhorter, s'encourager les uns les autres, louer ensemble le père commun et s'enflammer de son amour. »

La culture religieuse n'a jamais été plus nécessaire qu'à l'époque où nous vivons. Qu'il y ait un *péril social* (1), causé par l'irréligion; que l'on soit à la veille d'une crise formidable, annoncée par les menaces du socialisme grondant, c'est ce que nous crient sur tous les tons les évêques catholiques dans leurs écrits, leurs sermons et leurs mandements : ils en parlent avec d'autant plus d'assurance qu'eux-mêmes et leurs prédécesseurs ont créé ce *péril* et qu'eux-mêmes préparent cette *crise*, en irritant les convoitises du quatrième état, ou du moins en s'offrant à lui pour soutenir et diriger ses revendications. Ne pouvant plus s'appuyer sur la royauté ni sur la noblesse, n'espérant presque rien du tiers état, voué exclusivement au culte du dieu des richesses, ils remuent la lie

(1) Voir *l'Athéisme et le Péril social*, par Mgr Dupanloup, et les discours de M. de Mun.

d'en bas et ils agitent l'écume d'en haut, pour amener une révolution quelconque qui ne peut servir que les intérêts de l'Eglise; car une catastrophe, quelle qu'elle soit, ravive toujours la superstition (1).

Pour conjurer ce péril, pour éviter ou du moins pour ajourner cette crise, le plus sûr, selon nous, serait de faire marcher de front le progrès moral avec le progrès matériel.

Mais, pour arriver à ce résultat, nous n'avons, en dehors de la religion, que les moyens suivants : les lois civiles et le code pénal, l'opinion, ou le désir de l'approbation et la crainte de la désapprobation; certaines tendances altruistes, telles que les affections familiales, l'amitié, l'amour de la patrie; le sentiment moral, ou l'amour du bien et la haine du mal, et enfin la culture religieuse telle que la comprennent les trois sectes qui ont su se faire reconnaître et salarier par l'Etat. Or, tous ces moyens ont été, jusqu'à présent, insuffisants pour donner aux hommes la force morale qui est nécessaire pour le maintien, la prospérité et les progrès de la société.

En effet, que peuvent les lois humaines, d'abord quand elles ne sont pas conformes à la législation divine et ensuite quand la *force prime le droit?* Que peuvent les châtiments? Atteignent-ils tous les coupables? Ne voyons-nous pas même des criminels absous et des innocents condamnés? D'ailleurs, la crainte du gendarme a en soi quelque chose d'irritant qui provoque la ruse ou l'audace du crime. Quand elle honore le désintéressement, le courage, le dévouement et le patriotisme; quand elle flétrit le vol, la lâcheté, le mensonge et l'hypocrisie, l'opinion sans doute rend un grand service. Mais ne se trompe-t-elle jamais? N'est-elle pas sans force dans les compétitions des partis, et, pour les âmes vulgaires, est-elle autre chose que le sophisme de l'intérêt — l'intérêt

(1) « La Révolution de 89, disait un évêque, faite contre nous, n'a été faite, en définitive, que pour nous. »

sur lequel on ne parviendra jamais à fonder la morale?

Les sentiments sur lesquels reposent la famille et la patrie sont infiniment respectables, d'autant plus qu'ils sont naturels. Mais ils sont connus, les scandales du népotisme! Elles sont connues aussi, les injustices et les atrocités inspirées, dans les différends internationaux, par l'amour de la nation ou de la patrie!

Le sentiment moral, à lui tout seul, serait le plus ferme appui des sociétés. Mais, malheureusement, la conscience n'est pas, comme l'a dit Jean-Jacques Rousseau, « un juge infaillible du bien et du mal »; elle a besoin d'être dirigée par la raison. Les philosophes ont, il est vrai, dégagé les principes éternels de la morale et rédigé le code de la loi naturelle; mais il y a loin de la morale théorique à la morale appliquée; les âmes d'élite elles-mêmes n'agissent pas toujours conformément à leurs doctrines, car, pour triompher des appétits, des passions et des intérêts qui s'opposent à l'accomplissement du devoir, il faut une force particulière, qui, selon nous, ne peut venir que de la religion. On arrive à la même conclusion si l'on interroge l'histoire des deux sectes principales du christianisme: la catholique et la protestante. Le catholicisme, *pour la plus grande gloire de Dieu*, par la crainte de l'enfer et l'espoir du paradis, a su triompher non seulement des passions et des instincts de la nature, mais encore du sens moral lui-même, en lui imposant comme des actions méritoires des crimes épouvantables. Le protestantisme nous offre de nombreux exemples de vertus héroïques et en même temps d'intolérance absurde et de fanatisme atroce.

Ceux qui veulent que la morale soit *indépendante* ont mille fois raison s'ils croient qu'elle ne doit pas dépendre des religions révélées; ils ont tort s'ils croient qu'elle ne dépend pas de la religion en soi, du moins au point de vue pratique.

Il est bien vrai que c'est la raison seule qui nous révèle d'abord nos devoirs envers Dieu, ainsi que nos devoirs envers nos semblables et envers nous-mêmes. Mais, sitôt que la morale religieuse a été conçue comme elle doit l'être, non seulement elle s'unit à la morale sociale et à la morale individuelle, mais elle les embrasse, les consacre et les sanctifie, et, ce qui est plus important, elle leur communique, au point de vue de la pratique, une force presque déterminante, par la satisfaction des besoins les plus purs et les plus élevés de notre nature et surtout par le concept de la Divinité et du dogme de l'immortalité. A proprement parler, tous nos devoirs ne sont que des devoirs envers celui qui nous a donné tout ce que nous possédons et qui nous impose la loi morale par cette voix de la conscience qui parle à tous les cœurs. En effet, pourquoi avons-nous des devoirs envers nous-mêmes? C'est sans doute parce qu'il y a un but à l'existence. Or, nous demandons qui nous a marqué la fin à laquelle nous devons tendre et qui nous a donné les facultés nécessaires pour l'atteindre? Evidemment, c'est l'auteur de notre être. C'est donc à Dieu que se rapportent nos devoirs personnels, puisque lui seul s'est acquis des droits sur nous en nous donnant les moyens de réaliser notre fin.

Pourquoi avons-nous des devoirs envers nos semblables et pourquoi ont-ils sur nous les mêmes droits que nous avons sur eux? C'est qu'ils ont, comme nous, une fin à remplir, et que nous sommes *obligés* de les aider dans l'accomplissement de cette fin. Nous n'avons donc des devoirs envers eux que parce qu'ils en ont envers Dieu. Par conséquent, c'est, en définitive, à Dieu que se rapportent indirectement les devoirs de la morale sociale, aussi bien que les devoirs de la morale individuelle. Obéir à la loi du devoir, c'est obéir à la volonté divine.

On demande quelquefois si les vérités morales sont indépendantes de la volonté de Dieu. Question à laquelle la métaphysique a souvent répondu d'une manière vague, obscure et mystique, parce qu'en morale, comme en toute autre chose, on oublie presque toujours de distinguer les vérités abstraites des vérités concrètes. S'agit-il de vérités morales abstraites, il est évident qu'elles sont, comme les vérités abstraites mathématiques, indépendantes de la volonté divine; car, avant qu'il y eût des êtres libres et moraux, il y avait entre eux des rapports possibles et nécessaires, comme avant qu'il y eût des réalités susceptibles d'être comptées ou mesurées il y avait entre elles des rapports mathématiques possibles et nécessaires. S'agit-il, au contraire, de vérités morales concrètes, il est clair qu'elles dépendent de la volonté divine, puisque, n'étant que des rapports réalisés, elles n'ont véritablement existé que du moment où il y eut des êtres réels entre lesquels ces rapports pussent être établis; de même qu'il n'y a eu des vérités concrètes mathématiques que du moment où il exista des réalités susceptibles d'être comptées ou mesurées. C'est donc Dieu qui, en créant, a transformé les vérités morales abstraites en vérités morales concrètes; par conséquent, comme êtres moraux, c'est avec lui seul que nous soutenons des rapports. S'il en était autrement, le bien absolu, auquel nous tendons, ne serait plus qu'une idée sans objet; il n'y aurait plus pour chaque homme qu'un bien individuel et relatif. Or, remplacer le bien absolu par un bien relatif et individuel, c'est consacrer l'intérêt personnel, c'est détruire la morale tout entière. Si Dieu n'était pas le représentant de la loi morale, cette loi serait dépourvue de toute autorité, car il est évident qu'une loi, par elle-même, n'est qu'une abstraction sans réalité correspondante, et que c'est avec le législateur seulement que nous pouvons soutenir des rapports véritables. La morale n'est donc pas indépendante de Dieu, et obéir à la loi du devoir, c'est, comme nous l'avons déjà dit, obéir à la volonté divine.

Tous nos devoirs sont donc, en définitive, des devoirs envers Dieu. Lorsque nous rapportons ainsi nos actions à l'Etre suprême, comme à notre premier principe et à notre fin dernière, notre conduite de simplement morale devient religieuse.

C'est par le culte de la religion naturelle, c'est par l'adoration en esprit et en vérité que la piété, dont le nom seul aujourd'hui est presque ridicule, peut devenir ce qu'elle doit être : la plus belle et la plus grande de toutes les vertus. La piété résume toute la vie morale et religieuse de l'homme. Eclairée par la raison et dirigée par la conscience morale, elle seule peut conduire l'humanité au but où elle doit tendre, parce qu'elle nous montre en Dieu le législateur moral, le type du beau et la personnification du bien. De toutes les vertus, elle est la mieux appropriée à la nature humaine, parce qu'elle unit, en les conciliant, l'amour du devoir et le désir du bonheur ; elle est la plus efficace et la plus sûre, parce qu'elle trouve dans l'Etre divin un objet d'imitation non pas imaginaire et idéal, mais réel et positif, la garantie de ses droits à l'immortalité et le gage de son bonheur futur ; enfin, parce qu'elle puise une énergie incomparable dans l'union de trois sentiments qui se fortifient l'un l'autre : la reconnaissance, l'amour et l'espérance, qui naissent de l'idée d'un Dieu créateur, conservateur et rémunérateur. Sans la piété, qu'est-ce que l'homme ? Un être isolé dans le monde, borné à un moment de la durée et à un point de l'étendue, un jeu de la nature, *lusus naturæ,* un misérable dont l'existence est incompréhensible. Par la piété, au contraire, il vit en communion intime non seulement avec le Créateur, mais avec la création tout entière ; il s'associe aux vues de la Providence, il tâche, suivant ses faibles moyens, de concourir à ses desseins ; enfin il entre, dès maintenant et dès ici-bas, en possession de l'espace et du temps illimités.

CHAPITRE XV

CONCLUSION.

Nous avons analysé la conscience religieuse, et nous y avons trouvé trois éléments : une idée, un sentiment et une émotion ou une affection. Nous avons montré que ces trois éléments coexistent dans la pensée, et que, si on les sépare, on tombe nécessairement dans les systèmes, sinon erronés, du moins incomplets, des *rationalistes,* des *sentimentalistes* ou des *émotionnistes*.

Essayant ensuite de remonter à l'origine de la *religiosité* et ayant trouvé que cette origine n'est ni dans la crainte, ni dans l'ignorance, ni dans l'imposture et l'autorité des prêtres et des rois, ni dans l'éducation, nous sommes arrivés à cette conclusion : que la religion est le produit naturel et légitime de l'esprit humain lui-même.

La religion, comme la métaphysique, ayant trois grands problèmes à résoudre : nature, origine et destinées des êtres, nous avons été forcés de remonter également à l'origine des idées ; nous avons vu que la psychologie aboutit légitimement à l'*idéalisme*, et que, par l'idéalisme seul, la question de l'origine des idées est aussitôt résolue que posée, et enfin que, par l'idéalisme, l'inutilité et même l'impossibilité de la *révélation* se trouve invinciblement démontrée.

Comme nos connaissances ne reposent, en définitive, que sur des idées, il importait de s'assurer de la valeur et de la portée de celles-ci ; nous avons donc examiné rapidement les principes philosophico-littéraires de l'école théologique et de l'école des neutres ; puis, abordant les systèmes philosophico-métaphysiques, nous avons montré que le *rationalisme*, tant allemand que français, a tué la psychologie en méconnaissant la loi de coexistence des phénomènes psychiques, tué la métaphysique en la surchargeant de vains mots, tels que *concepts purs, jugements synthétiques* et *jugements analytiques, ordre chronologique* et *ordre logique des idées, philosophie transcendante* et *philosophie transcendantale*, etc., etc., en confondant les principes logiques et les principes métaphysiques et en méconnaissant la loi logique des relatifs et des contraires; enfin, qu'il a ébranlé les bases de toute certitude en séparant l'*expérience* de la *raison*. Sur ce dernier point, nous avons donc été obligés de rétablir contre les rationalistes le critérium de la vérité. Nous avons montré qu'il consiste dans l'union et le contrôle réciproque de l'expérience et de la raison, seuls moyens de combiner les trois espèces d'évidence, d'où résultent les trois espèces de certitude.

Une fois en possession du critérium de la vérité, nous avons pu aborder les dogmes fondamentaux de la religion naturelle: l'existence de Dieu, ses attributs et sa providence, la morale théorique et pratique, l'âme humaine, sa nature, son origine et sa destinée, et enfin le culte et ses pratiques les plus importantes. Sur ces différents points, nous avons cru qu'il n'est ni nécessaire ni même logique de recourir aux procédés de la philosophie officielle et de la théologie vulgaire, c'est-à-dire à ce qu'on appelle des démonstrations en règle, parce qu'ici toute démonstration impliquerait une pétition de principe et, par conséquent, n'aurait qu'une valeur apparente. Nous avons donc posé la question de la manière suivante : « L'esprit humain est-il, oui ou non, soumis au déterminisme logique? Est-il libre d'affirmer ou de nier suivant son caprice? Libre d'admettre ou de ne pas admettre, de rejeter ou de ne pas rejeter ce qui est conforme ou contraire à la raison et à la nature des choses? Libre, par exemple, d'admettre ou de ne pas admettre qu'il existe de toute éternité, non pas une Intelligence et une Puissance incréées, mais un Etre intelligent et tout-puissant dont nous dépendons ; non pas des lois immuables et universelles, mais un Législateur qui impose sa volonté toujours droite et toujours efficace? »Nous sommes donc arrivés à cette conclusion : « L'esprit humain étant ce qu'il est, nous ne pouvons pas ne pas croire à Dieu et à la législation morale ; nous sommes forcés d'admettre l'immortalité de l'âme, ainsi que les autres dogmes que la solidarité logique nous impose. Nous avons donc essayé de prouver aux panthéistes, aux positivistes et aux matérialistes que, pour nous réduire à l'athéisme et à l'irréligion, il faut réformer la nature humaine, inventer une logique nouvelle, et forcer la raison à admettre ce qui implique contradiction, c'est-à-dire l'absurde.

Maintenant, il ne nous reste plus qu'une question à poser : celle de savoir si la religion naturelle pourra jamais avoir son culte.

Cette question est résolue déjà pour certains pays : pour l'Angleterre et pour l'Amérique, par exemple, qui possèdent un grand nombre de chapelles où l'on ne professe que le pur théisme. Sera-t-elle jamais résolue pour la France ? Nous n'en doutons nullement.

La religion telle que nous avons essayé de la présenter est certainement la religion de l'avenir ; on peut dire que, depuis longtemps déjà, elle est la religion de la France. La France aujourd'hui indifférente pour le catholicisme, a toujours eu une répugnance instinctive pour le protestantisme, qui semble contraire à son génie. Le peuple français, comme on l'a dit cent fois, est de la religion de Voltaire, de J.-J. Rousseau, de Buffon et de Montesquieu. Le déisme, chez nous, est donc à l'état latent. Aura-t-il jamais l'occasion de se produire au dehors? Aura-t-il jamais son culte public, comme en Angleterre et en Amérique? Il l'aura certainement lorsqu'il plaira à l'Etat de nous accorder la liberté religieuse ou la liberté de conscience (1).

Depuis longtemps déjà il est question de la séparation de l'Eglise et de l'Etat. Là-dessus les radicaux et les conservateurs ont émis des opinions différentes. « Les radicaux, dit M. de Molinari, veulent supprimer le budget des cultes, mais en maintenant, en aggravant même le régime restrictif des droits de propriété, de fondation, d'association, d'enseignement, de prédication, auxquels ils sont assujettis. Ils motivent le maintien des restrictions à la liberté économique des cultes sur le danger que cette liberté ne manquerait pas de faire courir à la société, en accroissant d'une manière illimitée la puissance et la richesse d'un clergé dominateur et avide, tel que le clergé catholique. La liberté de fondation et d'association lui permettrait, affirment-ils, d'accaparer peu à peu les propriétés privées et de les transformer en biens de main-morte, tandis que la liberté illimitée d'enseignement façonnerait à sa domination les jeunes générations et ne tarderait pas à replonger la civilisation dans les ténèbres du moyen âge. »

« Les conservateurs sont hostiles à la liberté économique des cultes; ils veulent maintenir en France le régime du Concordat, sauf peut-être à en effacer quelques dispositions restrictives, dans la crainte que la suppression du budget des cultes ne prive l'Eglise catholique des ressources nécessaires

(1) « La liberté religieuse, dit Laboulaye, signifie deux choses. Dans son acception la plus large, le mot est synonyme de liberté de conscience ; c'est le droit de chercher la vérité religieuse, droit qui appartient à toute créature humaine dès qu'elle sent le lien qui la rattache à son auteur. Dans un sens plus étroit, ce mot exprime l'indépendance politique des communautés religieuses, la séparation de l'Eglise et de l'Etat. Ce sont deux libertés qui se tiennent, deux droits naturels que la société reconnait, mais qu'elle ne crée pas. » (*La liberté religieuse*, Préface.)

pour la faire subsister. Si, dans les localités où la population est nombreuse et aisée, où en même temps la foi religieuse s'est conservée, les contributions volontaires jointes aux revenus des biens du clergé pourraient suffire aux besoins du culte, il en serait autrement, disent-ils, dans les paroisses pauvres. L'Eglise serait obligée d'abandonner une partie de ses fidèles, et non la moins intéressante, faute de ressources nécessaires pour alimenter ses services (1). »

M. de Molinari combat ces deux opinions différentes : Ce qu'il reproche d'abord aux radicaux, c'est de poursuivre comme but « l'extinction des religions, qu'ils considèrent comme des superstitions incompatibles avec le progrès ». Puis, il affirme que la *concurrence* seule entre les différentes sectes suffirait pour empêcher l'une d'elles de s'emparer du monopole de la religion, et d'accaparer les propriétés privées et de les transformer en biens de main-morte. Sur ce dernier point, l'affirmation du savant économiste nous paraît très contestable. Sans doute, la lutte entre les différentes sectes serait aussi légitime que certaine, mais la lutte entre les intérêts ecclésiastiques et les intérêts laïques serait le combat d'un homme presque sans défense contre un adversaire armé d'un fer sacré; opposer l'industrie religieuse aux autres espèces d'industrie, ce serait opposer un géant à un nain, le tigre à la gazelle, l'éléphant à la souris. L'Eglise possède des ressources invisibles mais inépuisables, des capitaux roulants, tels que chèques et billets à ordre payables dans l'autre monde, eaux de Lourdes et de la Salette, des émissions d'indulgences et d'Agnus-Dei, etc., etc., articles et effets qui n'exigent aucune mise de fonds et qui peuvent se renouveler indéfiniment ; ajoutez à cela que le travail dans l'industrie religieuse est toujours, moyennant un peu de simonie, grassement rétribué.

(1) G. de Molinari, *la Religion*, p. 229-231.

La *concurrence* de M. de Molinari ne produirait donc pas l'effet qu'il attend d'elle. Ce n'est pas tout. La *liberté économique des cultes* fortifierait, dans le clergé, l'*esprit de corps* et le rendrait beaucoup plus dangereux pour l'Etat : « Tout corps, dit Condillac, a des intérêts particuliers, qui ne s'accordent pas toujours avec l'intérêt général. Ambitieux de s'agrandir, il cherche la considération, les richesses, la puissance. Son utilité est sa suprême loi. C'est encore celle de tous ses membres, parce que tous croient partager les avantages qu'ils lui procurent.

» Les différents corps qui se forment dans un Etat attirent donc à eux les avantages qui devraient être communs à toute la société. Cependant, le bien général sert de voile à leur ambition : c'est le prétexte de toutes leurs démarches, et ils en imposent d'autant plus facilement qu'ils s'en imposent peut-être à eux-mêmes. Il est possible qu'ils croient que la prospérité publique tient tout à fait à la leur ; que leur gloire est celle de l'Etat même, et que, s'ils ne fleurissent pas, rien ne peut fleurir. Ainsi, c'est de la meilleure foi du monde qu'ils sacrifient tout à leur agrandissement. » (*Histoire ancienne*, t. II, p. 15.)

Séparer l'Eglise de l'Etat pour la mettre sous le régime de la *liberté* et de la concurrence, ce serait donc tomber de Charybde en Scylla.

M. de Molinari réfute ensuite les conservateurs, ceux qui veulent maintenir en France le régime du Concordat, dans la crainte que la suppression du budget ne prive l'Eglise catholique des ressources nécessaires pour la faire subsister, surtout dans les paroisses pauvres. Il croit que l'Eglise sous le régime de la *liberté économique*, n'étant autre chose qu'un Etat religieux, aurait des ressources suffisantes pour « couvrir les déficits des budgets des localités trop pauvres pour suffire aux besoins du culte, ou à pourvoir à tels autres emplois que les autorités de l'Eglise jugeraient utiles au bien de la religion. »

Nous nous garderons bien de contredire ici M. de Molinari ; nous croyons même que, pour rassurer les conservateurs, il aurait pu ajouter que nos législateurs n'ont pas, sans doute, l'intention de procéder par voie révolutionnaire, mais que, suivant le conseil de l'éloquent M. Goblet, ils prépareront peu à peu la séparation de l'Eglise et de l'Etat, en soumettant cet acte important aux lois de l'évolution.

Personne n'ignore, en effet, qu'il est nécessaire d'aller progressivement, et de ne supprimer le budget des cultes que dans les villes, en laissant à la charge de l'Etat le soin d'entretenir la religion dans les campagnes, et d'indemniser d'ailleurs les fonctionnaires ecclésiastiques envers lesquels on a pris des engagements inviolables, c'est-à-dire de respecter toutes les positions faites et tous les droits acquis.

M. de Molinari, qui est sincèrement religieux, pense, en outre, que « la constitution, le gouvernement et l'administration d'une Eglise sous un régime de pleine liberté », seraient très favorables à « la culture religieuse ». Nous oserons lui dire ici que, pour arriver au résultat qu'il espère, la séparation de l'Eglise et de l'Etat ne suffirait pas, mais qu'il faudrait y joindre la séparation absolue du *temporel* et du *spirituel*, c'est-à-dire la gratuité du culte et de l'enseignement religieux, la suppression du tarif des rites et des *sacrements*. Il est fort à craindre que « le régime » préconisé par M. de Molinari ne resserre les liens entre le temporel et le spirituel, et par là ne devienne un nouvel obstacle à « la culture religieuse ».

La *séparation* intéresse également l'Eglise et l'Etat.

« Pour ne parler que de la France, dit Laboulaye, je ne crois pas que, dans son histoire, il se soit passé vingt années sans que l'Etat et l'Eglise fussent en querelle. Ni Louis XIV ni Napoléon n'ont échappé aux difficultés d'une alliance qui trompe toujours les deux parties. L'Eglise et l'Etat sont tous deux victimes de cette union. » (P. XXVIII.)

La morale elle-même est intéressée dans la question. L'Etat, en protégeant les Eglises, usurpe un droit qui ne lui appartient pas : il porte atteinte à la liberté de conscience. En salariant des sectes différentes avec l'argent des contribuables, il commet une injustice envers ceux qui n'appartiennent à aucune de ces sectes. Enfin, en protégeant et en salariant quatre cultes ennemis les uns des autres, il prêche d'exemple l'indifférence en matière de religion : il impose, avec l'erreur, le mensonge et l'hypocrisie, ces deux vices qui abaissent si honteusement les caractères et les prédisposent aux bassesses et aux lâchetés.

L'Etat n'a donc aucun motif de protéger et de salarier certains cultes au détriment de ceux qui pourraient les établir.

Examinons maintenant si les religions protégées et salariées ont des titres aux privilèges dont elles jouissent, soit par les services qu'elles ont rendus dans le passé, soit par ceux qu'elles pourraient rendre dans l'avenir.

Au point de vue de la culture religieuse et de la force morale qu'elle engendre, voyons ce que l'on peut attendre des quatre religions qui ont maintenant le monopole de l'éducation chez les peuples les plus avancés en civilisation.

Le judaïsme ne convient guère qu'au petit peuple d'Israël, et ce qu'il peut avoir de bon est gâté par deux graves défauts : il entretient chez ses adeptes une sorte de cosmopolitisme hautain et envieux et une soif insatiable de l'or ; les juifs gardent au fond de leur cœur, comme un trésor sacré, un vieux levain de mépris et de haine pour le Gog ou l'étranger ; ensuite, ils ont une conception fausse de la vie : ils ne comprennent pas qu'au fond il faut très peu de chose pour vivre et que partout, comme le dit J.-J. Rousseau, « les bras d'un homme valent plus que sa subsistance » ; ils s'imaginent que, pour vivre, il faut des millions, ce qui ne peut se faire que par la ruine de milliers de familles. Tels sont les deux défauts qu'on peut reprocher à la race d'Abraham et que les rabbins s'attachent à entretenir chez elle (1).

Le christianisme, comme nous l'avons prouvé ailleurs, a été le fléau de l'humanité ; ses deux sectes principales, dans leurs guerres impies, ont couvert le monde de sang et de ruines et nourrissent encore, l'une pour l'autre, des haines fraternelles.

Quelques âmes pieuses peuvent bien encore demander des consolations au catholicisme ; mais il y a bien des années déjà qu'il a cessé d'être une religion pour devenir un simple culte et une industrie. En Italie et en Espagne, les églises sont comme des salles de théâtre ou des lieux de rendez-vous ; en France, elles ne sont guère fréquentées que par les

(1) Voici quelques passages d'un discours d'un grand rabbin publié par sir John Readclif, sous le titre de *Compte rendu des événements politico-historiques survenus dans les dix dernières années*, discours qu'a reproduit le *Contemporain* du 1er juillet 1880 : « Lorsque nous nous serons rendus les uniques possesseurs de tout l'or de la terre, la vraie puissance passera entre nos mains, et alors s'accompliront les promesses qui ont été faites à Abraham. L'Église chrétienne étant un de nos plus dangereux ennemis, nous devons travailler avec persévérance à amoindrir son influence : il faut donc greffer, autant que possible, dans les intelligences de ceux qui professent la religion chrétienne, les idées de libre-pensée, de scepticisme, de schisme et provoquer les disputes religieuses si naturellement fécondes en divisions et en sectes dans le christianisme... » « Si l'or est la première puissance de ce monde, la seconde est sans contredit la *presse*. » « Comme nous ne pouvons réaliser ce qui a été dit plus haut sans le secours de la presse, il faut que les nôtres président à la direction de tous les journaux quotidiens dans chaque pays. La possession de l'or, l'habileté dans le choix des moyens d'assouplissement des capacités vénales nous rendront les arbitres de l'opinion publique et nous donneront l'empire sur les masses..... » « Une fois maîtres absolus de la presse, nous pourrons changer les idées sur l'honneur, sur la vertu, la droiture de caractère, porter le coup à cette institution *sacro-sainte* jusqu'à présent, la *famille*, et en consommer la dissolution. » Voilà les titres des juifs à la protection des États qui salarient leur culte ; voilà comment ils se montrent reconnaissants envers les peuples qui leur ont accordé les droits de citoyen.

femmes, qui y vont pour voir et pour y être vues, ou pour entendre des prédicateurs qui ne prêchent guère qu'eux-mêmes.

C'est le catholicisme lui-même qui a produit l'athéisme (1), ou du moins le scepticisme qui nous énerve et la crise redoutable que nous traversons ; il s'était chargé de l'éducation et de la moralisation des peuples; on voit ce qu'il a fait pour le présent, et, par conséquent, ce que l'on peut attendre de lui pour l'avenir.

Quant au protestantisme, il nous ramènerait au pur judaïsme. Les anciens disaient : « *Times hominem unius libri.* » Que ne faut-il pas craindre de ceux qui ne lisent que la Bible, ce livre où, sous un piétisme malsain, se cachent l'égoïsme et l'orgueil, la haine et l'intolérance ? Mais il y a, dit-on, parmi les protestants, une secte dite des *libéraux*, qui consentiraient peut-être à laisser aux juifs leur Bible et leur Jéhovah, aux catholiques leurs *mystères* et leurs *sacrements ;* s'il en était ainsi, les théistes pourraient serrer la main aux *libéraux* et travailler avec eux à l'établissement définitif de la religion rationnelle.

Si, à l'intérieur, l'union de l'Eglise et de l'Etat crée des difficultés, à l'extérieur elle crée des dangers. L'Europe se croit appelée à conquérir le monde barbare ; partout elle fonde des colonies, et, sous prétexte de convertir les populations, elle subventionne des prêtres et des missionnaires, auxquels elle confie un rôle politique (2). Cette conduite est

(1) Il y a des *athées* qui se croient tels, parce qu'ils nient le dieu des juifs et le dieu des chrétiens; nous avons prouvé ailleurs qu'ils se trompent.

(2) « Aux yeux des politiciens, dit M. de Molinari, le rôle des prêtres et des missionnaires est avant tout un rôle politique, et c'est pour les mettre en mesure de s'en acquitter qu'ils les subventionnent. Mais les gouvernements asiatiques auxquels ils imposent l'obligation de tolérer ces singuliers missionnaires et de les préserver de tout sévice, sous peine de payer des indemnités usuraires, les gouvernements asiatiques, disons-nous, et

préjudiciable au gouvernement, ainsi qu'à la religion. Elle est préjudiciable au gouvernement : ce qui le prouve, par exemple, c'est la position toujours précaire des Français en Algérie ; si, depuis plus de quarante ans, nous n'avons pu réussir à nous attirer la confiance et l'attachement des Arabes, c'est que nous avons voulu les convertir au christianisme. Elle est préjudiciable à la religion, car les autres peuples, même les demi civilisés, se moquent de nos croyances, ainsi que nous avons l'habitude de nous moquer des leurs ; les prédicateurs mahométans, par exemple, en cont[illegible] et en lutte avec les missionnaires catholiques et protestants, les accusent indistinctement de *manger leur dieu* (1).

La séparation de l'Eglise et de l'Etat s'impo[illegible]e tôt ou tard à la sagesse des hommes d'Etat, et cela au grand avantage de la culture religieuse.

les populations elles-mêmes ne les accueillent qu'avec des sentiments de méfiance et d'hostilité parfaitement justifiés, et qui rejaillissent sur la religion elle-même. Les conversions sont rares et ne valent pas ce qu'elles coûtent. »

(1) Les adultes ignorants et les enfants eux-mêmes sont portés à raisonner sur les mystères de la *transsubstantiation*. Là-dessus, Hume rapporte les deux anecdotes suivantes : « Un prêtre donnait la communion ; mais, parmi les hosties consacrées, il s'était glissé un jeton qu'il donna par mégarde à l'un des communiants. Celui-ci le tourna et le retourna dans sa bouche ; mais, ne pouvant ni l'avaler ni le réduire, il le prit à la main, et allant trouver le prêtre : « J'espère, dit-il, que vous ne vous êtes pas trompé et qu'au lieu de me donner Dieu le fils, vous ne m'avez pas donné Dieu le père : il est si dur que je ne puis l'avaler. » — « Un célèbre général russe était venu à Paris pour se faire guérir de ses blessures. Il avait à son service un jeune Turc, Mustapha, qu'il avait fait prisonnier. Un docteur de Sorbonne remarqua cet enfant : « Ce serait dommage, se dit-il, qu'il fût damné faute d'instruction », et il lui proposa de l'instruire et de le faire chrétien. Mustapha y consentit, et il fit des progrès si rapides qu'il fut bientôt jugé digne d'être baptisé et de *s'approcher de la sainte table*. Le lendemain de sa *première communion*, le docteur, pour l'affermir dans ses croyances, continua de le *catéchiser* et lui fit la question d'usage : « Voyons, mon enfant, combien y a-t-il de dieux ? — Il n'y en a plus, mon père ! — Comment ! il n'y en a plus ? — Certainement, car vous m'avez toujours dit qu'il n'y en avait qu'un et hier je l'ai mangé. » (*The Natural history of religion*, p. 266.)

Quand les législateurs auront compris que la religion, absolument nécessaire au maintien et au progrès des sociétés, doit être indépendante et libre ; qu'il est contraire à la justice et au droit, ainsi qu'à l'intérêt de l'Etat, de protéger et de salarier certaines sectes au détriment des autres; que les corporations sacerdotales forment, en général, une nation dans la nation, ou du moins un parti dont les intérêts sont presque toujours contraires à l'intérêt général, et que, d'ailleurs, ces corporations ont elles-mêmes introduit dans le monde l'athéisme, le matérialisme, ou du moins le scepticisme et l'indifférence en matière de religion : alors on appliquera la formule d'un homme d'Etat célèbre : «Chiesa libera in libero Stato» (l'Eglise libre dans l'Etat libre); on séparera le temporel du spirituel en proclamant la gratuité de l'enseignement religieux ; les différents cultes seront soumis au droit commun, au contrôle de la raison et aux lois de l'évolution. Alors la religion naturelle se dégagera d'elle-même de la rouille qui la ronge, elle apparaîtra dans son éclat et dans sa pureté native ; son culte s'établira de lui-même ; elle deviendra la religion universelle ou vraiment catholique, et alors, sans déchirement et sans effusion de sang, on aura supprimé la principale cause de la division et de la discorde dans la famille, la nation et l'humanité.

TABLE DES MATIÈRES

La Rochelle, Imprimerie Nouvelle Noël Texier, 29, rue des Saintes-Claires.

A LA MÊME LIBRAIRIE

BLANCHE (*C.I.*), consul de France à Tripoli (Syrie). — Études de métaphysique religieuse. — Le surnaturel. 1872, in-8° . 6 »

BOUILLET (*M.-N.*), inspecteur général de l'instruction publique. — Les Ennéades de Plotin, chef de l'école néo-platonicienne, traduites pour la première fois en français, accompagnées de sommaires, de notes et d'éclaircissements, précédées de la vie de Plotin et des principes de la théorie des intelligibles de Porphyre. 1857-1861, 3 vol. in-8° 22 50

CHARMASSE (*A. de*). — Cartulaire de l'église d'Autun. Première et deuxième parties. 1865, 1 vol. in-4°, avec planches. 14 »

— Cartulaire de l'évêché d'Autun, connu sous le nom de Cartulaire rouge, publié d'après un manuscrit du XIIIe siècle, suivi d'une carte et d'un pouillé de l'ancien diocèse d'Autun. 1880, in-4°. . 15 »

COUSSEMAKER (*E. de*), correspondant de l'Institut. — Troubles religieux au XVIe siècle dans la Flandre maritime, 1560-1570. Documents originaux. 1876, 4 vol. in-4° . . . . 70 »

HOFFMANN, ancien avocat, docteur en droit. — Le procès de N. S. Jésus-Christ devant le sanhédrin et Ponce-Pilate. 1881, in-8° . . . . 3 »

JULIEN (*Stanislas*), membre de l'Institut. — La visite de l'Esprit du foyer à Iu-Kong, traduit du chinois. 1854, in-8°. . . . . » 50

— La visite du Dieu du foyer à Iu-Kong, traduit du chinois. In-8° » 50

LEGRAND (*J.*). — Le problème de la vie, recherche des bases d'une philosophie pratique. 1864, in-12. . . . . 3 »

LE HARDY (*G.*), docteur en droit. — Histoire du protestantisme en Normandie depuis son origine jusqu'à la publication de l'Edit de Nantes. 1869 (300 exemplaires sur papier vergé), 456 pages in-8° 7 50

OBRY (*J.-B.-F.*), de l'académie d'Amiens. — Du berceau de l'espèce humaine selon les Indiens, les Perses et les Hébreux. 1858, in-8° . . . . 4 »

— Jehovah et Agni. — Etudes biblico-védiques sur les religions des Aryas et des Hébreux dans la haute antiquité, 1er et 2e fascicules. 1869-70, in-8°, in-8° . . . . 4 »

PORTALIS (*A.*). — La liberté de conscience et le Statut religieux. 1846, in-8° . . . . 3 »

RÉVILLOUT (*Ch.*), professeur. — Histoire de l'arianisme chez les peuples germaniques qui ont envahi l'empire romain. 1855, in-8° . . . . 4 »

TOUBIN (*Ch.*). — Essais sur les sanctuaires primitifs et sur le fétichisme en Europe. 1865, in-8° . . . . 3 »

WADDINGTON (*Ch.*), professeur de philosophie. — De l'idée de Dieu et de l'athéisme contemporain. 1858, in-8°. . . . 1 »

La Rochelle, Imprimerie Nouvelle Noël Texier, 29, rue des Saintes-Claires.